教育部人文社会科学研究青年基金项目

"断裂与重塑：基于扎根理论的当代乡村教师生命价值研究"

（16YJC880111）研究成果

杭州市哲学社会科学规划课题

"乡村小规模学校标准化建设研究"（M19JC018）研究成果

乡村小规模学校的
标准化建设研究

钟振国　著

ZHEJIANG UNIVERSITY PRESS
浙江大学出版社

图书在版编目（CIP）数据

乡村小规模学校的标准化建设研究 / 钟振国著. —
杭州：浙江大学出版社，2021.6
ISBN 978-7-308-21101-7

Ⅰ. ①乡… Ⅱ. ①钟… Ⅲ. ①农村学校－学校管理－
标准化－研究－中国 Ⅳ. ①G725.65

中国版本图书馆CIP数据核字（2021）第030890号

乡村小规模学校的标准化建设研究

钟振国　著

策划编辑	吴伟伟
责任编辑	陈　翩
责任校对	丁沛岚
封面设计	周　灵
出版发行	浙江大学出版社
	（杭州市天目山路148号　　邮政编码　310007）
	（网址：http：//www.zjupress.com）
排　　版	杭州林智广告有限公司
印　　刷	广东虎彩云印刷有限公司绍兴分公司
开　　本	710mm×1000mm　1/16
印　　张	19.75
字　　数	300千
版 印 次	2021年6月第1版　2021年6月第1次印刷
书　　号	ISBN 978-7-308-21101-7
定　　价	68.00元

目 录

绪　论

一、研究缘起

乡村小学作为村落的组成部分，曾经广泛散落在祖国的大江南北，占据我国基础教育体系的重要地位，为扫盲、教化村民、普及九年义务教育发挥了重要的作用。作为现代文明的传播者，村小滋养着乡村儿童的心田，为村落带去文明的种子，为农家子弟插上知识的翅膀。然而，随着社会经济的发展、城市化水平的提高、少子化的影响以及农村人口的逐渐转移，村小渐渐凋零，光芒被遮蔽。尤其是进入 21 世纪，人们开始注重受教育的质量，而教育资源缺乏、教育条件简陋的村小，难以向人们证明自己的教育质量。随着学生数量的锐减，村小规模越来越小，原先"村村办学、一村一校"的办学格局，难以适应新时期农村基础教育的发展。

在此背景之下，国家于 2001 年颁布《关于基础教育改革与发展的决定》，指出在"小学就近入学、初中相对集中、优化教育资源配置"的原则之下，适当合并农村小学和教学点。"农村义务教育学校布局"大幕就此拉开。这一布局调整政策，使我国乡村学校和教学点数量锐减。有数据显示，1997—2012 年，全国乡村小学数量减少了 35.8 万所，减幅达 69.79%，即平均每天消失 65 所乡村小学。① "布局"在很大程度上改善了乡村学校的办学条件，促进了教育资源的合理配置，但急剧减少的村小数量带来的负面效应也相伴而生：乡村儿童上学距离变远，交通隐患突出，孩子因寄宿学校与父母陪伴交流缺

---

① 曹长德，汪洋. "村小去留"：乡村教育之困与政策选择[J]. 教育发展研究，2017（6）：20-26.

乏、辍学率反弹。同时，乡村也因为不见了昔日书声琅琅的光景，乡村文化日渐凋敝。针对逐渐凸显的问题，国务院办公厅遂于 2012 年出台《关于规范农村义务教育学校布局调整的意见》，对一些地区出现的盲目、非理性"撤点并校"行为紧急叫停。之后，国务院于 2015 年出台《关于进一步完善城乡义务教育经费保障机制的通知》，明确提出要加快探索建立乡村小规模学校办学机制和管理办法，保障当地适龄儿童就近入学。同年，国务院还出台《乡村教师支持计划（2015—2020 年）》，提出必须把乡村教师队伍建设摆在优先发展的战略地位，到 2020 年，努力造就一支素质优良、甘于奉献、扎根乡村的教师队伍。2018 年 5 月，国务院办公厅专门出台了《关于全面加强乡村小规模学校和乡镇寄宿制学校建设的指导意见》，指出以"科学评估、应留必留、先建后撤、积极稳妥"的原则，妥善处理撤并问题，并从总体要求、统筹布局规划、改善办学条件、强化师资建设、强化经费保障、提高办学水平、加强组织保障等维度，对乡村小规模学校建设提出了指导性的意见。因此，大规模的村小撤并运动告一段落，重拾发展之路、重塑村小价值则被摆到了战略的高度。

从政策演进轨迹来看，乡村小规模学校经历了"村村办学"到"撤点并校"再到"保留发展"的生存样态，折射出政府对乡村小规模学校的态度正在从追求"资源优化配置"与保证乡村儿童能"就近入学"两者之间寻找一个平衡点。同时，政府对群众确实有需求，并在撤并大潮中保留下来的乡村小规模学校变得日渐宽容并日益重视，命悬一线的乡村小规模学校，由此获得了喘息的机会，并在可预见的将来将长期存在。截至 2017 年底，全国有农村百人以下的小规模学校 10.7 万所，其中小学 2.7 万所，教学点 8 万个，占农村小学和教学点总数的 44.4%；在校生 384.7 万人，占农村小学生总数的5.8%。[1] 近五成的乡村小学为小规模学校，而且在未来的一段时间内，乡村小规模学校或将成为常态。[2] 乡村小规模学校处于我国义务教育体系的最末端，

---

[1]　教育部有关负责人就《指导意见》进行解读：振兴乡村教育从办好"两类学校"做起[EB/OL].（2018-05-14）[2018-11-10]. http：//www.moe.gov.cn/jyb_xwfb/xw_fbh/moe_2069/xwfbh_2018n/xwfb_20180511/mtbd/201805/t20180514_335883.html.

[2]　陈鹏.城镇化发展中的教育问题不可忽视[N].光明日报，2016-12-27.

提升末端教育质量，保障乡村留守儿童享受优质教育的权利，对于义务教育均衡化发展，彰显公平正义的时代诉求有着积极的意义。然而，乡村小规模学校究竟该如何复兴呢？这是我们迫切需要探寻的课题。

（一）政策推进：乡村小规模学校标准化建设的重新认识

近年来，国家把推进义务教育均衡化作为重要的教育战略，在出台的各项政策文件中，有一个关键的表述跃然纸上：义务教育学校标准化建设。随着乡村小规模学校重新得到重视，国家旗帜鲜明地将其纳入标准化建设之中，并作为促进乡村小规模学校发展的重要推手。2010 年 5 月，国务院常务会议审议并通过《国家中长期教育改革和发展规划纲要（2010 —2020 年）》，指出："要建立健全义务教育均衡发展保障机制，推进义务教育学校标准化建设，均衡配置教师、设备、图书、校舍等资源。" 2012 年，国务院印发的《关于深入推进义务教育均衡发展的意见》指出："推进义务教育均衡发展的基本目标是：每一所学校符合国家办学标准，办学经费得到保障。教育资源满足学校教育教学需要，开齐国家规定课程。教师配置更加合理，提高教师整体素质。" 2014 年，教育部出台《义务教育学校管理标准（试行）》，就义务教育学校管理工作提出了 92 条要求，并强调适用于全国义务教育阶段的所有学校，把义务教育学校标准化建设推向纵深发展。2015 年，国务院印发的《关于加快发展民族教育的决定》指出："大力推进民族地区义务教育学校标准化建设，全面改善贫困地区义务教育薄弱学校基本办学条件，缩小城乡差距和校际差距。因地制宜保留并办好必要的村小学和教学点。" 2016 年，国务院在《关于统筹推进县域内城乡义务教育一体化改革发展的若干意见》中指出："坚持城乡并重和软硬件并重，科学推进城乡义务教育公办学校标准化建设。加快推进县域内城乡义务教育学校建设标准统一、教师编制标准统一、生均公用经费基准定额统一、基本装备配置标准统一和'两免一补'政策城乡全覆盖，到 2020 年，乡村完全小学、初中或九年一贯制学校、寄宿制学校标准化建设取得显著进展，乡村小规模学校（含教学点）达到相应要求。" 2017 年，国务院在《国家教育事业发展"十三五"规划》中指出："针对地广人稀地区、山区、海岛等特殊困难地区人民群众就学需求，合理布局并办好一批寄宿制学校、边境地区学校，保留并办好必要的小规模学校和教学点，努力保障学生就近入学、接受有质量的教育。各地要因地制宜建立完善义务教育学校建设基本标准，科学推进城乡义务教育公办学校标准化建设，改善薄弱学校和寄宿制学校办学条件。"2018年，国务院办公厅印发的《关于全面加强乡村小规模学校和乡镇寄宿制学校建设的指导意见》强调："办学条件达到所在省份确定的基本办学标准，经费投入与使用制度更加健全，教育教学管理制度更加完善，城乡师资配置基本均衡，要按照'缺什么，补什么'的原则，力争在2019年秋季入学前，达到本省份确定的基本办学标准。"在密集的国家关于义务教育学校标准化建设的文件中，乡村小规模学校在近几年屡屡被提及，显见国家义务教育学校标准化建设正在向最末端转移。

（二）现实困惑：乡村小规模学校标准化建设的标准悖论

1.困惑一：参照执行的难参照

乡村小规模学校办学标准是各省（区、市）义务教育学校办学标准的盲区。2005年，教育部在《关于进一步推进义务教育均衡发展的若干意见》中指出："省级教育行政部门要根据国家有关规定和当地实际情况，制订或完善本地区义务教育阶段学校办学条件基本要求。"此后，各省纷纷出台了相应的义务教育学校办学标准文件。但是，从各地的相关文件来看，乡村小规模学校的办学标准往往被一句"参照执行"一笔带过，没有充分考虑乡村小规模学校"小"的特殊性。究其原因，主要是各地在出台学校办学标准的过程中，都以城乡学校规模，至少班级人数规模无差别为前提条件，推导出"生均资源"作为办学标准的核心指标依据。其逻辑便是，学校规模越大，学生人数越多，能配置的资源便越多。因此，若按"生均资源"为配置逻辑，显然乡村小规模学校居于不利的地位，表面上符合标准化建设要求，实际资源远远不能满足学生需求和学校的发展。笔者以浙江省、江西省以及甘肃省出台的义务教育学校办学标准为例进行说明，见表0-1。

表0-1　浙、赣、甘三省义务教育小学阶段办学标准对比（节选）

省　份	具体指标	标　准
浙江省	学校规模及班额人数	完全小学宜设6班，每班不超过45人
	生均用地面积指标	14.89m²
	生均建筑面积指标	7.09m²
	图书配备	生均图书20册及以上；报刊种类50种以上；工具书、参考书种类100本及以上
	计算机配备	学校有效生机比达到7∶1，师机比达到3∶1，所有教师办公室配备计算机
	生均集中绿地面积指标	1.2m²
	体育活动场地	小学按6个班配置一个篮、排球场或相应面积的体育活动场地；需有4道60米直跑道
	医疗保健卫生	学校配备的卫生（保健）室建筑面积应大于15m²
江西省	学校规模	初小（教学点）以低年级学生就近入学为原则，每班人数≤30人；完全小学可设6个班级以上，每班人数≤45人
	学校建设用地组成	1.建筑用地。包括建筑物、构筑物占地面积，建筑物周围道路，房前屋后零星绿地及建筑群组之间的小片活动场。容积率为0.7，教学点可以为0.3 2.体育用地。完全小学200米环形跑道（100米直道）占地3570m²；篮球场1个，占地608m²；乒乓球场6个，占地6×16m²，总4274m² 3.绿化用地。学校绿化用地包括集中绿地和室外自然科学园地等。非完全小学可不设置集中绿地
	学校建设用地面积	人均校园建设用地34m²。其中：1.人均建筑用地11.85m²；2.人均体育用地16.12m²；3.人均绿化用地6.03m²
	校舍建筑组成	学校校舍由教学用房（含教学辅助用房）、办公用房和生活用房三部分组成
	校舍建筑面积	生均建筑面积7.85m²，其中使用面积4.71m²
	校舍用房面积	教工宿舍40m²；学生宿舍生均面积不小于3m²；食堂158m²；开水房8m²；浴室16m²；教工厕所8m²；学生厕所51m²
	现代教育技术设备与软件配备	计算机配置生机比达到30∶1；农村完全小学应建设卫星收视系统，配备卫星接收天线、卫星信号接收机、电视机、计算机等设备，用于接收国家通过卫星播放的教学资源
	图书馆藏书及设备配备	生均藏书15册以上；工具书和教学参考书80种以上；报刊40种以上

续表

省 份	具体指标	标 准
甘肃省	学校规模	农村小学规模一般不少于6个教学班，班额一般不超过45人
	生均用地面积	20m²，主要包括建筑用地、体育活动用地和绿化用地
	体育活动用地	完全小学6班规模学校建有100米直跑道或60米直跑道，设置适量的球类、器械等运动场地，每6个班至少有1个篮球场或排球场，其他规模学校（非完全小学）可不设环形跑道运动场，但必须有能满足全校师生同时做操和开展体育活动所需的场地
	绿化用地	校园绿化用地不低于学校用地总面积的30%。生均不低于0.5m²
	生均校舍建筑面积	5.66m²，按国家标准建有够用的普通教室，配齐教辅用房和生活服务用房
	现代教育技术设备	学校计算机拥有量至少达到小学生机比12∶1，师机比至少达到3∶1
	图书馆（室）	生均藏书小学15册以上，并有一定数量的教学参考资料、工具书、报刊和电子图书、音像资料和电子阅览计算机
	教师编制	师生比1∶23，专任教师占85%以上，专职管理人员不高于10%，工勤人员不高于5%

从表0-1中我们可以看到，江西省和甘肃省略有提及教学点或农村小规模学校等，浙江省则是以完全小学作为最小的办学规模。显示在制定办学标准时，乡村小规模学校虽有所涉及，但处于边缘地位。三省的办学标准的具体指标中，大多采用生均用地面积、生均建筑面积、生均图书或师生比、生机比、师机比等指标来构建办学标准。以100人为基数的乡村小规模学校为例，若参照甘肃省的标准，那么，学校可配置的教师仅有4名，学校的总面积为2000平方米，校舍面积为566平方米，将拥有计算机9台、图书300册。这样迷你的校舍以及各类资源，尤其是4名教师，显然无法满足正常的教学要求，但这样的配置却是符合该省办学标准的。因此，当前大部分省（区、市）制定的办学标准不适合指导乡村小规模学校的标准化建设，"参照执行"实难参照，甚至将使乡村小规模学校的标准化建设陷入"合法但不合理"的窘境。

2. 困惑二：标准之上的难突破

当前，各地尤其是在东部地区，不少乡村小规模学校是由于生源流失而自然形成的小学校。据笔者的田野调查，在"沦为"小规模学校前，多数学校的规模都非常可观，在发展的鼎盛期，有的学校曾经多达 800 人。然而短短 10 年，学校规模呈现断崖式下降，依当下学校标准而言，出现了生均资源"极度充盈"的状态。面对这样的新问题、新情况，究竟如何理解乡村小规模标准化的建设？笔者在浙江省 C 县走访多个乡村小规模学校中发现，校长对于标准化建设不以为然，觉得自己的学校早就达到标准化建设的要求了：

> 我们现在这个学校的校舍曾经是乡里初中的校舍，那个时候，全校有 600 多个学生，后来我们乡和 W 镇合并了，乡初中也跟 W 镇中合并了，校舍就留给我们小学了。你看我们的教学楼、生活楼，食堂等，论生均比，无论在建筑面积、图书资料、运动场地、绿化面积、计算机数等方面，都是高于浙江省的标准的，而且我们已经拿到了浙江省标准化学校的牌子，所以，我觉得没有必要再谈标准化这个问题了。
>
> （浙江省 C 县 W 镇 Y 小学，王校长，2017 年 6 月 28 日）

然而面对偌大的校园，校长们为生均资源的"极度充盈"而烦恼：

> 学校太大了，我们就 35 个学生加 11 位老师，光卫生保洁就头大。因为公用经费少，请不起保洁阿姨，日常的校园卫生只能靠高年级的学生和我们老师，这一趟下来，教学楼楼上楼下 4 层，两边的楼梯和 8 个洗手间，要清理干净，劳动量很大。另外，学校的操场、食堂、寝室要保洁，小朋友和老师都有点累。还有，学校太大，水电开支也大，30 个人一个班也是这样开灯，但现在 3 个人一个班，灯还是要这么开。我现在都是规定楼梯照明只开一边，洗手间也只用一边，以减少开支。晚上"黑灯瞎火"也没有办法，公用经费就这么一点，能省一点是一点。
>
> （浙江省 C 县 W 镇 F 完小，徐校长，2017 年 6 月 29 日）

由此可见，仅从简单意义上来理解"生均资源"标准，那么一些地区的乡村小规模学校的部分指标早已在标准之上，但乡村小规模学校依然面临着资源过度的困境，标准化后的再标准化需要进一步突破。

3. 困惑三：标准化内涵遭"窄化"

在标准化内涵的认识上，人们普遍把标准化窄化为硬件条件的建设，而对软件条件认识不足。标准化建设具有丰富的内涵，除了校园、建筑、教学资源等硬件指标外，还包括师资、管理、文化、教育教学等软件指标。笔者在田野调查中发现，这种"窄化"首先体现在对学校文化的认识上。在笔者问到学校的文化建设标准时，许多校长称没有对学校的文化进行系统梳理和深入思考，有一些办学理念是模仿别的学校，喊一些时髦的口号，至于是否遵循一些校园文化建设的标准，则未曾对其认真思考，也无人进行指导。其次，师资配置只顾数量没有考虑学科结构，乡村小规模学校出现语文、数学师资富余，而音、体、美等术科教师严重不足的结构性问题。

> 我向县教育局打报告好多年了，缺一个音乐老师，但总是等不来。一是音乐教师缺乏，好的音乐老师根本招不到，也不愿意到我们乡村来任教；另一个，即使有个别新的音乐老师进来，也被分配到大规模的学校去了。也许教育局想发挥最大的效用吧，反正我们这样的小规模学校就别想了。今年分配了一个新的语文老师，是教育局安排过来的。但我们不缺语文老师，甚至有多余的。现在学生的音乐课，都是主课老师兼的。说到底，我们这样的小规模学校没有人事权。
>
> （浙江省 C 县 J 乡中心小学，姜校长，2018 年 1 月 19 日）

最后，基层政府办学经费投入非义务化，乡村小规模学校经费补助出现"轮候制"。当前义务教育办学经费主要由中央和地方财政共同承担，在地方上主要采取"省级统筹，以县为主"的投入模式，一般乡镇一级基层政府不再承担教育经费投入的义务。在浙江省 C 县的调研中发现，因为基层政府教育经费投入的非义务化，校长能否"化到缘"，完全要看镇政府今年的财政收入状况，因此校长个人的能力就很重要，要千方百计地向镇政府争取办学经费的补助。这种情况，对于一镇（乡）一学校的地区而言，还较为乐观，基层政府也会积极支持本地区唯一的中心学校。但在一镇多校的地区，许多校长称，"办一件大的基建，就得轮着来了"。乡镇级政府只能集中力量把某一所学校最为急迫的、要改进的基建完成，第二年甚至第三年才会考虑其他学校的需要。因而，中心小学的境遇会好一点，下面的教学点获得的补助就少得多。由此可见，经费投入预算的标准化也非常关键。

（三）重塑价值：乡村小规模学校办学标准亟待单独制定

从政策层面的推进到现实标准参照和理解上的困惑，呼唤着政府单独制定乡村小规模学校的办学标准。首先，政府不能再一边要求推进乡村小规模学校标准化建设，另一边还拿着传统的以"生均资源"为核心依据的办学标准指标体系来衡量小规模学校的建设。必须破除以生源规模一致为前提、以"生均资源"为基础的标准，代之以"以学生需求和学校发展为价值导向"的办学标准。学生的需求是一切标准制定的旨归，学生有什么需求，标准就应怎么定，资源就应怎么配置。其次，应当扩充办学标准的内涵。由于当前小规模学校办学标准遭遇"窄化"的理解，应当在指标体系中清晰地表述学校的文化建设标准、办学经费的来源以及投入主体的分配等学校发展的重要指标。另外，师资配置不能以简单的师生比和教师数量作为标准，还应当加入"班师比"和科学的师资学科结构等。再次，要探索和制定乡村小规模学校特殊的教学和管理标准。比如要探索微小班教学标准：乡村小规模学校 10 人以下的班级比比皆是，微小班的教学设计和教学实施跟传统的大班额的班级授课制有较大的不同。有些老师告诉笔者，因为学生人数太少了，现在真的可以备课到生，在备课本上，学生名字都可以出现好几次，教师对学生的学习情况了然于胸。然而教师评价机制却并没有改变，乡村小规模学校的教师要评职称，必须去县城的大班额班级借班上课，完全离开了自己熟悉的教学情境，使自己失去了竞争优势。因此，探索微小班教学标准，完善小规模学校教师职称评定的制度应在办学标准制定中予以考虑。再如，要探索乡村小规模学校的管理标准。在学校管理方面，乡村小规模学校一般没有大规模学校等级森严的科层制，管理结构比较扁平化。因此，加强学校的民主管理，发挥教师的主观能动性是值得探索的方面。最后，还要厘清内生性发展标准。要对乡村小规模学校内生发展的标准进行梳理和制定，从而引导乡村小规模学校结合自身优势和地方特色做文章，形成内生性发展的动力。调研中发现，对于小规模学校的自身优势和价值，很多校长和教师有比较清晰的认识。在学生补差、个别辅导、活动参与等方面，有着大规模学校不可比拟的优势。另外，在利用乡土资源方面，校长和教师都清楚，不可能拿己之短去比别人之长。因此，许多学校自发地因地制宜挖掘自身优势，在拓展课方面与本地文化结合，展示出鲜明的学校乡土文化，取得了可喜的探索成果。这些都是乡村小规模学校标准化建设的范畴和方向。

乡村小规模学校之所以引起笔者的兴趣，缘于笔者的求学经历和以往的工作经验。笔者曾经就读的村小和乡初中，早已经在"撤点并校"调整中消亡，校舍也夷为平地，不复存在，儿时的记忆，再难追忆。再者，笔者于大学毕业后，曾任职于一所农村初中，担任英语教师。两年的乡村教师经历，于笔者而言，有着刻骨铭心的记忆：乡村教师的艰辛、寂寞、甘甜、劳苦、拼搏、付出，是笔者熟悉的生活场景和工作环境，也是人生中宝贵的精神财富，心中一直埋着挥之不去的乡村教师和乡村学校情结。恰逢笔者的导师主持全国教育规划重点课题"义务教育学校标准化建设研究"，因此，将其中的一项内容"乡村小规模学校的办学标准研究"作为笔者的选题，希望能为国家的乡村教育研究贡献心力，不负心中的情愫。

二、研究主题的形成与问题的提出

通过上述政策梳理和现实考察，对乡村小规模学校标准化建设，大致形成了以下几个研究问题。

乡村小规模学校为什么进行标准化建设？基于什么样的价值诉求？基于什么学理依据和现实可行性依据？

乡村小规模学校当前标准化建设的现实样态又是怎么样的？东部、中部和西部地区的小规模学校标准化建设有哪些差异？主要体现在哪里？取得了哪些经验？存在哪些问题？原因何在？

乡村小规模学校办学标准的指标体系该如何建构？究竟应该包含哪些基本要素？该如何进行更为科学、细致的指标体系分类？需要遵循哪些原则？小规模学校标准化建设的实现路径和保障机制有哪些？

三、研究目的和意义

（一）研究目的

乡村小规模学校办学标准研究，既是一个理论问题，也是一个实践问题。笔者力图通过对乡村小规模学校的现实考察，从逻辑、实践、价值等层面，梳理和构建其发展的标准体系，丰富义务教育学校标准化建设的理论体系；同时，也希望通过标准化的建设，解决乡村小规模学校在发展过程中遭遇的困境，提升教学质量，促进乡村小规模学校的健康发展。

（二）研究意义

1. 有助于丰富义务教育学校办学标准理论体系，为政府推进乡村小规模学校标准化建设提供指导

乡村小规模学校办学标准是义务教育学校办学标准体系中重要的一环。基于小规模学校在当前农村学校中所占的庞大比例，其理应受到更多的关注。乡村小规模学校从政策性的"撤并"到"保留"再到"发展"，显见其地位在义务教育体系中正在日益提升。然而囿于其办学规模和位置的末端性，各省出台的义务教育学校办学标准并未把它作为一个重要的研究对象；学界对乡村小规模学校展开的系统研究还不够多，理论不够完善。因此，乡村小规模学校办学标准研究，既是对以往研究的空白进行填补，也是对国家政策日益关切乡村小规模学校发展的某种回应，找回乡村小规模学校在义务教育学校办学标准体系中应有的位置，丰富和完善义务教育学校标准化建设理论体系，为国家推进乡村小规模学校标准化建设提供指导。

2. 有助于提振乡村小规模学校教育质量，走好义务教育均衡化发展"最后一公里"

以标准化建设，补乡村教育发展之短板，促乡村教育之发展。新时期，乡村小规模学校俨然已经成为农村小学办学的新常态，提振乡村小规模学校的教育质量，是我国推进义务教育均衡化发展要走的"最后一公里"，也是极为艰难的一公里。乡村小规模学校是我国学校教育体系的"毛细血管"，尽管

微小，却是我国教育事业健康发展的重要保障。通过乡村小规模学校标准化建设，打通阻碍"毛细血管"健康呼吸的障碍物，为其"输血"，从而为乡村儿童提供公平的教育资源、高质量的教育教学，推动义务教育均衡化发展走向纵深。标准化建设研究力图对乡村小规模学校在发展过程中所遇到的困难做出"精准关切"，科学合理地构建其发展的硬件和软件标准，有助于推动乡村小规模学校规范办学，化解生存危机，提升教学质量，促进学校发展，为义务教育均衡化发展艰难的"最后一公里"提供相关支持。

3. 有利于保存乡村地区传统文化，助力乡村振兴战略和"美丽乡村"建设

乡村的振兴，关键在于乡土文化的勃兴，而乡土文化的继承和传播有赖于乡村教育的复兴。毋庸置疑，乡村小学是乡村社区的文化中心，是"美丽乡村"建设的重要组成部分。然而，一方面是农村地区出现的"空心村"现象日趋严重，另一方面是"撤点并校"让本不该消失的乡村学校关闭，扎根乡村的传统文化亦随着学校撤并和空心化面临断层甚至消亡的危机。因此，通过乡村小规模学校的标准化建设，让其重新焕发生机，提升教育质量，吸引生源回流，让具有悠久历史的乡村小规模学校更有生命力地扎根在乡村的沃土中，继承和传播所在社区的乡村文化。唯有如此，社会主义"美丽乡村"建设才会更加名副其实，乡村振兴战略才有更扎实的根基。

4. 有利于发挥乡村小规模学校的作用，重新确立乡村小规模学校的价值和应有的地位，推动实现教育公平

乡村小规模学校之于保障乡村儿童就近上学、接受义务教育，有着重要的意义。有研究表明，学校规模小并不必然导致学校教学质量差；相反，低年级儿童的成绩在小规模学校里要优于大规模学校的表现。这是因为，小规模学校的学生与教师的情感交流更亲密。同时，因为学生人数少，教师可以有更多的时间和精力关注每一个学生，能更充分地备课、批改作业等，学生在课堂上表现的机会也会多于大班额学校。这是乡村小规模学校的天然优势。标准化建设将进一步强化这一优势，让乡村小规模学校重新确立自己在学校系统中的价值和地位，插上"后发先至"的翅膀，更好地为乡村学生提供有质量且公平的教育。

四、核心概念界定

（一）乡村、小规模学校、乡村小规模学校

1.乡村

在我国，"乡村"泛指"农村"地区，两者在使用上没有严格的区分。一般认为，在改革开放前，尤其是人民公社时期，人们用"农村"对应"城市"，在废除人民公社、设立乡镇政府之后，人们在沿用农村这一概念时，又开始较多地使用"乡村"这一概念与"城市"或"城镇"相对应。[①]《中国百科大辞典》对"乡村"的解释是："乡村又称农村。区别于城镇的一类居民点总称。居民以农业为经济活动的基本内容，村落是村民的生活处所和生产活动基地，一般没有服务职能，或只在中心村落有日常生活需要的低级服务，即最低级的中心地职能。"[②]1999年，国家统计局制定并发布的《关于统计上划分城乡的规定（试行）》对"乡村"概念的解释是："指城镇地区以外的其他地区。乡村包括集镇和农村。集镇是指乡、民族乡人民政府所在地和经县人民政府确认由集市发展而成的作为农村一定区域经济、文化和生活服务中心的非建制镇；农村是指集镇以外的地区。"[③]2008年，国家统计局颁布的《统计上划分城乡的规定》依然将我国的地域划分为城镇和乡村："城镇包括城区和镇区。城区是指在市辖区和不设区的市，区、市政府驻地的实际建设连接到的居民委员会和其他区域。镇区是指在城区以外的县人民政府驻地和其他镇，政府驻地的实际建设连接到的居民委员会和其他区域。乡村是指本规定划定的城镇以外的区域。"[④]从国家统计局作出的城乡划分来看，乡村的概念要大于农村，农村是乡村的一部分。乡村除了原来意义上我们理解的"乡"和"村"之外，还包括

---

① 刘冠生.城市、城镇、农村、乡村概念的理解与使用问题[J].山东理工大学学报（社会科学版），2005（1）：54-57.

② 转引自：田静.教育与乡村建设：云南一个贫困民族乡的教育发展人类学探究[D].上海：华东师范大学，2013：21.

③ 刘冠生.城市、城镇、农村、乡村概念的理解与使用问题[J].山东理工大学学报（社会科学版），2005（1）：54-57.

④ 转引自：李森，汪建华.我国乡村教育发展的历史脉络与现代启示[J].西南大学学院（社会科学版），2017（1）：61-69.

城镇化水平不高的集镇（非建制镇）。

张小林从乡村的职业性、生态性和社会文化三个层面对乡村概念进行了辨析，认为随着社会大环境的变迁，乡村概念本身具动态性、不整合性以及相对性，并提出"乡村性"这一概念。他还指出，应当用乡村性与城市性相对应，乡村属性强的地区就归入乡村地区，城市属性强的地区就归入城市地区。这一解释拓宽了新时期我们对于乡村概念的认识。[①] 鉴于确定研究对象的可操作性，本书所指的乡村，倾向采用国家统计局的城乡划分标准，以"乡"和"村"以及非建制镇的集镇作为地理单元，具有较强乡村属性的自然环境和社会环境所形成的综合体。

2. 小规模学校

关于什么才是小规模学校（也有媒体和学者称为"小微学校"[②]），学生人数低于多少才算小规模学校，国家尚没有给出权威的定论。21世纪教育研究院对"农村小规模学校"的定义是：乡镇以下，学生数少于200人，或班级数在6个及以下的学校（含村小和教学点）。[③] 雷万鹏、张雪艳根据国外经验及国家政策，认为判断小规模学校的学生数量临界值为100人。[④] 在我国台湾地区教育行政部门的统计标准中，小规模学校指学生少于100人或者班级少于6个班的学校。[⑤] 在英国，学生人数少于100人的学校可称为小规模学校。[⑥] 2014年，国务院在《关于全面深化农村改革加快推进农业现代化的若干意见》中明确提出：对于人数不足100人的小规模学校和教学点，按100人的学生来核拨经费。随后，学界逐渐达成共识：把学生数100人作为小规模学校的临界点，另外，鉴于我国小学和教学点中学生数100人以下者已经占全国小学和教学点数量的半壁江山，如果再把人数放宽至200人，恐怕这一比例更会大幅度上升，这样小规模学校的界定就失去了意义。因此，本书将小规模学校界定为：学生数在100人以下

---

① 张小林.乡村概念辨析[J].地理学报，1998（4）：365-371.

② 苏德，袁梅，罗正鹏.教育均衡发展背景下民族地区"小微学校"建设[J].教育研究，2016（11）：87-91.

③ 李萍.底部攻坚：农村小规模校如何突围[N].中国教育报，2016-01-06.

④ 雷万鹏，张雪艳.论农村小规模学校的分类发展政策[J].教育研究与实验，2011（6）：8-11.

⑤ 刘俊仁.台湾地区小规模学校发展特色学校的基本策略[J].教育评论，2017（3）：49-53.

⑥ Maurice G, Linda H, Comber C. Classroom practice and the national curriculum in small rural primary schools[J]. British Educational Research Journal, 1998（1）：43-62.

且班级数在 6 个及以下的小学。为了使研究更聚焦，本书的研究对象不含中学（一般而言，学生数少于 100 人的中学不多见）。

3. 乡村小规模学校 [①]

根据"乡村""小规模学校"的定义辨析，我们对乡村小规模学校界定如下：在我国农村和集镇（非建制镇）地区，学生数少于 100 人且班级数在 6 个及以下的小学（含教学点）。

（二）办学标准、学校标准化建设

1. 办学标准

办学标准，简单来说是指学校设置、运行以及管理过程中所要具备的基本条件和应当遵守的基本规则。[②] 办学标准既是对学校的约束和规定，也是衡量和促进学校发展的准则。义务教育办学标准的制定和实施的主要责任主体在于各级政府，是"政府办学校"的责任体现，而不是"政府管学校"的权力体现。[③] 在如何理解"办学标准"上，张新平教授认为办学标准既具有普遍性，又具有时代性；既是一个技术问题，也是一个教育问题；既是一种客观要求，也是一种主观理解；既要有理想性，又要有现实感。[④]

2. 学校标准化建设

所谓"学校标准化建设"，即指义务教育阶段，学校标准的制定、学校标准的实施和学校标准的更新的过程。也可以说，学校标准化建设是由国家制定学校建设标准及其相关的法律规定，约束各级政府在创办或评估义务教育阶段的各类学校时，都能提供与标准相符合的硬件和软件的条件，使义务教育阶段的各学校都成为标准化学校。因此，标准化学校即学校经过标准化建设后所达成的效果，是在义务教育领域内根据法律规定，各级政府确保义务

---

① 本书在论述过程中，为尊重和还原其他相关研究者或研究对象的用语，交替使用"农村小规模学校"与"乡村小规模学校"，但两者意思是一样的。

② 张新平，等. 义务教育优质学校办学标准研究[M]. 北京：科学出版社，2015：25.

③ 陈学军. 有关中小学办学标准几个基本问题的思考[J]. 教育科学研究，2009（11）：27-30.

④ 张新平. 标准化建设能否拯救乡村学校？[N]. 中国教育报，2015-11-20.

教育阶段学校大体拥有均衡的物资条件和师资队伍条件的规范化学校。[①]

综上，我们可以看出办学标准的制定是学校标准化建设的首要条件与重要组成部分，从某种程度上讲，办学标准是学校标准化建设的基础和依据，而学校标准化建设是办学标准制定的目的和实现过程，两者在特定的语境中具有一致的指向。本书在行文过程中，两者亦会交替出现，当然，因笔者能力和精力有限，本书研究的落脚点主要在乡村小规模学校的办学标准上；具体来说，就是旨在探讨当前义务教育阶段乡村小规模学校的各类硬件和软件要素的标准，如办学规模、基础设施、师资、课程等，形成比较科学的办学标准指标体系和相对可行的实践路径，供教育决策部门参考，并推广至全国义务教育阶段的所有乡村小规模学校，引导其规范办学标准和行为，从而达到促进小规模学校发展、提升教育质量、推进义务教育均衡发展之目的。

五、研究对象与研究方法

（一）研究对象

研究对象为来自浙江省 C 县、江西省 P 县和贵州省 L 县等地的乡村小规模学校，将之分别作为我国东部、中部和西部地区的代表。在研究过程中，笔者有幸结识了一批志同道合、来自马云公益基金会的朋友，并通过他们，认识了一大批优秀的乡村教师和优秀校长。借此机会，笔者还对青海省、陕西省等乡村小规模学校的教师和校长进行了深度访谈，以使研究对象和样本在具有典型性的同时兼具广泛性，使本研究能较为完整地反映我国乡村小规模学校的生存和发展概貌，研究对象的数据统计见表 0-2。

笔者通过近两年的时间，实地走访了 21 所乡村小学，其中，中心小学 7 所、完全小学 12 所、村级教学点 2 所；共采访了 75 名教师（含 21 名乡村小学校长），采访录音达 400 多小时，形成录音文本 55 万余字。同时，从三县的教育局以及中心学校处获得了相关乡村小规模学校的年报资料，主要有班

[①] 杨兆山，金金.建设"标准化学校"搭建义务教育均衡发展的操作平台[J].东北师大学报（哲学社会科学版），2005（5）：36-41.

级数、学生数、教师数、各类办学条件等数据，为乡村小规模学校办学标准研究提供了翔实的数据。

表0-2 乡村小规模学校研究对象统计

	实地调研学校／所				访谈教师/名				
	合计	中心小学	完全小学	教学点	合计	普通教师	校长	教育局工作人员	中心学校
浙江省C县	10	5	5		40	28	10	2	
江西省P县	5	1	4		11	3	4		4
贵州省L县	4		2	2	11	3	4	2	2
其他地区	2	1	1		13	10	3		
合计	21	7	12	2	75	44	21	4	6

注：江西省P县的1所中心小学和贵州省L县的2所完全小学为非乡村小规模学校。

（二）研究方法

本研究主要运用了实地研究法、文献研究法、访谈法等研究方法，辅以一定量的政策文本分析和文献计量分析工具，力图更为科学、完整地呈现乡村小规模学校标准化建设的理论研究局面和现实样貌，力图将教育社会学、教育管理学、教育经济学等学科作为本研究的学科背景，对我国乡村小规模学校生存状态以及标准化建设现状进行阐述和探讨，从政策、制度、理论、实践等维度对乡村小规模学校标准化建设的困境及问题进行深入的剖析，进而提出乡村小规模学校办学标准的指标体系以及标准化建设的路径保障。

1. 实地研究法

所谓实地研究，是指研究者在较长时段内"沉入"相对陌生的研究对象的生活环境中，采用参与观察和非结构访谈等获取资料的方法，系统详尽地描述、理解乃至批判反思研究对象的物理及精神特征、思想观念与行动逻辑的相对松散的研究方式体系。[1] 概言之，它是研究者进入研究对象的工作和生活场域，在相对较长的时间内收集、观察和整理研究资料，并对资料进行加工，

---

① 张新平. 教育管理学的方法体系[M]. 北京：科学出版社，2012：77-78.

从而获得理性认知的过程。乡村小规模学校的标准化建设研究具有极强的实践导向，从研究对象处获取相关资料，以乡村小学校长、教师和学生、家长的视角，关注他们的需求和诉求，从不同的维度自下而上地构建起乡村小规模学校办学标准的理论体系和指标体系，是本研究的必经途径。实地研究的过程简述如下。

浙江省 C 县是笔者实地研究最早确定的对象，知情人为笔者毕业多年的一名学生，C 县本地人，2009 年从省城的师范大学毕业，通过县统招后，被分配在 C 县偏远的一所乡村小学，亲历了所在学校从原先 500 多人的规模锐减到 70 余人的经过。他告诉笔者，C 县的乡村小学多数为小规模学校，是笔者较好的研究对象。恰好该学生的一名亲戚供职于 C 县教育局，又通过该亲戚的安排，笔者得以在 2017 年的 5 月至 7 月以及 2018 年的 1 月，分 4 次对 C 县 5 个乡镇的乡村小规模学校展开了实地研究，每次调研的持续时间为 1 周，共 4 周左右，获得了大量的访谈资料和观察照片。

笔者将第二个实地研究对象锁定在了江西省 P 县。知情人是笔者硕士阶段的舍友，为 P 县本地人，硕士毕业后返回江西，在当地一所高校供职。他向笔者透露，他的家乡 P 县存有不少的乡村小规模学校，且自己的中师同学，现有多人担任中心学校的校长，若有需要，他可以提供各方面的便利。在经过前期的沟通与筹划之后，笔者于 2018 年 5 月对江西省 P 县 3 个乡镇的小规模学校进行了实地调研，为期 9 天。在 P 县 G 镇中心学校占副校长的帮助之下，笔者获得了大量关于 P 县 G 镇小学阶段教育的数据材料。

西部贵州省 L 县是最后确定的实地研究对象。其确定过程相对坎坷，笔者一开始拟将西北的甘肃省作为实地研究对象，后因知情人与笔者的时间始终没有衔接起来而不能成行。后经马云公益基金会的引荐，以乡村寄宿制试点学校调研为契机，笔者将目标定在了贵州省 L 县，知情人为 L 县科技和教育体育局工程办的石主任以及 M 镇中心学校全校长。笔者于 2018 年 12 月对 L 县 M 镇的乡村小规模学校进行了实地调研，持续时间为一周。在中心学校全校长的支持下，笔者获得了大量有关 M 镇的教育情况以及当地民族特点的数据材料。最后，笔者顺利完成了对我国东部、中部和西部代表性的乡村小规模学校的实地调研。

在实地调研期间，笔者尽可能地观察和记录调研学校校长、教师的早自习、课堂教学、工作会议以及晚自习和宿舍管理等工作场景，共听取教师所开的常态课数十节，与教师们一起吃工作餐等，体验乡村小规模学校师生的日常。从实地研究的具体工具来看，主要有访谈法、问卷调查法、个案研究法。

（1）访谈法

访谈法是研究者对研究对象进行有目的的沟通和交流，从而获取信息的研究方法，是质性研究最为常用的方法。就访谈的形式来看，可以分为正式访谈和非正式访谈，从访谈的结构化程度来看，可以分为结构化访谈、半结构化访谈和开放式访谈。在本研究中，笔者主要对乡村小规模学校的校长、教师代表、学生代表进行了半结构化的访谈，形式都以正式访谈为主；对县教育局工作人员、中西部的中心学校校长等，则以开放式访谈为主，形式都为非正式访谈。在书稿撰写期间，为补充调研信息以及检验信息的饱和度，笔者还对相关访谈对象进行电话访谈，确保调研资料的真实性和完整性。在后期，笔者对收集到的大量访谈录音，通过人工转录，形成访谈文字稿。同时，笔者通过三县教育行政部门主管领导或中心学校校长，收集到了该县或某一个镇相关年份的教育整体概览、年报等大量数据，从而可以从历史纵向的角度来剖析乡村小规模学校的发展状况。

（2）问卷调查法

问卷调查主要通过学校向家长发放，以弥补在可操作层面上无法访谈家长的不足。毫无疑问，家长是乡村小规模学校标准化建设的利益相关者。了解家长对于学校发展的需求，可在一定程度上为乡村小规模学校办学标准的构建提供启示。

（3）个案研究法

在实地研究过程中，对于具有典型意义的乡镇、学校、校长或教师展开有针对性的个案研究，充分收集和挖掘研究资料，并进行整理和分析，是实地研究的要求之一。为此，笔者在调研过程中，凭借自己的判断及知情人士的相关推荐，对三县的乡村小规模学校及教师进行了更为细致的个案研究。

2. 文献研究法

文献研究即通过对现有文献的查阅、分析和整理，力图找寻事物本质属性和发展规律的研究方法。笔者主要通过《中国知识资源总库（CNKI 中国知网）》、*Web of Science* 数据库、超星数字图书馆、Ebrary 电子图书、ES 教育学全文数据库（ERC 升级版）等网络数据平台和购买有关书籍资料等方式，阅读与梳理了国内外大量有关小规模学校、乡村小规模学校、办学标准、学校标准化建设、义务教育均衡发展、学校布局、学校发展、乡村教师、经费保障等内容的文献资料。通过与前人研究进行对话，找出研究的空白点以及研究的突破口。在研究过程中，文献研究法贯穿始终。除了对乡村小规模学校学术性文献的整理和分析之外，笔者还对研究对象的各类年报数据、学校的各项管理制度、校长日记、工作笔记、学校文宣材料等文字资料进行了大量的收集、分类、整理，以期更深入地了解研究对象在学校发展和标准化建设中的达成情况，深入地探究校长对学校发展的定位与思考及其管理理念和风格等，为本研究的顺利开展奠定基础。

在文献研究法中，笔者主要借助的工具为 CiteSpace 知识图谱软件。它是由美国雷德赛尔大学陈超美博士与大连理工大学的 WISE 实验室联合开发的一款文献计量分析软件。借助这一软件，可以对某一领域所发表的文献进行计量分析，以探寻学科领域演化的关键路径及知识转折点。其特点在于可视化，通过可视化的手段来呈现学科知识的结构、规律和分布情况，因而也被称为"学科知识图谱"。笔者主要借助此软件对国内外关于乡村小规模学校的各类研究主题以及标准化建设进行了综述。

六、研究思路与研究框架

（一）研究思路

本书以乡村小规模学校为研究对象，以办学标准及其指标体系的构建为研究内容，旨在解决如下问题：乡村小规模学校为何要单独制定办学标准？其标准化建设所处的水平及面临的问题有哪些？怎样构建乡村小规模学校办学标准？首先，基于办学条件、办学经费、人员条件、学校管理、学校文化以及外部支持六大维度，对乡村小规模学校标准化建设的原则和价值取向进行探讨，对乡村小规模学校办学标准构建的学理依据进行了合理性辩护，重点从应然层面进行分析。接着，通过田野调查，对乡村小规模学校标准化建设在实然层面的现实样态进行描述和探析，力图由下到上构建当代乡村小规模学校办学标准的指标体系和理论体系，这是本书之目的所在。最后，对乡村小规模学校标准化建设的路径保障进行论述，为乡村小规模学校摆脱当前的生存困境，推进义务教育均衡化发展提供有用的思路和具体的实现路径。

（二）研究框架

本书共分六章。

第一章为国内外研究现状综述，主要从相关数据库中检索与梳理关于乡村小规模学校及其标准化建设研究的学术论文，并通过可视化软件对其按主题进行分类分析和说明，指出当前国内外乡村小规模学校研究的成效，以及在办学标准研究和标准化建设研究方面的空白和不足之处。

第二章对乡村小规模学校办学标准构建的若干理论问题进行了思考。主要从学理层面对乡村小规模学校办学标准构建进行探讨，即从逆城市化理论、罗尔斯的正义论以及市场缝隙理论三个理论视角为乡村小规模学校的办学标准构建进行了合理性辩护；同时，对"全面二孩"、"乡村振兴"战略等政策层面为乡村小规模学校标准化建设所提供的现实可行性依据进行了梳理；此外，对办学标准构建所应当包含的基本要素以及办学标准构建应秉持的价值取向进行了探讨。

第三章主要对研究对象即浙江省 C 县、江西省 P 县和贵州省 L 县的社会发展和教育变迁进行了介绍；对三县所在省份的义务教育办学标准的政策演进和特点进行了描述；并根据三县有关乡村小规模学校的年报数据，对照所在省的办学标准进行了指标的量化考察和对比分析；同时，对乡村小规模学校形成的原因进行了分类。

第四、五章对乡村小规模学校的生存状态、硬件和软件资源进行了田野考察。主要从办学标准的"硬件"条件和"软件"条件即办学条件、办学经费、人员条件、学校管理、学校文化以及外部支持等六个维度对三县局部地区的乡村小规模学校标准化建设进行深入细致的调研，以期获得在统计数据中难以捕捉的信息，提炼东部、中部、西部乡村小规模学校标准化建设的成效、差异以及存在的问题等，为乡村小规模学校办学标准指标体系的构建提供依据。

第六章分析和阐述了乡村小规模学校的办学标准，进行了指标体系的构建。论述了办学标准构建应遵循的原则，依据乡村小规模学校标准化建设程度的地区差异、现实样态进行了分类，构建了"六维度三阶段"的乡村小规模学校办学标准的指标体系，提出了以满足"够用"、保障"公平"和优先"发展"为核心诉求的三个建设阶段，并对每个阶段的指标进行系统的构建。在此基础上，提出了乡村小规模学校标准化建设的路径保障。

根据研究的结构安排，笔者大致勾勒了本书的研究框架，见图0-1。

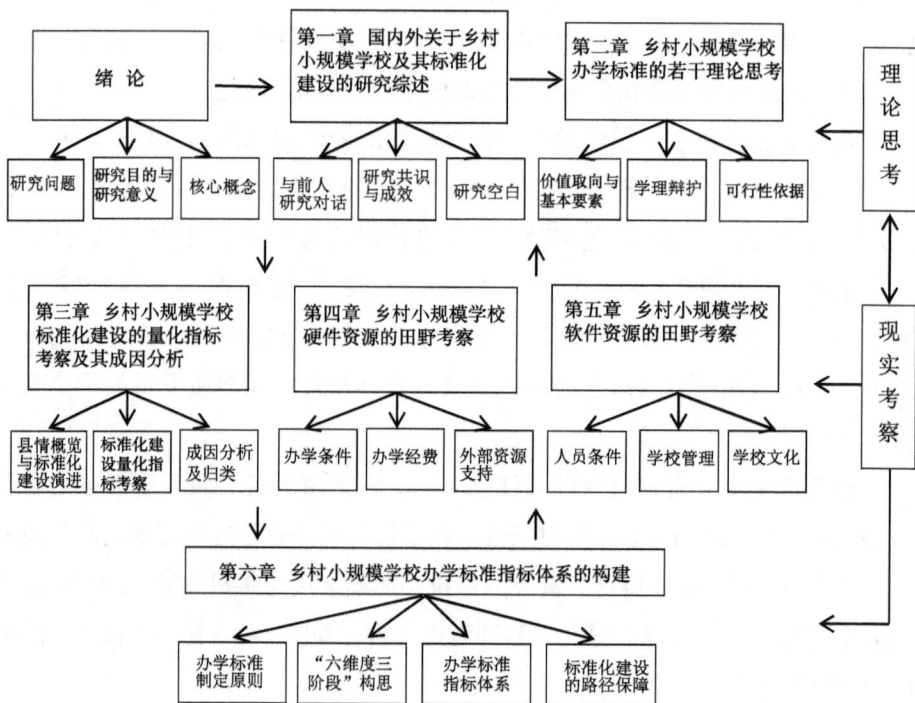

图0-1 本书的研究框架

第一章

国内外关于乡村小规模学校及其标准化建设的研究综述

一、国内乡村小规模学校研究现状

笔者以"小规模学校"为主题，从中国知网中检索出 803 篇文献，经过仔细甄别，剔除重复和无效文献后，共获得 744 篇有效文献[①]。从知网收录的情况来看，小规模学校的研究最早始于陈惠慈关于日本小规模学校复式教学的介绍[②]，随后有零星研究者对小规模学校的校园规划、网络建设等方面进行了分析。2004 年起，朱秀艳等陆续开始介绍美国小规模学校建设的相关经验。[③]2008 年起，范先佐[④]、周芬芬[⑤]、吴宏超[⑥]等学者开始反思农村学校布局调整政策，乡村小规模学校的境遇开始引起广泛关注。此后，后继者对乡村小规模学校的研究日益丰富，视角更趋多元。

笔者采用陈超美等人设计开发的 CiteSpace 知识图谱软件，将从知网下载的 744 篇文献信息导入其中，绘制文章关键词的知识图谱。参数设置情况如下：时区分割设置为 1994—2018 年，单个时间分区的长度设置为 1 年，域值选择每年前 30 个高频词，对 744 篇文章的关键词进行可视化分析（见图 1–1），同时结合后台导出的高频关键词进行分析（对意义重复的关键词作适当处理），见表 1–1。总体来看，2010 年前，国内关于乡村小规模学校的研究主要集中在义务教育布局调整、美国等的办学经验的介绍方面，研究的视角较为单一，也可能是因为当时乡村小规模学校尚没有大量出现，并未引起较高的重视；2010 年后，乡村小规模学校的研究视角显著多元化，基于"教育公平"的价值诉求，学者就"撤点并校"政策、城镇化进程对于农村学校的冲

---

① 检索日期：2018年10月19日。
② 陈惠慈.日本小规模学校的复式教学[J].教育导刊，1994（Z2）：68.
③ 朱秀艳.美国小规模学校经济价值分析[J].外国教育研究，2004（5）：20-23.
④ 范先佐.农村学校布局调整与教育的均衡发展[J].教育发展研究，2008（7）：55-60.
⑤ 周芬芬.农村中小学布局调整对教育公平的损伤及补偿策略[J].教育理论与实践，2008（19）：31-34.
⑥ 吴宏超.农村教学点的未来走向：国外的经验与启示[J].外国教育研究，2008（6）：74-78.

击进行反思，提出义务教育要均衡发展。学界开始关注乡村学生的学业成绩、乡村教学点的发展、农村教师境遇、教师编制等问题。近几年，研究视角聚焦于乡村小规模学校的教师配置、教师专业发展（全科教师）、公用经费改革、教学方式（复式教学）、留守儿童、教育质量和办学标准等层面的探讨。根据关键词的知识图谱以及历年分布，结合相关文献的仔细研读，笔者认为当前我国关于乡村小规模学校的研究大致可以分为五个层面。

表 1-1　国内乡村小规模学校研究论文频次 ≥ 3 的关键词年度分布

关键词	频次	中心性	年份	关键词	频次	中心性	年份
小规模学校	195	0.55	1999	教学点	37	0.07	2014
校园网	3	0	1999	农村教师	12	0.03	2014
农村小规模学校	170	0.33	2004	大班额	10	0	2014
农村义务教育	59	0.09	2004	教师编制	9	0.01	2014
学校规模	10	0.04	2004	复式教学	12	0.04	2015
义务教育经费	3	0.02	2004	农村转移人口	4	0	2015
美国	13	0.12	2004	困境	4	0.01	2015
办学	3	0.11	2007	乡村教师	20	0.02	2016
农村	50	0.16	2008	乡村学校	14	0.01	2016
农村中小学布局调整	53	0.06	2008	乡村小规模学校	9	0.01	2016
农村教育	36	0.06	2010	全科教师	6	0.01	2016
教育公平	16	0.04	2010	师资配置	4	0.01	2016
实证研究	5	0	2010	新型城镇化	7	0.01	2016
学业成绩	5	0.05	2010	城乡义务教育一体化	11	0.01	2017
学生参与	3	0	2010	公用经费	6	0.01	2017
学校内部组织	3	0	2010	教学方式	5	0	2017
对策	5	0	2011	教师专业发展	10	0.02	2017
韩国	4	0.01	2011	精准扶贫	3	0	2017
政策研究	3	0	2012	农村留守儿童	3	0	2017
撤点并校	31	0.03	2013	寄宿制学校	20	0	2018
农村学校	19	0.08	2013	策略	9	0	2018
城镇化	13	0.1	2013	教学	3	0	2018
义务均衡发展	22	0.02	2013	教育质量	3	0	2018
教育政策	3	0	2013	办学标准	3	0	2018

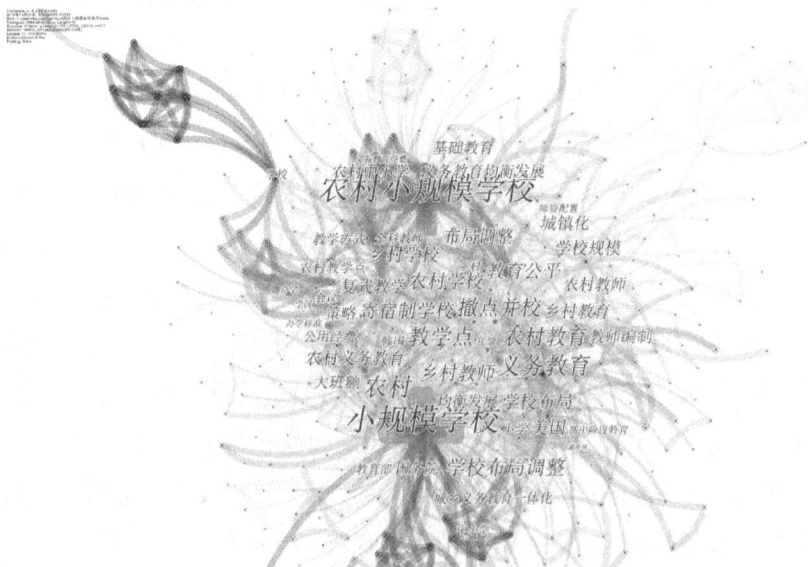

图1-1 国内乡村小规模学校研究高频关键词知识图谱

（一）政策反思与价值重拾：指向宏观层面的乡村小规模学校研究

1. 十年"撤点并校"政策的反思

国内研究者对十年"农村义务教育学校布局调整"演化为大规模的"撤点并校"提出质疑并作出深刻反思，普遍认同学校布局不能损害乡村儿童就近入学的受教育权，不能损害教育公平，加重农民负担。这一反思潮大致始于2010年，且至今仍在持续。2001年，国务院出台《关于基础教育改革与发展的决定》，要求地方政府"因地制宜调整农村义务教育学校布局"，要"按照小学就近入学、初中相对集中、优化教育资源配置的原则，合理规划和调整学校布局"。然而这一良好的初衷在执行过程中被一些地方政府简化为"撤点并校"，许多乡村小规模学校被非理性撤并。邬志辉认为，十年"撤点并校"政策在各地的实施过程中，存在着程序正义问题、损害乡村儿童"就近入学"之权益以及弱势群体被转嫁"撤并"后的额外负担等公平争议。[①] 曾国华和吕超认为，农村中小学布局调整政策被一些地方政府异化有两个推手——"追求

---

① 邬志辉，史宁中.农村学校布局调整的十年走势与政策议题[J].教育研究，2011（7）：22-30.

经济效益"和"推进城市化"。政府试图通过减少学校数量来控制财政开支，缓解财政压力，同时逼"学校进城"从而拉动农村人口向城镇聚集。非理性撤并导致学生"上学远、上学难、上学贵"并引起辍学率反弹。2011年，小学辍学率为8.22‰，倒退到了2000年以前的水平。① 娄立志、吴欣娟认为，"撤点并校"付出了代价，产生了新的教育不公平，引发了一系列的社会、经济、教育问题：农村义务教育的教育均衡发展受到限制，农村学校的教育质量难以保证，农村学生家庭负担的教育成本显著增加，学生的身心健康发展受到威胁。② 雷万鹏以11省的大量数据证明，在农村地区仍有13%的家长希望孩子在农村学校就读，农村中小学布局调整不可忽略这部分弱势家庭的教育需求，政策应当从追求集中化办学向关注农村小规模学校发展转型。③ 孙颖通过博弈论的视角，对乡村小规模学校的"留"和"撤"的两股势力进行了分析，认为是量的普及与质的优化、教育公平与教育效率、以生为本与以城为主之间的对立和冲突。通过分析，她认为乡村小规模学校应当走以"留"为主的变革方向，才符合当前社会主流价值。④ 总之，研究者对乡村小规模学校的"撤并"和后遗症进行了深刻的反思，基本形成"能留必留，留下必重视"的认识。

2. 乡村小规模学校价值的重新认识

学界在反对乡村小规模学校被非理性撤并的同时，提出乡村小规模学校有其不可替代的功能和价值。赵丹、吴宏超对经济理性主义提出了反驳，认为在全球视野下乡村小规模学校有其独特作用：方便偏远地区学生就近入学、扩大受教育机会、保证并提高教育质量、提升偏远农村社区的文化凝聚力。⑤ 刘莎认为，不能把乡村小规模学校建设视为一种过渡性政策，而应作为一个长期性基本建设。⑥ 雷万鹏认为，农村小规模学校为农村弱势家庭提供了就近入学的机会，守住了教育的底线公平；同时，在乡村政治、经济、社会和文化

---

① 曾国华，吕超. 农村中小学布局调整十年考[J]. 中小学管理，2013（2）：14-16.
② 娄立志，吴欣娟. 农村小规模学校"撤点并校"的代价与补偿[J]. 教育研究与实验，2016（2）：47-51.
③ 雷万鹏. 家庭教育需求的差异化与学校布局调整政策转型[J]. 华中师范大学学报（人文社会科学版），2016（11）：147-152.
④ 孙颖. 试析农村小规模学校撤留博弈[J]. 中国教育学刊，2013（4）：11-13.
⑤ 赵丹，吴宏超. 全球视域下农村小规模学校作用的重新审视[J]. 教育发展研究，2012（3）：29-34.
⑥ 刘莎. 简论农村小规模学校的发展[J]. 教学与管理，2016（12）：8-11.

发展中发挥了重要的作用。科学定位小规模学校，有助于将其发展作为独立的政策纳入公共政策体系，从战略高度确保农村小规模学校的生存和发展。[①]雷万鹏认为，要科学地定位小规模学校，就要对其进行科学的分析。他根据小规模学校的辐射半径、覆盖人口、村民评价、师资条件等指标，将小规模学校分为"撤并型""过渡型"和"必要型"，建议对"必要型"小规模学校实施"乡村小规模学校发展工程"，推动特色化发展。[②]综上，乡村小规模学校的作用应被重新确认。

（二）现状调查与案例探索：聚焦微观层面的乡村小规模学校研究

1.针对具体问题的现状调查研究

随着小规模学校的大量出现，许多研究者就一定的具体问题，开展了实证研究，这一类研究在当下占比较大。曾水兵、万文涛通过对江西省乡村小规模学校的调查，认为乡村小规模学校在国家叫停"撤点并校"后，身份依旧弱势，经费投入乏力，尤其是教学点因不具备法人资格，办学经费被中心校基于自身考虑而有所截留，乡村教师向城市单向流动而使结构失衡。此外，有些地区为了获得更多的公用经费，把一些不具备条件的教学点恢复，其背后有功利化的驱动。[③]亓昕等通过对安徽岭县和广西桂北县乡村小规模学校的调研，发现乡村小规模学校主要存在硬件设施和课程设置不足、师资短缺且结构不合理、教师负担过重等三个方面的问题。他们还从组织社会学的视角阐释原因：教育系统中的弱势地位、教育市场上的失败表现、教育政策视野中的缺位，才最终塑造了农村小微学校的边缘化。[④]此外，徐迪对河南省L县[⑤]、赵华等对甘肃省L县[⑥]小规模学校的调研，都有类似的发现。刘善槐等对小规

---

① 雷万鹏.高度重视农村小规模学校的发展[J].教育发展研究，2013（18）：1.

② 雷万鹏，张艳雪.论农村小规模学校的分类发展政策[J].教育研究与实验，2011（6）：7-11.

③ 曾水兵，万文涛.农村"小微学校"面临的困境和出路[J].教育发展研究，2015（24）：24-29.

④ 亓昕，姚晓迅.边缘化的农村小微学校：现状与反思[J].南京农业大学学报（社会科学版），2015（5）：47-54.

⑤ 徐迪.城镇化过程中乡村小规模学校发展困境研究：基于河南省L县的调查分析[J].现代教育论丛，2016（6）：24-28.

⑥ 赵华，周艳伟.西北地区农村小规模学校发展现状及对策研究：以甘肃省天水市L县为例[J].教育导刊，2017（8）：25-27.

模学校学生的学业成绩进行了实证研究，有如下结论：与大中规模学校相比，学生的语文与数学成绩显著偏低；学科发展不均衡，数学学科偏弱；语文的知识应用能力以及数学各层次能力显著较弱。[①] 这一研究结果同国际上关于学校规模与学生学业成绩的发现截然不同。国外的研究认为，小规模学校更有利于弱势群体子女学业成绩的提高，从而实现教育公平。[②] 彭艳在对武汉市江夏区调研后认为，乡村小规模学校的音、体、美教育存在较大困难，体现在非专业教师不会教，专业教师留不住，支教、"走教"难靠谱，成了农村小规模小学开齐、开足、开好音体美课程的巨大阻碍。[③] 此外，周永兰对乡村小规模学校的财务管理人员进行了探讨。[④] 可以说，研究者以不同的视角，对乡村小规模学校在发展过程中的具体问题进行了大量的调研，对乡村小规模学校当下面临的各种困境进行了分析。

2. 乡村小规模学校建设的相关案例探索

研究者对涌现出的乡村小规模学校建设的案例进行了探索，既有一些地区的做法总结，亦有学校发展的个案介绍。地区做法方面，比如，浙江省丽水市通过现代教育技术实验学校（或数字示范校）与农村小规模学校结对联盟，引领农村小规模学校在师资培训和资源建设等方面同步实施教育信息化，共享生态优质教育资源的经验，实现教育的公平与均衡发展。[⑤] 浙江省淳安县多次召开乡村小规模学校校长会议，并达成了"聚焦细微、关注个体，整合优化、张扬个性，活动多元、彰显活力"的小规模学校发展共识。[⑥] 甘肃省平凉、天水等地，一大批乡村小规模学校坚持"小班小校"的办学理念，实践"小而美"的教学目标，涌现了不少乡村名校。[⑦] 它们在积极探索小班化教学中，从抓好学校文化建设、强化复式教学、开展形式多样的作业和课外活动等方面

---

① 刘善槐，史宁中.农村小规模学校学生学业成绩问题研究：以西南某县为例[J].中国教育学刊，2011（4）：17-20.

② 叶庆娜.学校规模对教育公平、成本效益的影响：国外学校规模影响研究综述及启示[J].教育与经济，2016（3）：69-74.

③ 彭艳.农村小规模学校音体美教育化难[J].人民教育，2016（12）：37-39.

④ 周永兰.浅谈农村小规模学校财务队伍建设的策略[J].现代经济信息，2004（4）：256.

⑤ 陈良玉.浅析农村小规模学校的教育信息化之路：以浙江省丽水市为例[J].中国教育信息化，2015（5）：63-66.

⑥ 方祝发.淳安县召开整体提升农村小规模学校办学品质动员会议[J].浙江教育科学，2016（5）：64.

⑦ 郭煦.如何填满乡村学校[J].小康，2018（16）：62-65.

入手，为乡村小规模学校发展注入了活力。[①] 学校个案方面，甘肃省平凉市柳湖镇八里小学通过开展书法特色课程打造墨香校园，不仅吸引了生源回流，也增强了家长对学校的信任感。[②] 甘肃省天祝县东坪学校通过开展学生社团活动，让社团活动成为每个孩子张扬个性的绚丽舞台，成为每位教师挥洒才艺的智慧空间。乡村孩子在社团活动中找到了自信，实现快乐成长，形成了自己的发展特色。[③] 陈飞对吉林省红丰小学的校本课程开发情况进行了探究，认为乡村小规模学校开发校本课程能够促进学生成长、学校发展、社区建设、文化传承等。[④] 相关案例的研究打开了乡村小规模学校发展的视野，增强了学校发展的自信。

（三）现实困境与可行之道：关注师资队伍的乡村小规模学校研究

1. 乡村小规模学校师资困境研究

乡村教师研究一直是农村教育研究的核心问题，相关研究汗牛充栋，自然也成为乡村小规模学校研究者的重点切入点。研究者从乡村教师的配置制度、师资结构、评价体系、工资待遇、健康状况等维度，指出当下乡村小规模学校教师队伍面临的问题和困境。雷万鹏、张雪艳从现行师资配置政策的角度指出：在"分级管理、以县为主"教育管理体制下，县级政府对师资配置从县城学校、乡镇学校再到农村学校，从高中、初中再到小学，基本形成了一个优质师资"衰减"的配置格局，对处于最末端的乡村小规模学校的师资补充显然不公平。[⑤] 周晔通过对甘肃省X县的调研，发现农村小规模学校教师专业水平结构在职称、学历、荣誉称号和学科结构等方面均表现出不同程度的失衡态势。[⑥] 张旭认为，小规模学校教师存在待遇偏低、教师职业倦怠严重、教师职称评聘制度不合理、"毫不利己，专门利人"师德典型绑架和遮蔽教师

---

① 伏金祥. 小班，变的不仅是人数[N]. 中国教育报，2018-09-18.
② 王丽君. 特色办学解困农村小规模学校：八里小学书法办学个案研究[J]. 中国校外教育，2017（2）：48-49.
③ 杨国珠. 农村小规模学校社团建设的瓶颈与突破[J]. 文学教育，2017（15）：145.
④ 陈飞. 农村小规模学校校本课程开发研究[D]. 长春：东北师范大学，2018.
⑤ 雷万鹏，张雪艳. 农村小规模学校师资配置政策研究[J]. 教育研究与实验，2012（6）：9-12.
⑥ 周晔. 农村小规模学校教师队伍专业水平结构的问题与对策：基于甘肃省X县的调研[J]. 教育研究，2017（3）：147-153.

真实诉求等现象。① 曾新、付卫东和林云的调查显示，在农村小规模学校尤其是民族地区，教师结构老化严重，出现了"四个老师，七颗牙"② "哥哥姐姐教高中、叔叔阿姨教初中、爷爷奶奶教小学"③ 等情况。王路芳、张旭在对 20 个省 46 个县的小规模学校进行调查后认为，随着国家"教学点数字教育资源全覆盖"工程的实施、乡村教师生活补助的发放，农村小规模学校的教师发展也呈现新貌，表现为教师专业化水平提高、青年教师增多等，但生活环境差、工资低、工作量大的情况依旧存在。④ 高政、刘胡权通过调查问卷还发现，小规模学校教师面临职业病高发、业余生活单调、精神世界匮乏，以及专业发展动力不足、渠道狭窄等困境。⑤

2. 乡村小规模学校改进师资队伍的可行之道研究

面对困境，许多学者也试图给出药方，其中不乏颇有新意的策略。周兆海、邬志辉根据乡村小规模学校教师"看似超编，实际缺编"，教师工作强度大的现象，提出乡村小规模学校不能以传统的师生比、班师比作为教师编制制定的标准，而应以教师的每周实际工作量来配置教师编制，并研制出具体计算公式。⑥ 曾新、付卫东受内生发展理论的启发，认为农村小规模学校的长效发展不能完全依靠外援，更不能等待上级"施舍"，必须拥有自己的"待得住、留得下"的本土优秀教师。他们认为，与地方政府和地方高校合作，为小规模学校定向免费培养本土优秀教师，是农村小规模学校教师培养的可行之道。⑦ 王霆认为，发掘小规模学校教师队伍自身的力量，打造教师研究共同体，在教学、科研相结合的道路上引领整个教师群体在共同的研究中形成共同的教育信念，是小规模学校发展的文化路径。⑧ 赵忠平、秦玉友认为，乡村小规

---

① 张旭.农村小规模学校教师发展路径探析[J].当代教师教育，2014（4）：72-76.

② 曾新，付卫东.内生发展视域下农村小规模学校教师队伍建设[J].教育发展研究，2014（6）：73-79.

③ 林云.民族地区农村小规模学校教师队伍建设：问题与对策[J].教育与经济，2016（6）：84-90.

④ 王路芳，张旭."后撤点并校"时代农村小规模学校教师队伍建设研究：基于对46个国家级贫困县的调查[J].上海教育科研，2015（7）：10-14.

⑤ 高政，刘胡权.农村小规模学校教师队伍现状与改进对策[J].中国教育学刊，2014（8）：18-23.

⑥ 周兆海，邬志辉.工作量视角下义务教育教师编制标准研究：以农村小规模学校为例[J].中国教育学刊，2014（9）：1-6.

⑦ 曾新，付卫东.内生发展视域下农村小规模学校教师队伍建设[J].教育发展研究，2014（6）：73-79.

⑧ 王霆.教师研究共同体：小规模学校发展的文化路径[J].教育科学论坛，2011（1）：30-32.

模学校师资培养应当注重全科教师的培养，并建立起科学的高专业性教师小规模学校走教制度。[1]

（四）内部突破与外部支持：立足未来发展的乡村小规模学校研究

1. 乡村小规模学校办学体制的突破及促进内生发展的可行性研究

研究者首先对乡村小规模学校的办学体制进行了探究。雷万鹏认为，应当赋予小规模学校以独立的身份，改变中心学校掌握经费权的格局。[2]储朝晖认为，未来乡村小规模学校建设，政府应当简政放权，让其自主办学、自主管理、自主评价，成为一个职能相对完善的教学、管理、评价组织；让学校有更大的自主空间，让小规模学校建立自信，以利于解决基层学校动力不足问题。[3]其次，研究者对推动乡村小规模学校特色发展进行了论证。刘胡权和杨兰等认为，乡村小规模学校应当因地制宜，开发乡土资源，拥有丰富地域文化和民族文化的学校可以走特色教育之路。[4]在信息化建设方面，冉新义认为，应当精准推进"互联网＋同步课堂"模式，应以"远程同步互动课堂"为突破点，将城市优质资源外部支持与农村学校内生式发展相结合，提高农村学生素质。[5]韦妙从生态学的角度指出，乡村小规模学校的信息化建设应当从整体上统筹学校的信息化生态要素，理顺学校信息化发展的外部生态关系，而不是"头痛医头，脚痛医脚"式地片面发展。[6]李介以构建个性化的校本课程为切入点，对西北连片特困区小规模学校内生性发展的路径进行了探索。[7]最后，有研究者对乡村小规模学校未来教学方式进行了分析。张献伟提出，未来小规模学校的发展，要重拾复式教学，各级师范院校应当加强针对信息时代背景下农村小规模学校实施复式教学、不分级教学的研究，并适时提供有

---

① 赵忠平，秦玉友.农村小规模学校的师资建设困境与治理思路[J].教师教育研究，2015（6）：34-38.
② 雷万鹏.城镇化进程中农村小规模学校发展[J].全球教育展望，2014（2）：115-120.
③ 储朝晖.重振农村小规模学校需走简政之道[J].中国农村教育，2016（3）：14.
④ 刘胡权.后"撤点并校"时代如何振兴农村小规模学校[J].中国党政干部论坛，2014（2）：50-52.杨兰，张业强."后撤点并校"时代小规模学校的复兴[J].教育发展研究，2014（6）：68-72.
⑤ 冉新义.农村小规模学校"互联网+同步课堂"教学模式研究[J].教育探索，2016（11）：35-39.
⑥ 韦妙.农村小规模学校信息化发展的生态学思考[J].教育科学，2015（6）：54-59.
⑦ 李介.西北连片特困区小规模学校内生性发展的路径[J].现代中小学教育，2015（10）：5-7.

针对性的教研支持和管理创新扶持。① 杨东平认为，小规模学校有可能成为主流的学校样式，是未来学校的发展方向，要把乡村小规模学校建设成"小而优""小而美"的学校，使之成为有根的教育、有机的教育、绿色的教育，成为中国教育改革的种子。②

2. 乡村小规模学校外部支持的研究

研究者主要从乡村小规模学校外部资源及经费支持等方面进行了论述。卢同庆等基于资源依赖理论指出，乡村小规模学校发展应当积极寻求社区以及教育公益组织的支持，实行"公办民助"的办学模式③，从而改变在"以县为主"的义务教育管理体制下，乡村不再承担本地教育的筹资责任而对本村所在学校"零投入"的局面④。赵丹提出，小规模学校的投资主体应当再上移，经费需要模块化并明确不同经费模块的相应主体；另外，还需要建设完善的制度加以保障，确保经费落实到位。⑤ 此外，杨东平呼吁有情怀的有识之士，投身乡村小规模学校的建设，吸引民间资本投资小规模学校。⑥ 陈国华等认为，鉴于教育资源短缺、信息封闭、"孤立无援"，乡村小规模学校应当结成"学校联盟"，使这些"难兄难弟"能抱团取暖，实现资源共享，推动联盟内部学校共同发展。⑦ 总之，乡村小规模学校应得到各方的关怀与资助，不能任其在孤独中"自生自灭"。

（五）笼统遮蔽与具体澄明：着眼标准化建设的乡村小规模学校研究

1. 笼统遮蔽：农村义务教育学校标准化建设的整体论述

在乡村小规模学校未来改进方面，不少学者提到了要进行标准化建设，但系统展开研究的并不多。早年大部分研究均从农村义务教育学校标准化建设进行整体论述，乡村小规模学校标准化建设的特殊性和复杂性被遮蔽，并

① 张献伟. 培养乡村全科教师须重拾并创新复式教学[J]. 中国民族教育，2017（9）：38-39.
② 杨东平. 建设小而优、小而美的农村小规模学校[J]. 人民教育，2016（2）：36-38.
③ 卢同庆，范先佐. 农村小规模学校自主发展策略研究：基于资源依赖理论和实践经验的视角[J]. 湖南师范大学教育科学学报，2016（6）：33-37.
④ 雷万鹏，张艳雪. 农村小规模学校的资源配置与运行机制调查[J]. 人民教育，2014（6）：29-32.
⑤ 赵丹. 农村小规模学校公用经费投入体制研究[J]. 中国教育学刊，2017（8）：15-19.
⑥ 杨东平. 鼓励有抱负的老师创办小微学校[J]. 中国农村教育，2016（3）：12.
⑦ 陈国华，袁桂林. 学校联盟：农村小规模学校发展的新探索[J]. 中国教育学刊，2016（6）：54-57.

未得到较多的重视。标准化学校概念是基于对我国实行半个多世纪的"重点学校制度"的批判与反思提出的，目的是扭转过去极度重视少数学校需要而忽视大多数学校的基本需要的局面，与等级化学校相比较，标准化学校建设更能体现义务教育的本质诉求。①杨兆山、张海波认为，建设标准化学校是推进农村义务教育可持续发展，实现城乡教育均衡发展的根本路径。他提出正确理解"标准化"内涵要正确认识几对矛盾的辩证统一关系：标准化与同一化、标准化与优质化、标准化与动态化、标准化与个性化。②同时，杨兆山与金金分析了编制、学历和结构三个维度的标准，提出构建一支高素质农村标准化教师队伍的重要性。③贾月明对农村标准化学校建设模式从经费投入、学校规模以及布局建设三个维度进行了探索。④朱雪妍以政府经费投入、学校发展和教师队伍建设作为切入点，建构了农村标准化学校建设原则体系。⑤张新平认为，乡村学校标准化建设并不是"另起炉灶"，与城市学校区别对待，也不是"杀富济贫"，搞低质量的教育均衡，而要通过标准化建设，引导乡村学校办成优质学校。具体来说：一是要充分挖掘乡村学校的优势；二是要提升乡村学校的合作能力；三是要推动公平和质量建设；四是要强化在改革创新中贯彻"育人为本"的方针。他同时指出，乡村学校应当从传统的"学校改进"之路转到"欣赏型探究"之路，推动组织管理的积极变革。⑥总之，众多学者尽管没有专门对乡村小规模学校标准化建设进行研究，但相关研究成果为乡村小规模学校建设提供了宝贵的启示。

2.具体澄清：乡村小规模学校标准化建设的单独论述与案例探索

随着义务教育学校标准化建设的推进，研究者逐渐对乡村小规模学校的标准化建设的重要性和特殊性有了更深的认识。邬志辉基于物质性约束条件、社会性约束条件和教育性约束条件三个方面的限制，提出了"底线＋弹性"的

① 刘方林.标准化学校：城乡义务教育均衡发展的应然选择[J].基础教育研究，2013（14）：5-6.
② 杨兆山，张海波.标准化学校：教育均衡发展视角下农村义务教育的发展路径[J].东北师大学报（哲学社会科学版），2008（1）：24-29.
③ 杨兆山，金金.义务教育阶段农村师资队伍建设标准初探[J].教育理论与实践，2008（1）：45-48.
④ 贾月明.义务教育阶段农村标准化学校建设模式的研究[D].长春：东北师范大学，2008.
⑤ 朱雪妍.义务教育阶段农村标准化学校建设原则研究[D].长春：东北师范大学，2008.
⑥ 张新平.标准化建设能否拯救乡村学校？[N].中国教育报，2015-11-20.

农村学校布局调整标准模型，以消解乡村小规模学校撤并的盲目性。① 秦玉友认为，在农村小规模学校标准化建设过程中，不应该追求硬件上的奢华，而应该把建设重点放在师资建设上，加强教师队伍建设是有效提高农村小规模学校教育质量的第一要务。同时，教师是最具流动性的教育要素，对教师的投资是最保值的和最有投资价值的。② 于海英等认为，农村小规模学校标准化建设应该从硬件和软件两个方面入手，软件方面的标准化建设应该放在教师质量的提升方面，这是农村小规模学校标准化建设的关键。③

2018 年，国务院办公厅出台《关于全面加强乡村小规模学校和乡镇寄宿制学校建设的指导意见》之后，研究者对乡村小规模学校办学标准的研究趋于具体和深入。张新平提出了"控大保小"的思路，认为国家应尽快牵头组织制定"农村义务教育小规模学校建设标准"，明确小规模学校的定义、服务半径、师资配备标准、经费拨付标准和生均设施、设备标准；将现有的一些教学点按小规模学校标准"独立建校"，把小规模学校建设当作促进农村文化发展的重要举措之一。④ 徐文娜、李虎林等提出，要单独制定农村小规模学校资源配置标准，加快推进乡村小规模学校建设。⑤ 魏峰认为，国家首先应当对全国乡村小规模学校进行普查，然后进行精准识别并根据形成原因加以分类，从而有的放矢地采取措施推进乡村小规模学校标准化建设。⑥ 杨小敏认为，乡村小规模学校建设要基于硬件进行互联网和人工智能等技术的嵌入式整合，实现向软件建设方向的战略重点转移，着力内涵建设以全面提升乡村教育质量。⑦ 任春荣提出，乡村小规模学校办学标准制定要着眼学校的可持续发展，基本要求是：资源配置要软硬结合、装备要安全精要、标准设定要分级分类、

① 邬志辉.中国农村学校布局调整标准问题探讨[J].东北师大学报（哲学社会科学版），2010（5）：140-149.

② 秦玉友.农村小规模学校教育质量困境与破解思路[J].中国教育学刊，2010（3）：1-4.

③ 于海英，秦玉友.城乡教育一体化视域下农村小规模学校问题研究[J].现代教育管理，2012（11）：24-28.

④ 张新平.控大保小：让农村学校大小得当[N].中国教育报，2018-09-05.

⑤ 徐文娜，王晓卉.单独制定农村小规模学校资源配置标准：基于辽宁省农村小规模学校资源配置基础数据的分析[J].现代教育管理，2017（11）：42-46.李虎林.加快推进乡村小规模学校办学标准的制定[N].中国教育报，2018-11-27.

⑥ 魏峰.如何促进乡村小规模学校标准化[N].中国教育报，2018-04-19.

⑦ 杨小敏.小规模学校是乡村教育发展重点[N].中国教育报，2018-04-17.

管理要节俭挖潜。^① 曾文婧等认为，要建立乡村小规模学校办学条件动态监测系统，推动乡村小规模学校与社区共享共管资源。^②

各地在推进农村义务教育学校标准化建设的实践中，也涌现了不少可供参考的案例。葛红林根据成都的经验，提炼出农村学校标准化建设的模式，即"科学规划、合理布局；统一标准、适度超前；搭建平台、银政合作；规范建设、质量为本；提升素质、内涵发展"。^③ 肖明胜则根据经济欠发达县农村学校标准化建设过程中的经验，指出在经费投入主体上应逐步建立"中央为主，地方辅助"的投入机制；同时，调动村镇两级的办学积极性，否则，目前"以县为主"的经费投入机制，在贫困县难以保障农村学校的标准化建设。^④ 沈锡阳介绍了湖北宜都市的特色实践：引导学校从经验管理转向文化管理，建构有效的校本研修体系，开发具有地方特色的学校课程体系，建设平安校园、生态校园等做法。此举有效地提升了乡村小学的内涵式发展水平，促进了教育均衡发展。当地一些教师主动要求去乡村学校工作，一些家长悄悄把孩子从城区接回来，就在自己家门口上学。^⑤

二、国外乡村小规模学校的研究现状

乡村小规模学校的生存和发展是全球性的话题，即便是在欧美、日本等发达地区和国家，也存在大量的小规模学校，而在亚洲、南美等发展中国家，小规模学校更为普遍。笔者以"small rural schools"为主题，对 *Web of Science* 数据库进行搜索，共获得 975 个结果，再以"education & educational research"（教育研究）、"education scientific disciplines"（教育科学学科）和"education special"（特殊教育）进行精炼，剔除重复以及与乡村小规模学校关系不紧密的文章，最终得到 178 篇有效文章（检索日期为 2018 年 10 月 20 日，检索范围为 2000—2018 年）。

① 任春荣. 乡村小规模学校办学标准需加快制定[N]. 中国教育报, 2018-09-25.
② 曾文婧, 秦玉友. 乡村小规模学校办学条件问题分析与建设思路[J]. 教育科学研究, 2018（8）: 24-29.
③ 葛红林. 从农村标准化学校建设看政府公共服务供给[J]. 中国行政管理, 2010（11）: 121-122.
④ 肖明胜. 经济欠发达县学校标准化建设路径探析[J]. 人民教育, 2010（3）: 64-66.
⑤ 沈锡阳. 湖北宜都: 在标准化办学中实现乡村教育内涵发展[J]. 中小学管理, 2017（4）: 21-23.

我们同样采用陈超美等人设计开发的 CiteSpace 知识图谱软件，将在 *Web of Science* 数据库中下载的 178 篇文献信息导入其中，绘制文章关键词的知识图谱，见图 1-2；同时，结合后台导出的高频关键词（见表 1-2）进行分析。我们可以看到，在 21 世纪初，国际上对于乡村小规模学校的研究主要有学生的学业成绩、关怀、小学教育、乡村、家长参与度、教师、质量、课程、男孩等热点；随后，研究的热点转向社区、学生表现、性别差异、健康状况、小规模学校等层面；2010 年后，研究开始聚焦于教育公平、校长、领导力、（政策）影响、课堂、选择及学业表现等更为具体而微观层面的研究；最近几年，关于中国和澳大利亚的乡村小规模学校的比较研究开始趋于热络，持续的热点主要有学生学业表现以及学生入学率和学生体验等。根据国际乡村小规模学校研究热点的演进，以及国内外相关文章的仔细研读，笔者把国外乡村小规模学校的研究大致分为 7 个层面，详述如下。

表 1-2　国外乡村小规模学校研究论文频次 ≥ 3 的关键词年度分布

关键词	频次	中心性	年份	关键词	频次	中心性	年份
achievement	12	0.48	2000	increase	3	0.01	2008
student	11	0.06	2000	rural	3	0.01	2008
education	32	0.31	2001	small school	4	0	2009
care	6	0.05	2001	equity	5	0.02	2010
school	23	0.13	2002	children	10	0.14	2011
behavior	6	0.09	2002	leadership	6	0.01	2011
primary education	3	0.01	2002	elementary school	4	0.04	2011
country	3	0.03	2002	principal	3	0	2011
elementary	3	0.02	2003	impact	9	0.08	2012
parent involvement	3	0.06	2003	classroom	4	0.02	2012
teacher	10	0.11	2004	choice	3	0.01	2012
quality	9	0.06	2005	academic performance	3	0.05	2012
curriculum	7	0.07	2005	medical student	4	0.02	2013
boy	4	0.03	2005	China	3	0.02	2014
community	6	0.06	2006	student achievement	3	0	2015
gender	4	0.05	2006	access	3	0.01	2016
performance	7	0.08	2007	Australia	4	0.01	2017
health	5	0.10	2007	experience	3	0.02	2017

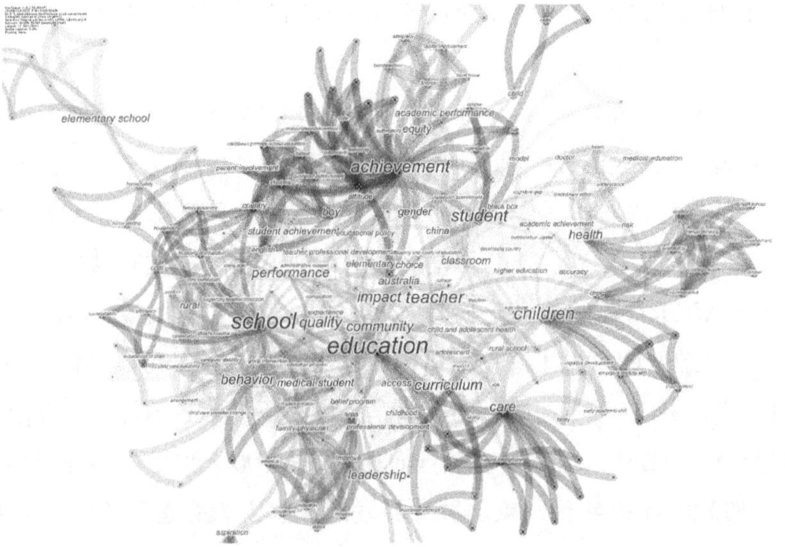

图 1-2　国外乡村小规模学校研究关键词知识图谱（2000—2018 年）

（一）政策推动与影响分析：各国乡村小规模学校发展政策研究

1. 乡村小规模学校发展政策研究

当代各国纷纷出台发展乡村小规模学校的政策。美国的乡村小规模学校的发展历程与我国极为相似，也走过了合并、消除再到适当保留和积极扶持之路。20 世纪初，美国"一师一室"式的乡村小学占全美公立学校的 70.8%。到了 2003 年底，仍有 8.7% 的美国学生就读于乡村小规模学校。[1]20 世纪 90 年代，美国兴起了小规模学校运动，兴起的原因主要有两个方面：一是长期以来农村学校合并所导致的负面影响不断加大，促使政府重新审视农村小规模学校的生存问题；二是关于小规模学校优势的各种研究不断增多，为农村小规模学校运动提供了理论支持。[2] 小规模学校运动的兴起促使美国政府意识到了小规模学校存在的价值，并在政策层面给予持续支持。例如：2000 年，克林顿签署了"农村教育成就项目"（Rural Education Achievement Program，REAP）。

---

① 付卫东，曹世华. 当前美国支持小规模学校的重要举措及对我国的启示[J]. 国外中小学教育，2011（7）：40-43.
② 贾建国. 美国农村小规模学校运动及其对我国的启示[J]. 外国教育研究，2010（4）：74-78.

2002 年，布什又为 REAP 项目增加了两个子项目：农村小规模学校成就项目（Small Rural School Achievement，SRSA）和农村低收入学校项目（Rural and Low-income School Program，RLIS）。其中，SRSA 旨在帮助那些地处偏远的农村小规模学校，给予资金使用更大的自主权。RLIS 则向人口贫困指数在 20% 及以上的贫困农村学区提供附加资金，用于该地区教师专业发展、使用新教育技术等。[①]2016 年，奥巴马政府提出《每个学生都成功法案》（*Every Student Succeeds Act*，ESSA），法案高度重视乡村教育，里面提到乡村教育多达 54 次，对 REAP 政策做了修正，以使乡村小规模学校既可以申请 SRSA 项目，也可以申请 RLIS 项目，另外对乡村学校做了更加细致的规定，以使更多学校可以受惠于 REAP 项目。[②] 在英国农村地区，100 人以下的小规模学校占 1/3 以上。[③]20 世纪 80 年代，英国教育界发起了宜人教育运动（Human Scale Education，HSE），其核心理念是"小即是美"（small is beauty），以克服大规模学校尤其是中等学校难以给每个孩子提供适应社会的知识和技能，消磨孩子个性，体制僵化，教师工作量大难以因材施教等弊端，缓和社会民众对大规模学校的不满情绪。宜人教育倡导者认为，小规模学校在三大指标——看重人际关系、尊重每个个体、形成团队精神方面的表现都优于大规模学校。在实施过程中，通过建立"校中校"（school within school）策略，将大规模学校"化大为小"，以此改善人际关系，提高教育质量。[④] 在广大农村地区，政府出台政策鼓励小规模乡村学校共同成立一个管理机构，任命一名校长管理几所学校（可称为"集群模式"），以减轻学校的管理负担，实现共享员工、共同管理、共同治理。[⑤] 在英国威尔士地区，政府遵循科学民主的原则，积极进行学校布局调整，对小规模学校采取联盟学校（federal schools）和区域学校（area schools）制度，提升了学校教育质量。[⑥]

① 付卫东，曹世华. 当前美国支持小规模学校的重要举措及对我国的启示[J]. 国外中小学教育，2011（7）：40-43.

② Brenner D. Rural educator policy brief： Rural education and The Every Student Succeeds Act[J]. Rural Educator，2016（37）：23-27.

③ 吴丽萍，陈时见. 英国农村小规模学校合作发展的有益经验[J]. 国外中小学教育，2012（10）：5-9.

④ 方彤，王东杰. 英国宜人教育的学校规模观及其实践：兼谈对我国小规模学校合并的启示[J]. 国外中小学教育，2013（7）：37-41.

⑤ 吴丽萍，陈时见. 英国农村小规模学校合作发展的有益经验[J]. 国外中小学教育，2012（10）：5-9.

⑥ 王建梁，帅晓静. 威尔士农村小规模学校布局调整的创新及启示[J]. 国外中小学教育，2012（3）：37-42.

除英美外，其他国家也出台了各自的乡村小规模学校发展政策。在地广人稀的澳大利亚，100 人以下的小规模学校占全国学校总数的 34%。为了改变乡村小规模学校资金投入、课程设置、师资短缺等问题，1998 年，澳大利亚政府推出了《人权与机会均等法案》（*Human Rights and Equal Opportunities Bill*），其中教育机会公平是核心内容之一，包括对乡村小规模学校采取增加教育资源的有效供给、降低学生的私人教育成本、多项措施提高教育质量以及争取社区力量的支持等措施。① 在昆士兰州，政府出台"住校生补贴计划"（Living Away From Home Allowances Scheme），让偏远地区的学生和残疾学生可以申请学费、交通费等补贴。② 日本政府通过实施《偏远地区教育振兴法》，对偏远地区教职工发放特殊津贴，提高偏远地区教师的待遇。③ 在改善办学条件上，印度政府于 1987 年推进"黑板计划"（Scheme of Operation Blackboard），致力于为乡村小规模学校提供必要的教学用具和教材，向在乡村连续任教两年以上的教师支付额外的薪金。④2009 年，印度政府开始实施免费的义务教育法案，这一法案给印度教育改革和转型带来深远的影响，包括教学资源、教室面积、教师专业化等方面的标准。然而乡村小规模学校师资流失、师生比失衡、教学资源匮乏成为义务教育推进的障碍。为筹集经费，印度政府呼吁非政府组织投资参与政府的义务教育，双方形成伙伴关系，双方的合作项目简称 PPP 项目（public private partnership）。⑤ 法国政府出台《乡村小规模幼儿园及小学校舍建设通用参照标准》，对小规模学校的办学条件进行了相应的规定。⑥ 韩国在少子化及城镇化进程中，同样面临乡村学校规模越来越小的问题。韩国政府从 1982 年开始采取合并政策加以解决，合并标准从刚开始的 180 人以下学校需要合并到 1993 年改为 100 人，再到 2005 年改为 60 人，并要求一

---

① 赵丹，梁先佐. 促进教育机会均等：澳大利亚农村小规模学校发展策略及启示[J]. 现代教育管理，2014（3）：115-119.

② Living Away From Home Allowances Scheme，Queensland State Government[EB/OL][2017-08-20]. https：//www. qld. gov. au/education/schools/financial/ruralremote/pages/lafhas.

③ 孙艳霞. 国外小规模学校创新发展特征与启示[J]. 当代教育科学，2017（1）：45-49.

④ Operation Blackboard[EB/OL][2017-08-20]. http：//www. childlineindia. org. in/Operation-Blackboard. htm.

⑤ Byker E J. The one laptop school：Equipping rural elementary schools in South India through public private partnerships[J]. Global Education Review，2015（4）：126-143.

⑥ 任一菲. 法国乡村小规模学校建设情况研究[J]. 基础教育，2017（3）：41-43.

个乡（镇）至少保证有一所学校。[①] 韩国乡村学校的合并大潮中，不乏民众的质疑声——学生上学成本变高，教师因为学校合并而在职称、职务晋升中更加困难，民众认为应当出台农村教育特别法案而不是仅仅推行合并政策。[②]

2. 政策影响及效果分析

关于各国乡村小规模学校发展政策的实施效果，研究者展开了相关研究。Farmer 等对美国 466 所农村小规模学校项目（SRSA）学校和 468 所农村低收入学校项目（RLIS）学校进行了调研，发现在执行联邦政府要求的"每年适度进步"（Adequate Yearly Progress，AYP）学业评估[③]上，有近 80% 的 SRSA 学校执行了 AYP 学业评估，而 20% 的学校没有进行 AYP 评估或数据缺失；在 RLIS 学校中，有 65% 的学校实施了 AYP 评估，另外 35% 的学校没有执行或数据缺失。为此，Farmer 等认为 SRSA 和 RLIS 政策有效推动了 AYP 评估在农村学校中的执行，但仍然有相当部分的学校在学业评估中表现失败。为了更好提升乡村孩子的学业成绩，Farmer 等指出，要充分认识农村小规模学校的多样性需求，并针对学校所面临的问题，设计更有效的项目；在政策制定时，对那些偏远的、贫困的，学生学业失败率特别高的地区，要设计有效的干预政策，并优先执行。[④]Jimerson 认为，美国政府的 NCLB 计划忽视了乡村学校的独特性，因此并不一定会给乡村教育带来成功，甚至有点不道德和具有一定危害性，她列举了 NCLB 法案在乡村学校实施的六大挑战：一是要防止把乡村小学校定义为失败的学校。二是要防止以"需要改进学校"项目的名义进行帮助。三是要做好学生测评成绩的保密工作[⑤]。四是要让"高素质师资"标准更灵活。因为乡村小规模学校位置偏远、待遇差、吸引力不高，师资标准需要更加灵活。五是经费吃紧。NCLB 要求建立学生数字系统，因此需要软件和硬件配套，评价测试也需要技术支持，使得一些州政府和地方教育局经

---

① 崔东植，邬志辉. 韩国农村小规模学校合并政策评析[J]. 教育发展研究，2010（10）：58-63.

② 韩春花，孙启林. 韩国农村小规模学校合并政策实施效果及对策研究[J]. 外国教育研究，2010（11）：10-15.

③ AYP是美国政府自2001年实施《不让一个孩子掉队》（No Child Left Behind Act，NCLB）以来，旨在推动测试学生的语言和数学水平的学业评估。

④ Farmer T W，Leung M C，Banks J B，et al. Adequate Yearly Progress in small rural schools and rural low-income schools[J]. Rural Educator，2006（3）：1-7.

⑤ NCLB要求每个学校都公布学生测评成绩。

费出现赤字。六是"制裁"政策或将面临失效。NCLB 规定，两年都没有达到 AYP 测试标准的学校，将面临问责，地方教育局要为学生安排其他的学校，这样的制裁显然忽视了农村地区的特殊情况，学生和家长的上学成本将由此增加。[1]Brenner 对美国 ESSA 法案中的农村教育政策进行了评论，认为农村教育越来越受到联邦政府的重视，法案使学业成绩不佳的农村小规模学校可以灵活地选择 AYP 标准，以适应多样性的农村学校。同时，他认为法案也使 REAP 项目能更加公平地把补助拨给有需要的乡村学校。[2]Byker 对印度政府的 PPP 项目进行了检视，他根据 PPP 的"一个学校一台笔记本"计划，对一所名叫金卡的乡村小规模学校进行了研究，发现学生通过笔记本电脑，不仅掌握了电脑技术，也学习了英语，增强了自信，比以前有了更多的机会拥有"更好的生活"。[3]总之，各国乡村小规模学校的发展政策及其影响是研究重心之一。

（二）特殊角色与领导力要求：各国乡村小规模学校校长角色研究

1. 乡村小规模学校校长角色研究

乡村小规模学校校长究竟扮演着什么角色，一直是国外学者关注的焦点。美国历史上近 50% 的学生在"一师一室"式的乡村小学就读，而校长就是一个多重角色的人：教师、校长、护士、厨师、看护人。如今，校长这一角色依旧在广大乡村小规模学校中存在。因为小学校不可能像大规模学校一样设置不同分工的副校长，身兼数职的小规模学校校长难免因"角色混乱"（role ambiguity）而承担过重压力，引发对职业的不满。[4]Stewart 等研究发现，乡村小规模学校校长在指导教师和与教师协作方面，跟中等规模学校的校长相比每周要少 2 小时甚至更多；同时，乡村小规模学校校长用于与其他校长互动、

---

① Jimerson L. Special challenges of the "No Child Left Behind" Act for rural schools and districts[J]. Rural Educator, 2005（3）：1-4.

② Brenner D. Rural educator policy brief: Rural education and the every student succeeds act[J]. Rural Educator, 2016 （37）：23-27.

③ Byker E J. The one laptop school: Equipping rural elementary schools in South India through public private partnerships[J]. Global Education Review, 2015（4）：126-143.

④ Canales M T, Tejeda-Delgado C, Slate J R. Leadership behaviors of superintendent/principals in small, rural school districts in Texas[J]. Rural Educator, 2008（1）：1-7.

合作的时间也很少。Stewart 等形象地把他们比喻为"乡村教育的独行侠"（the lone ranger in rural education），并建议州政府和地区政府以及政策制定者为偏远地区超负荷工作的小规模学校校长提供更为精准的专业发展政策。[1]Starr 等对乡村小规模学校校长所面临的挑战进行了研究，认为校长面临五大方面的挑战：①教育政策和实践时的全国"一刀切"行为，这些政策往往将小规模学校置于不利的地位。②全球化，校长们认为全球化使他们的工作环境恶化，导致他们滑向教育最底层就业阶层。③外部不断增加的行政要求使他们难以聚焦于"抓学校的教与学"这一核心任务。④市场驱动下，教育政策制定者的影响力在教育层面决定了谁是管理者、谁是边缘者，于是小规模学校的校长们认为他们的意见被压制、他们的声音被忽略、他们的困境被无视。⑤如何更为有效地利用所在社会的资源，使之发挥更大的效用。为此，Starr 等建议澳大利亚联邦政府和州政府大力支持乡村小规模学校的校长，引入新治理方式、合理配置资源、加强社区参与和领导，以消除校长当前面临的困境、提升教学质量。[2]

2. 乡村小规模学校校长领导力研究

乡村小规模学校校长需要具备何种领导力，亦是各国乡村教育研究者关注的焦点。Canales 等通过对乡村小规模学校的 206 名教师、35 名学校董事会主席和 36 名校长调查后发现：校长和校董认为民主包容、能调动教师的积极性、决策和执行力是校长最重要的三种领导能力；教师群体则把学校代言人角色以及换位思考、体恤他人的能力排在首位，其次是民主包容。教师们认为，校长是一个团队的代表。他们建议，开设校长职前准备课程，提升其领导技能。[3]Cruzeiro 等的研究表明：在招聘乡村小规模学校校长时，招聘者更看重校长的领导力而非管理能力，期待校长成为教学领导者。同时，乡村小学的校长还需要有其他特殊的能力，比如能同时完成多项任务，能在没有配置副

---

① Stewart C，Matthews J. The lone ranger in rural education：The small rural school principal and professional development[J]. Rural Educator，2015（2）：49-60.

② Starr K，White S. The small rural school principalship：Key challenges and cross-school response[J]. Journal of Research in Rural Education，2008（5）：1-12.

③ Canales M T，Tejeda-Delgado C，Slate J R. Leadership behaviors of superintendent/principals in small，rural school districts in Texas[J]. Rural Educator，2008（1）：1-7.

校长、行政办公室工作人员等条件下管理学校，并且乐意在乡村独特的社会、文化和政治环境中工作。[①]Clarke 等认为，校长对乡村社区保持足够敏感性的能力很重要，校长的可持续性领导力与所处的环境息息相关。乡村的社会和文化环境相对特殊，校长在上任前也许并不了解，这就要求校长戴着"乡村眼镜"来看待周围的事物。"乡村眼镜"有助于校长从更长远的视角来提升学校教育质量和应对挑战。做好长期经营学校的准备有助于校长获得社区的信任，并由此可以优先获得来自社区的支持，以完善学校的基础设施。[②]Wallin 等的研究指出：乡村小规模学校校长认为与学生、教师和社区成员建立良好关系的能力非常重要。在这一过程中，校长所获得的快乐以及成就感，都是源自小规模学校所具有的优势，他们还揭示了这种互惠关系对乡村小规模学校发展的重要性。[③]

（三）师资招聘与工作满意度：各国乡村小规模学校师资管理研究

1. 乡村小规模学校师资招聘政策研究

乡村小规模学校师资短缺是各国普遍面临的难题，研究者对招募乡村教师进行了较多的研究。Lowe 针对乡村小规模学校师资短缺的情况，建议引入教师招聘责任机制，优先社区建设，为新教师提供有效的指导，资助优秀教师专业发展，做好教师招聘预算和规划，制定教师激励政策，加强教师招聘宣传，做好学校和社区新教师的入职计划，形成合作共同体，吸引本地区教师，等等。[④]Monk 认为，乡村小规模学校一般地处经济贫困区，教师更迭频繁，不能指望用一篮子政策解决所有的乡村小学师招聘问题，要聚焦一些具体的问题，出台相应的解决方案。比如，分析所谓的"教师难聘学校"（hard-to-staff）的类型有哪些，有针对性地解决学校教师资格证拥有率低，教师缺乏

---

① Cruzeiro P A，Boone M. Rural and small school principal candidates： Perspectives of hiring superintendents[J]. Rural Educator，2009（1）： 1-9.

② Clarke S，Stevens E. Sustainable leadership in small rural schools： Selected Australian vignettes[J]. Journal of Educational Change，2009（4）： 277-293.

③ Wallin D C，Newton P. Teaching principals in small rural schools： "My cup overfloweth" [J]. Alberta Journal of Educational Research，2014（4）： 708-725.

④ Lowe J M. Rural education： Attracting and retaining teachers in small schools[J]. Rural Educator，2006（2）： 28-32.

必要的培训、招聘困难、高流失率，以及教师多元化程度低等问题。当然，刺激本地区经济增长是大有裨益的。[①]Saiti 对希腊当前乡村小规模学校教师招聘制度进行了批判。在希腊，39.8% 的儿童就读于乡村小规模学校，因此小规模学校的师资质量十分重要。但希腊实行中央高度集权的教育体制，教师招聘在城乡之间无多大区别，也没有系统化的招考程序，对于教师紧缺的贫困地区，一般由中央强制分配加以满足。在经费上，中央经费占 80% 以上，地方占 10%，另外的 10% 来自社会的捐赠。在薪酬上，乡村教师地区略高于城区，但几乎无多大区别，从而造成贫困地区师资招募艰难。为此，她认为要重新检讨希腊教师的招聘制度，设计一套适合乡村师资紧缺地区的教师招聘制度，同时还要加强教师的职前培训。[②]总之，研究者认为要提高教师待遇、加强入职培训、完善招聘政策，以缓解乡村教师招聘难的问题。

2. 乡村小规模学校师资留住率与工作满意度研究

研究者还对乡村小规模学校教师的工作动机、满意度及留住率等心理层面展开了研究。Hitka 等对 2151 名城乡教师的入职动机因素进行了研究，发现城乡教师之间并无显著差异，其中工作安全感是最重要的动机，其次是互相信任的人际关系。他们认为，小规模学校要加强交流与沟通，建立良好的人际信任，同时要不断更新教师激励机制。[③]Rottier 对 348 名乡村教师的工作满意度进行了研究，发现相当一部分教师对工作在乡村小学感到不满意。大致来看，男性的不满意率要高于女性，而 41~50 岁的教师工作不满意率最为显著。[④]Huysman 对乡村小规模学校教师的信仰、态度如何影响工作满意度进行了研究。调查发现，乡村教师最沮丧的事是不被领导赏识和器重，如果感觉自己的同事或者一些小团体在学校中拥有不正当的权力和影响力时，其会产生挫败感。其次，本地教师与外来教师间的矛盾也会让教师产生不愉快。教师表示，在学校教师集体讨论工作的过程中，这种感觉会加深，外来教师觉得自己没有被尊重，并且形成了本地教师与外来教师之间"不健康的竞

① Monk D H. Recruiting and retaining high-quality teachers in rural areas[J]. Future of Children，2007（1）：155-174.

② Saiti A. The staffing of small rural primary schools in Greece[J]. Management in Education，2005（4）：32-36.

③ Hitka M A，Stachová K B，Balážová Z A，et al. Differences in employee motivation at Slovak Primary Schools in rural and urban areas[J]. International Education Studies，2015（5）：33-42.

④ Rottier J. Teacher burnout：Small and rural school style[J]. Education，2001（1）：72-79.

争"。再次，在社区的社会角色与自己的专业角色之间的期望互相矛盾时，教师们也会感到焦虑。他提出，乡村教育管理者应更加积极地提高教师的留住率，提升教师素质和学生学业成绩，并积极建设和谐的校园文化。[①]总之，研究者认为要关注乡村教师心理、协调同事关系、提高工作满意度，从而留住乡村教师。

（四）学业成绩与学校规模：各国乡村小规模学校经济效益研究

学校规模对学生学业成绩的影响，是国外学者较为关注的一个领域。国外研究的主流观点认为，学校规模小有利于提高低年级学生和来自底层家庭的学生的学习成绩。[②]一项有关学校规模对教师态度以及学生学业成绩的影响的研究，提出三个问题：小规模学校中教师是否对学生学业成绩和学生社会发展更加负责？他们的同事也如此吗？学校规模对学生成绩的影响是否独立而不受教师的集体授课的影响？研究结果表明，这三个问题的答案都是"是"。小规模学校确实表现出更好的结果，在那些学生数在400人以下的学校中，教师对于学生的学习更加负责。学校规模直接影响着学生的学习成绩，而且还间接影响着教师对学生学习成绩所应承担的责任。在小规模学校，学生和教师的关系更加亲密，这种亲密的师生关系也许对学生的学习起了决定性作用。[③]Coldarci对缅因州215名八年级学生进行调查，发现来自低收入家庭的学生，数学成绩在小规模学校中的表现优于大规模学校，然而在阅读成绩上，小规模学校并没有表现出优势。[④]至于学校规模与经济效率之间的关系，国外多数研究比较赞同学校规模与经济效率并不是一种简单的线性关系，而是呈U形曲线关系，即随着学校规模增加，生均总成本下降，但当达到一定的规模后，继续扩大规模会因管理成本和学生的交通成本增加而出现规模不经济。[⑤]Cooley等对美国得克萨斯州乡村小规模学校合并对学生学业及经济效率

① Huysman J T. Rural teacher satisfaction: An analysis of beliefs and attitudes of rural teachers' job satisfaction[J]. Rural Educator, 2008（4）: 31-38.

② 李祥云，张聪聪. 国外中小学规模作用研究述评[J]. 外国教育研究，2012（11）: 49-87.

③ Bracey G W. Research-small schools, great strides[J]. Phi Delta Kappan, 2001（5）: 413-415.

④ Coldarci T. Do smaller schools really reduce the "power rating" of poverty?[J]. Rural Educator, 2006（1）: 1-8.

⑤ 李祥云，张聪聪. 国外中小学规模作用研究述评[J]. 外国教育研究，2012（11）: 49-57.

的影响进行了研究，结果发现：学生的生均成本与未合并地区的学生成本并没有多少差别，合并学校所在地的生均成本增加了，被合并地区的生均成本略微减了一点。这些发现支持了以往研究的结果，尽管合并被证明可能提高成本效益，但没有确凿的证据表明合并是一种划算的选择。在学生学业成绩方面，合并校的学生成绩与未合并校的学生成绩并无多大区别，但学生成绩在合并前后产生了不同，总的来说学生成绩在合并后有所下降。[①]总之，国外的研究说明并没有令人信服的证据表明在乡村小规模学校所接受的教育要比大规模学校低效。

（五）独特优势与潜在威胁：各国乡村小规模学校的反撤并研究

1. 乡村小规模学校的自身优势研究

研究者对乡村小规模学校的自身优势进行了深入的研究。Galletti 认为，小规模学校在增强学生的归属感、增加学生参与活动的机会、提高学生学业成功率、增进师生情谊以及减少学校官僚作风等方面有其突出的优势。[②]Jimerson 认为，小规模学校具有多种优势：①小规模学校更安全，因为学校氛围塑造了更为紧密的师生关系和生生关系；②小规模学校对学生成绩有持续而实质性的正面影响，尤其是对低年龄段的学生，影响更大；③小规模学校更富活力，诸如灵活的课表、合作学习、体验式学习等教学实践；④小规模学校教师满意度较高，较少缺勤，更乐意与同事合作，对学生的学习更负责；⑤小规模学校文化更具包容性，比如复式教学班对有色人种学生、男生以及低收入人群学生有更加积极的影响；⑥小规模学校更能形成良好的人际关系，反映了小社区中人们共同分享、互相关心的亲密的关系。为此，她认为持续发生的小规模学校撤并运动是不必要也不明智的，在给乡村孩子提供学习和社会资源方面，小规模学校具有天然的优势。[③]Halsey 从未来发展的角度展开分析，凸显乡村小规模学校的作用。他认为，未来人口激增和对食物以

---

① Cooley D，Floyd K. Small school district consolidation in Texas：An analysis of its impact on costs and student achievement[J]. Administrative Issues Journal Education Practice and Research，2013（3）：45-63.

② Galletti S. School size counts[J]. Education Digest，1999（9）：15.

③ Jimerson L. The hobbit effect：Why small works in public schools[J]. Rural School and Community Trust，2006（8）：5-23.

及再生能源的需求，要求人类减少人口聚集对环境带来的影响。因此，一个可持续发展的，充满活力和生产力的澳大利亚乡村就非常重要，而这离不开乡村小规模学校的复兴。为此，他认为，政府和政策制定者应当重新认识小规模学校的价值，并且予以积极扶持。[①]Raggl 研究发现，很多教师觉得乡村小学校为自己的教学提供了相对自主的环境，也有一些校长和教师特意来乡村从教，主要是看中了乡村小规模学校所能给予的自由氛围，这便于他们更好地践行自己的教育理念。[②]

2. 乡村小规模学校潜在威胁、挑战及其反撤并研究

研究者对乡村小规模学校潜在威胁、面临的挑战进行了分析，对反对撤并进行据理力争。不难发现，乡村小规模学校面临的最大威胁自然是被关闭或被合并。Karlberg-Gunilla 认为，教师在这样随时面临关闭的学校中工作，在某种程度上变成了弱势群体。在芬兰，每年有超过 100 个"一师"学校被关闭。教师只有坚定自己的职业道德，才能应对外部的社会变迁，毕其一生在同一所学校中任教，尽管就眼前利益而言这样的学校没有经济效益，但是从学生长远发展的视角来看，教师努力工作是极其值得的。[③]Morton 等认为，美国乡村小规模学校当前最大的五个挑战为：生源持续减少；办学经费短缺；联邦政府不切实际的期望；学生学习动机不高；复式教学普遍存在。[④]Raggl 对奥地利和瑞士两国在阿尔卑斯山偏远地区的乡村小规模学校进行调研后认为，主要问题是复式教学普遍存在和教学资源以及教材的缺乏，师资培养缺乏对复式教学的准备，许多教师在面对复式教学班时，觉得无所适从，复式班级的备课成了极大的挑战。[⑤]Tinkham 对加拿大新斯科舍省做了调研，认为：第一，学校恢复复式教学将是学校生存的必然选择，要加强复式教学师资的职前职后培养；第二，

---

① Halsey R J. Small schools，big future[J]. Australian Journal of Education，2011（1）：5-13.

② Raggl A. Teaching and learning in small rural primary schools in Austria and Switzerland：Opportunities and challenges from teachers' and students' perspectives[J]. International Journal of Educational Research，2015（3）：127-135.

③ Karlberg-Granlund G. Coping with the threat of closure in a small finish village schools[J]. Australian Journal of Education，2011（1）：62-72.

④ Morton C，Harmon H L. Challenges and sustainability practices of frontier schools in Montana[J]. Rural Educator，2011（3）：1-14.

⑤ Raggl A. Teaching and learning in small rural primary schools in Austria and Switzerland：Opportunities and challenges from teachers' and students' perspectives[J]. International Journal of Educational Research，2015（3）：127-135.

20 世纪 50—60 年代 "婴儿潮" 时期所留下的校舍，随着乡村社区人口的减少、生源的减少而变得太大、太旧，需要翻新或重建，校舍需更加灵活，以适应学生人数的增长或减少，还要提供多种服务，以便于成为社区的学习中心；第三，教师需要专业化发展，信息技术的革新为应对这一挑战创造了条件；第四，在学校的留存上，要让社区的意见充分参与进来。[①]

关于学校撤并，民众和研究者进行了抗争。20 世纪 90 年代，英国出现反对关闭学校的运动，这场运动影响甚广，最后政府不得不出台 "推定反对关闭"（presumption against school closure）政策，全国基本上保持现有的学校数量，除非学校所在的社区成员主动要求关闭。[②]在美国一个名叫艾奥尼的袖珍小镇，家长们甚至发起了反对关闭学校的示威活动，他们高价聘请律师和说客，最终州立法院站在了家长这一边。[③]另外，Corbett 认为，乡村小规模学校通常都有着古老的建筑，这些建筑对于当地来说都是财富而不是负债，它们不仅是伴随孩子成长的建筑物，还是见证社区发展的纪念碑。关闭一所学校从某种意义上代表州政府放弃了这一地区未来的发展，因此，基于教育公平价值，关闭学校必须谨慎为之，要统筹考虑城乡活力和发展前景。[④]这些抗争行动提醒政府，撤并乡村小规模学校不能草率为之，而应多方考量。

（六）社区互动与家长参与：各国乡村小规模学校与外部环境关系研究

国外对于乡村小规模学校与社区互动的关系研究，也是比较独特的视角。小规模学校对农村社区非常重要，英国政府在《农村白皮书》中指出，学校是所在农村社区的心脏，村庄共用的音乐、体育及各种公共设施往往安置在学校里，学校的教师及校长往往是教会组织、地方政府里的社区代表。[⑤]Clarke 等认为，在乡村小规模学校改进过程中，社区对于学校改革起了关键促进作

---

① Tinkham J. We're small enough to close but big enough to divide: The complexities of the Nova Scotia School Review Process[J]. Alberta Journal of Educational Research，2014（4）：726-730.

② Corbett M. What We know and don't know about small schools[J]. Our Schools，2013（1）：38-52.

③ Buchanan B. What mandated consolidation could mean for your district[J]. American School Board Journal，2004（7）：15-18.

④ Corbett M. What We know and don't know about small schools[J]. Our Schools，2013（1）：38-52.

⑤ 张雪艳. 农村小规模学校发展政策研究[D]. 武汉：华中师范大学，2012.

用。在西澳大利亚州，很多社区意识到在学校改进过程中支持校长工作的重要性，提出要对偏远地区校长提供职前培训。[①]Cuervo 不认同以往研究中对乡村学校、学生和社区之间关系的描述——简单、普遍、自然而且中立等，认为这种关系实际上还是反映着社会主流价值观和文化霸权。这种同质、普遍的学校与社区之间的关系，合法化了对少数族群学生的不公平和边缘化待遇。为此，他认为要更深入地反映乡村学校与社区间的关系。他用跨学科的视角——青年社会学、教育学、农村问题研究和政治学等来重新审视学校与社区的关系，以期避免对少数族群学生的排斥和边缘化。[②]他的研究强调了学校与社区关系对学生影响的多样性和复杂性。

在家长参与方面，一般认为家长参与是学校建设和学生学习的重要支持力量，国外研究高度强调了学校与家庭、社区间的良好关系可以促进学校的包容和多元，然而家长的社会经济地位、教育水平和经历也影响到家长在学校中的参与程度，导致拥有较多文化资本的家长在学校价值与家庭文化之间转换得游刃有余，而使一部分来自文化资本较少家庭的学生处于不利的境地。家长参与在偏远小规模学校比较困难。为此，Vigo 等采用民族志的方法对西班牙的两所乡村小规模学校在创新教育实践中的家长参与进行了研究，结果显示，这两所学校采用鼓励表达与沟通的方式，促进了家长的参与。这一过程中，家庭的流动性和分散性以及社会文化地位等因素影响了参与行为。[③]可以说，家长参与是一种教育资源，但也有加剧不同阶层学生之间差距的风险。

（七）西方逻辑与东亚价值：各国乡村小规模学校与学校标准化建设研究

1. 标准化建设逐渐渗透国家意志的西方逻辑

以英、美两国为代表的西方国家在推进义务教育学校标准化建设过程中，

---

① Clarke S，Stevens E. Sustainable leadership in small rural schools： Selected Australian vignettes[J]. Journal of Educational Change，2009（4）： 277-293.

② Cuervo H. Problematizing the relationship between rural small schools and communities： Implications for youth lives[J]. Alberta Journal of Educational Research，2014（4）： 643-655.

③ Vigo A B，Soriano B J. Family involvement in creative teaching practices for all in small rural schools[J]. Ethnography & Education，2015（3）： 325-339.

主要围绕课程标准、教师标准以及标准化考试等层面展开，强化和渗透国家意志，削弱传统教育分权体制下地方对教育的控制权，以提升教育质量。

（1）制定课程标准

美国的义务教育标准化建设发轫于人们对美国中小学生学业水平的质疑，认为其罪魁祸首是缺乏统一的、严格的课程标准。于是，1989年国家数学教师委员会编写的著作《学校数学课程与评价标准》，可以视为美国当前的基础教育标准化运动的开始。随后，各个专业团体出版的课程标准涵盖了几乎所有学校课程，包括数学、阅读、写作、科学，以及健康、艺术、生活技能等。2008年，美国有49个州陆续出台了本州的课程标准。[1]2010年，由全美州首席教育官理事会与全美州长协会联合研制的《共同核心州立标准》[2]，把课程标准化建设推向前所未有的高度。在英国，政府于1988年出台《教育改革法》，以法律的形式把国家课程确定下来，对英国基础教育的课程内容、课程管理及评价标准做了重大的调整。[3]加拿大成立教育部长协会用于协调各省教育问题，并于1999年通过宣言确定了协会在全国性教育问题上的指导作用。加拿大基础教育的课程改革也在教育部长协会的协作下进行，力图在全国建立基础教育的课程质量评估标准，虽然结果并不理想，但表明了加拿大课程改革在朝着整体统一的方向迈进。[4]可以看出，传统西方教育分权制国家正通过构建国家课程标准或近似国家课程标准，来加强教育质量的管理。

（2）实行标准化考试

要评价课程标准，就要实行标准化考试。美国采用标准化测试的历史可以追溯到19世纪中期。在当代，为改进中小学质量而推行的标准化测试运动开始于1965年《初等与中等教育法案》的颁布实施，其中将测试和问责作为提升学业标准和教育公平程度的必需。[5]2001年签署的《不让一个孩子掉队》

---

① 亚瑟·K.埃利斯.美国基础教育标准化运动分析[J].张文军，编译.教育发展研究，2008（2）：52-56.

② 刘正伟，郑园园，龚晓丹，等.美国中小学英语国家课程标准建构[J].课程·教材·教法，2015（3）：121-127.

③ 秦玉友.课程政策的文本趋同与文化反思：20世纪八九十年代英美两国课程政策研究[J].外国教育研究，2006（7）：31-35.

④ 和学新，杨静.新世纪以来加拿大基础教育课程改革及其启示[J].当代教育与文化，2013（6）：36-45.

⑤ 高原.美国当代标准化测试的命运与教育权利的转移：从《不让一个孩子掉队法案》到《每一个学生成功法案》[J].课程·教材·教法，2016（9）：121-127.

法案，旨在提升全美学生尤其是学业处境不利的学生的成绩。随后，在各州推动 AYP 学业评估制度（前文已有叙述），有效地提升了各州学生的学业水平。但因为美国传统的教育分权制，加上 AYP 考试的压力，《不让一个孩子掉队》法案遭受一定的质疑。奥巴马在 2015 年签署《让每一个孩子都成功》法案，对《不让一个孩子掉队》法案做了一些妥协和调整。法案在继续维持年度学业的标准化考试的同时，允许各州用多元方式进行测评，减少无效的标准化考试，同时也赋予各州更多的决策权，使得各州和地方能够各自基于现实设置教育系统。[①] 因此，美国对于标准化考试的推广和执行具有较多的弹性空间，使各地教育部门能因地制宜，切实提高教育质量，减轻教育负担和考试压力。加拿大在标准化考试方面，规定学生要参加省内、国内、国际等不同层级的标准化考试，从近几年世界经济合作与发展组织（OECD）组织的"国际学生评估项目"（The Program for International Student Assessment，PISA）成绩来看，加拿大学生表现不俗，排名靠前。[②] 由此观之，西方国家通过加强和改进标准化考试，来达到监控教育质量的目的。

（3）统一师资标准

学校标准化建设的另一个层面是统一师资标准。在美国，早在 1825 年，俄亥俄州就正式建立了教师资格证书制度，经过长期的发展，目前形成了以普瑞克西斯（Praxis）考试为核心的标准化教师资格考试体系。它分三个系列：学业技能评价、学科专业评价和课堂行为评价。考试由教育考试中心负责实施。美国 80% 以上的州政府采纳普瑞克西斯体系进行教师资格认证。凭借严格的教师筛选制度提高新任教师的整体素质，保障了学校的师资质量。[③] 在澳大利亚，国家教育、培训与青年事务部于 2003 年 11 月颁布了《全国教师专业标准框架》，规范统一了全国教师专业标准。该框架涵盖职前、入职、职后三个阶段的考核标准，划分专业标准框架的两大维度即职业发展和专业素养。[④]2010 年 9 月，澳大利亚教学与学校领导协会发布"职前教师教育课程国

① 高原.美国当代标准化测试的命运与教育权利的转移：从《不让一个孩子掉队法案》到《每一个学生成功法案》[J].课程·教材·教法，2016（9）：121-127.
② 罗雪琳.加拿大学校行政、课程、考试制度的考察及启示[J].成人教育，2011（9）：123-125.
③ 朱欣欣，陈凡.美国新任教师教学知识和能力考试体系的分析及启示[J].教师教育研究，2006（6）：77-80.
④ 陈娟.澳大利亚教师教育标准化探究[J].中国成人教育，2017（4）：116-118.

家认证系统",该体系由认证目标、师范毕业生标准和课程标准及基本的认证程序组成,强调国家系统的建立、系统各部分的整合、伙伴关系的形成[①],以保证师资标准。在英国,教育部于 2012 年颁布了新的师资标准用于替代先前不同的两套师资标准,新标准从教师的责任和价值、教师的教学以及教师的个人行为和操守三个维度进行了阐述[②];之后,教育部又于 2014 年颁布了《新教师入职教育指南》,从法定的角度规定了新教师从招聘、培训到考核等各个入职环节的操作流程,以保证教师质量。[③]不难发现,西方国家通过统一教师任职资格标准促进教育质量的提升。

尽管西方发达国家并没有特别强调乡村小规模学校的办学标准,但严格师资准入门槛以及渐渐强势的"国家课程"和标准化考试,亦在一定程度上保障了小规模学校在师资和课程内容上的相对统一,提升了教育质量。

2. 标准化建设追求教育公平的东亚价值

在推进义务教育学校标准化建设过程中,东亚的日本、韩国追求教育公平的价值,对本国地处偏远、薄弱地区小学校予以充分的考虑。1948 年,韩国颁布的宪法规定"保障教育机会均等和小学免费教育",确立了"平等"和"免费"的义务教育方针。1984 年,韩国确立了小学六年、初中三年的九年义务教育体系,并且规定边远、落后地区先实施九年制义务教育。在推进义务教育学校标准化建设过程中,硬件上推行校舍标准化、教学设备标准化,软件上把教师平准化和升学平准化作为抓手,以使各地师资均衡、升学均衡;同时特别制定《岛屿、偏僻地区教育振兴法》,针对偏远地区,优先完成校舍、教学设备的配置,优先实施义务教育。[④]日本的义务教育学校标准化建设大致经历了以硬件均衡为主到以软件均衡为主,再到当今的以个性化发展为主的三个阶段。[⑤]其特色体现在三方面。一是科学合理的义务教育经费投入机制,

① 邓丹.澳大利亚教师教育标准化的新发展:"职前教师教育课程国家认证系统"的构建[J].比较教育研究,2011(8):45-49.
② 唐一鹏.2012英国教师标准改革述评[J].全球教育展望,2012(9):77-82.
③ 严金波,林正范.英国新教师入职教育及其启示:基于《新教师入职教育指南》的释义[J].教育研究,2016(6):148-155.
④ 田祖荫,杨宇,胡成玉,等.韩国、日本义务教育学校标准化建设情况调研报告[J].教育研究,2015(10):136-141.
⑤ 严平.均衡发展视野下的日本义务教育学校标准化研究[J].比较教育研究,2013(4):66-70.

中央投入占 20%，县级大致占 53%，乡镇（含村）一级大致占 27%；在教师工资经费上，中央占 1/3，地方占 2/3。二是教师轮岗制。日本政府规定教师工作满 5 年，就要根据师资配置情况进行轮岗，而校长工作满 2 年就要轮岗。三是高标准校舍及完善的体育设施。日本各地的学校建设标准很高，在自然灾害发生时，其教室及体育馆可作为避难场所。[①] 韩、日强而有力的义务教育标准化建设的制度保障和建设标准，使两国偏远地区的小规模学校在学校硬件和师资方面与都市学校别无二致，保证了教育公平。

另外，还有一些零星研究主要关于乡村小规模学校的现代信息技术，比如如何开展在线远程教育研究[②]。有学者提出，要实施在线远程教育"促进准备项目"（Facilitator Preparation Program，FPP）来满足乡村小规模学校质优生的学习需求[③]；设立偏远网络化学校工程（Remote Networked School，RNS）来改善偏远地区小学校的学习环境，利用在线课程来解决学生学习中的真实问题[④]。未来乡村学校不仅要自我发展，同时还要带动所在社区的可持续发展，一所现代化的乡村学校将蜕变成一个包容的学习环境，成为学生和社区成员接受终身教育的正式或非正式的学习环境。[⑤]

三、国内外研究述评

综观国内外对乡村小规模学校的研究，可谓见仁见智。研究者从各自感兴趣的角度对乡村小规模学校内在特点、生存境遇、发展政策、外部支持等维度进行了卓有成效的探索，积累了丰硕的成果，也从侧面说明各国对乡村

---

① 田祖荫，杨宇，胡成玉，等. 韩国、日本义务教育学校标准化建设情况调研报告[J]. 教育研究，2015（10）：136-141.

② Varre C de la，Keane J，Irvin M J. Enhancing online distance education in small rural US schools：A hybird，learner-centered model[J]. Journal of Asynchronous Learning Networks，2010（4）：35-46.

③ Irvin M J，Hannum W W，Farmer T W，et al. Supporting online learning for advanced placement students in small rural schools：Conceptual foundations and intervention components of the facilitator preparation program[J]. Rural Educator，2009（1）：29-38.

④ Laferrière T，Barma S，Gervais F，et al. Teaching，learning，and knowledge building：The case of the remote networked school initiative[J]. Problems of Education in The 21st Century，2012（40）：96-113.

⑤ Katane I. Sustainable development of the modern rural school as a system of educational environment under the conditions of globalisation and various contradictions in Latvia[J]. Acta Paedagogica Vilnensia，2006（16）：27-39.

小规模学校建设比较重视。从材料来看，美国学者对乡村小规模学校的研究较为系统和深入。欧洲国家、加拿大以及澳大利亚也有不少农村教育研究者关注本国的乡村小规模学校。近年来，国内以及东南亚国家对乡村小规模学校的研究也越来越多，立足不同的国情、不同的学校样态，基于不同的理论视角，丰富了乡村小规模学校的研究成果。

（一）国内外学者达成共识之处

尽管国内外研究者角度不同，研究结论也不尽一致，有些甚至互相矛盾，但依然有不少地方达成共识。

研究者普遍认为乡村小规模学校非常重要，是各国农村教育的重要形式。中外学者都深知，在可预见的未来，乡村小规模学校将长期存在，并继续发挥其特有的功能。

研究者都认为，乡村小规模学校有其不可替代的功能。推动乡村小规模学校发展，对底层家庭子女和少数族群、弱势群体家庭子女就学，保障教育公平有着重要的意义。尽管各国国情不同、经济发展水平不同、教育体制不同，但在这一点上，多数研究者的价值观趋于一致。

在乡村小规模学校撤并问题上，大部分研究者认为政府不能简单将撤并作为解决手段。乡村小规模学校有其自身优势和特点，在保障偏远地区乡村儿童就近入学方面，有无可替代的作用。政府不能以"规模小""教学质量低""经济效益低"等为理由关闭学校，因为目前没有可靠的证据说明小规模学校学生的学业成绩就是低的，小规模学校的效益就是不高的。即便到了生源已经难以为继的地步，也应当征询当地社区家长的意见，做到程序正义。总之，在关闭乡村小规模学校的议题上，需要尊重民意。

研究者都把师资队伍建设视作乡村小规模学校生存和发展的重要一环。如何吸引师资、留住师资、提高师资待遇和师资质量，是国内外研究的重要课题。

研究者都认为乡村小规模学校是乡村社区的重要组成部分。学校是乡村文化的重要载体，是乡村保持活力的重要源泉，而社区是学校获得教学资源以及外部支持的最直接来源。

研究者都意识到乡村小规模学校当前正遭遇着生存危机。首要危机是随时可能被撤并；其次，生源流失危机；再次，教学资源欠缺；最后，师资招聘困难，师资水平不高。针对这些问题，研究者探索出了多种解决路径。

（二）国内外研究的空白和值得进一步研究之处

第一，从研究内容来看，重复研究较多。尤其是国内相关研究，对乡村小规模学校的现状调查重复研究较多，得出的研究结果也大同小异，缺乏更深入的分析和探索，在理论生成方面也略显不足。国外对于学校规模与学生学业成绩和经济效益的关系研究较多，但由于小规模学校定义标准不一，得出的研究结果大相径庭，尤其是在学生学业成绩上。这说明学校规模和学生学业成绩之间的关系具有高度的复杂性，影响因素非常多，有待进一步厘清和探索。

第二，从研究角度来看，点多面广，尚未形成系统的乡村小规模学校研究专题。从笔者收集和归类整理的相关文献材料来看，存在"只见树木，不见森林"现象，研究焦点泛化，逻辑性和系统性都有待加强。

第三，从研究给出的对策来看，许多建议很有新意且很有启发意义，但总的来说缺乏一定的学理基础，操作性不够强。不少学者的建议宏观而宽泛，主体虚化，可操作性不强；有些学者具有理想主义的色彩，虽有关注弱势群体的情怀，但所提出的建议不大符合国情或政治环境；另外一些学者提出的对策，模仿国外的相关经验，并没有本土经验加以论证；也有实践工作者总结了经验和做法，但因只是局部经验，在推广范围上存在局限性。因而，如何提高对策的针对性、理论性、操作性和系统性，需要进一步探索。

第四，从研究的方法上来看，多数学者以文献分析、逻辑推理、问卷调查等量化研究为主，兼以少量的质性研究和混合研究。从某种意义上说，我们亟须转换研究范式，从小规模学校的生存发展现实场景入手，通过细致的田野观察，"自下而上"地建构小规模学校的发展内容、发展逻辑、发展次序和发展路径。

第五，在乡村小规模学校办学标准构建及其建设上，无论是国家政策层面，还是地区的实践层面，都在不断摸索，但总的来说还停留在硬件标准建设上。至于学术研究层面，对乡村小规模学校标准化建设的内涵挖掘不够，理论的系统性、纵深性都略显不足，主要停留在应然层面的思考和政策上的呼吁。关于乡村小规模学校的办学标准，如究竟有哪些标准，应当如何制定，具体的指标体系有哪些，尚缺乏细致、规范的研究。因此，以往的研究给本书留下了研究空白。随着国家政策对乡村小规模学校给予更多的关注，无论是学术界还是一线实践者，都要对此作出积极的回应。

第二章

乡村小规模学校办学标准的
若干理论思考

遵循逻辑推理与实证研究相结合的研究范式，本章主要对乡村小规模学校办学标准构建的基本要素、价值取向、相关学理依据以及现实背景所提供的可行性依据等几个基本问题进行逻辑探讨，同时为本研究接下来的田野调查中的质性研究提供相应的方向和依据。

一、乡村小规模学校办学标准构建的基本要素

义务教育学校办学标准应当涵盖哪些层面？乡村小规模学校的办学标准又有哪些特别之处？厘清学校办学标准的基本要素，乃是乡村小规模学校标准化建设的首要任务。张新平等著《义务教育优质学校办学标准研究》一书，从"人、财、物、事、气"及其关系等方面，构建了"四维度三层面"的办学标准体系（即生成性的学校理念、卓越的课程教学、充满活力的内部管理以及支持性的外部环境四个维度，每个维度涵盖三个层面：人员物质条件、制度规范保障以及精神文化引领）[1]，首次从学理的角度对义务教育优质学校的办学标准进行了要素的分类和体系的构建。

就国家层面而言，我国尚未制定全国统一的义务教育学校办学标准，不过各省都在 2010 年前后出台了各自的义务教育学校办学标准。笔者就自己展开田野调查的浙江省、江西省以及贵州省关于义务教育学校（小学阶段）办学标准进行对比分析，大致梳理出我国东部、中部和西部地区关于小学办学标准的要素分类。采用的文件样本分别是《浙江省义务教育标准化学校基准标准（2011 年版）》（以下简称《浙标》）、《江西省普通小学基本办学条件标准

---

① 张新平，等. 义务教育优质学校办学标准研究[M]. 北京：科学出版社，2015：228-229.

（试行）（2011年版）》（以下简称《赣标》）和《贵州省义务教育阶段学校基本办学标准（2010年版）》（以下简称《黔标》），因贵州省的一级分类较为简单，笔者又将该省2013年发布的《贵州省义务教育基本均衡发展中小学学校办学条件基本标准（试行）》的有关分类作为补充。三省除《浙标》没有提及小规模学校或教学点外，《赣标》和《黔标》均提到农村教学点须参照此标准执行。为便于分析，本书对三省办学标准中有关总则部分不再加以论述。《浙标》将义务教育小学标准分为四大要素，即规模和建设标准、师资队伍、教育技术装备、校园环境和安全，共35条具体指标；《赣标》列有六大要素，即学校设置与规划、学校建设用地标准、学校校舍建设标准、学校装备条件标准、师资配备标准和公用经费标准，共16条具体分类和7个附件；《黔标》则分为五大要素，即设置与规划，校舍建设，图书、仪器、设备和场地，教师队伍，教育经费，共23条具体要求（见表2-1）。

表2-1　浙、赣、黔三省义务教育小学阶段办学标准指标体系对比

《浙标》		《赣标》		《黔标》	
一级指标	二级指标	一级指标	二级指标	一级指标	二级指标
规模和建设标准	学校规模及班额人数 校舍用房的组成 生均用地面积指标 生均建筑面积指标 选址及校舍主要建设标准和要求 校园总体建设规划要求 普通教室建筑层数标准 学校建筑主要建设标准 教学及教学辅助用房主要建设要求 产权要求	学校设置与规划	学校设置 学校规模 校园规划设计	设置与规划	学校布局 学校设置入口标准 学校班级、班额 学校选址 学校用地规划 校园功能布局 新建学校要求 学校安全

续表

《浙标》		《赣标》		《黔标》	
一级指标	二级指标	一级指标	二级指标	一级指标	二级指标
师资队伍	编制设置 学历结构 职称结构 教师专业培训 教育技能培训 培训经费保障	学校建设 用地标准	学校建设用地组成 学校建设用地面积	校舍建设	新建学校质量标准 学校校舍构成 生均建筑面积 生均厕所面积 寄宿制学校生均宿舍面积和生均食堂面积
教育技术装备	图书配备 教学仪器设备 多媒体配置 计算机配备 校园网络系统 信息管理与应用	学校校舍 建设标准	校舍建筑组成 校舍建筑面积 校舍用房面积 校舍建筑标准 校舍安全标准	图书、仪器、设备和场地	生均图书册数 数学、科学、音乐、体育、美术教学仪器和实验仪器价值标准 信息技术装备 生均体育运动场地 校园安全设施
校园环境和安全	配套设施 生均集中绿地面积指标 体育活动场地 医疗保健卫生 食堂和超市卫生 饮用水卫生 校园安全 校园周边安全 安保设置 门卫设置 安全技术防范系统建设 物防建设	学校装备 条件标准	通用教学设备 学科专用教学设备 现代教育技术设备与软件配备 图书馆藏书及设备配备 办公及生活设备	教师队伍	师资配置师生比标准 师资学历标准 校长任职标准
		师资配备 标准		教育经费	公用经费标准 师资培训经费
		公用经费 标准			

我们可以看到，尽管各地办学标准的指标分类表述不同，详略不一，但分类基本趋于一致：学校的布局和选址、校舍的建设、师资队伍、技术装备等。不同之处在于，《浙标》强调了校园安全；《赣标》体现了公用经费；《黔标》则包括了寄宿制学校的部分内容。三省的要素分类基本反映该省义务教育阶段学校办学的基本要求，不过对照张新平教授的"四维度三层面"标准体系来看[①]，笔者认为普遍缺失了学校文化建设的标准和外部环境支持标准两个重要的方面，而学校文化建设与外部支持也应当是乡村小规模学校办学标准的重要内容。为此，笔者对乡村小规模学校办学标准的基本要素有如下思考。

（一）设置标准

设置标准是对乡村小规模学校存在的合理性和必要性的检验，是最基本的办学标准。科学的设置标准应当包括四个层面：服务半径、服务人口、选址要求以及与当地发展规划的匹配程度。首先，合理的服务半径可以保障适龄乡村儿童就近入学的权利，使儿童能在合理的时间内，步行或借助一定的交通工具往返学校。其次，一定基数的服务人口，是乡村小规模学校存在的现实依据，有相对持续的生源亦是小规模学校存在的必要条件。不过，服务人口与服务半径相悖时，应让位于服务半径。再次，选址要求符合安全、便利的原则，要综合考虑地形、地质、光照、通风、环保、交通便利程度等因素，确保学校设置的科学性和便利性。最后，小规模学校也应当与当地乡村社区的规划与发展相统一，以使学校能与乡村社区产生最佳的联结。

（二）硬件标准

硬件标准是检视乡村小规模学校物质基础的满足程度，是办学标准最显性、易评估的部分。硬件标准大多可以从两个方面来检视：校园建筑和教学装备。首先，校园建筑包括乡村小规模学校的校园占地和校舍建设及其标准，主要由校园用地、教学用地、体育活动用地和一定的绿化用地组成。其次，教学装备是师生完成教学目标所需的各类教学物资及其辅助设施，主要包括

---

① 张新平，等.义务教育优质学校办学标准研究[M].北京：科学出版社，2015：228-229.

通用教学用具及学科专用的教学设备、多媒体等现代教育技术、图书馆（室）等。此外，教师办公条件以及师生生活条件也是重要的硬件内容，都应归入硬件标准加以规范。需要强调的是，对于小规模学校而言，不能过分拘泥于生均资源标准，应适度倾斜，指向学生的实际满足程度和学校发展。

（三）师资标准

师资标准是乡村小规模学校完成规定的教育教学任务的智力保障，也是办学标准的首要"软件"。师资标准应当涵盖教师和校长两个方面。在教师方面，首先要确定师资的准入条件。教师应取得相应的学历及教师资格证，通过统一的选拔考试。其次，师资的来源构成要合理。乡村小规模学校的师资要考虑合理的流动性，但更要考虑师资的稳定性，为此，本乡籍师资和外乡籍师资的构成结构亦是小规模学校师资标准探讨的方面。再次，要科学制定教师编制标准。乡村小规模学校的教师配置显然不能纯粹以师生比为配置依据，应制定科学的编制计算标准，以保证合理的师资量，满足正常的课程教学。最后，要有积极的教师专业化发展标准，以使教师在职后培训、职级晋升等方面有合理的制度保障。在校长方面，校长的任职资格、遴选机制及考核是主要的指标。

（四）经费标准

经费标准是乡村小规模学校正常运营和发展的财力保证，是学校开展教育教学活动所需费用的合理性、科学性评估。经费标准应包括经费来源、经费构成、经费预算、经费使用和经费审查等环节。首先，要明确乡村小规模学校经费的来源主体，应以政府的财政拨款为主，鼓励和规范民间公益组织等社会力量对乡村小规模学校的投入。其次，要科学地对经费进行分类，制定契合小规模学校财务需求的标准。再次，要对经费进行分类核算，明确相应的责任主体。最后，要有科学规范的经费监督机制，使经费的划拨和使用既能充分发挥乡村小规模学校主体的办学积极性，又能保证经费得到有效、合理的使用。

（五）管理标准

管理标准是规范乡村小规模学校办学行为、提升教育教学质量的重要制度保障。管理标准可以说涵盖了小规模学校的各个方面，其中以课程与教学管理为核心。在当前小班小校的特殊教学环境下，探讨和确定小规模学校的课程开发、课程设置以及课程实施的标准，鼓励和创新小规模学校微小班级的教学模式、教学方法，提升教学效率，是小规模学校课程教学的重要课题，亦是办学标准的重点和难点。另外，小规模学校的安全管理、教育评价管理等也是管理标准要探讨的重要内容。最后，乡村小规模学校的管理结构也是未来发展值得探讨的地方。比如，与中心校的关系怎么理顺，与教育局的关系怎么连接，学校内部的管理如何激励，都是值得深入研究的地方。总之，创新管理体制，发挥乡村小规模学校的主观能动性，是要追求的目标。

（六）学校文化标准

学校文化标准是衡量小规模学校精神气质，体现校园文化影响师生心灵的重要内容。乡村小规模学校的规模虽小，但也不可忽略校园文化的建设，应努力将本地乡土文化、特产资源等，融入校园文化建设，培养学生热爱家乡的情怀；在民族地区的学校还应挖掘本民族文化艺术，开展民族文艺活动，形成自己鲜明的校园文化标识，培养学生的认同感和自豪感。在学校文化标准建设方面，王继华、徐超将其分为四大系统，主要包括：理念思想系统、制度行为系统、静态环境系统和形象标识系统。[①] 理念思想系统主要包括学校的校风、校训、教风和办学特色等；制度行为系统主要由校长文化、组织文化、师生文化以及班级文化等构成；静态环境系统主要由学校的建筑和美化校园的装饰物等构成，包括楼宇的命名、校门的书写、校园的雕塑等元素所体现的文化；形象标识系统则是由学校的校徽、校歌、学校文宣用品、网络官媒以及其他与学校有关的用品设计所组成，是学校具象化的代表，也是学校文化的外显表达。乡村小规模学校文化建设的标准也可以从这四大系统来构建和把握。

---

① 王继华，徐超. 学校文化建设标准的哲学思考[J]. 贵州大学学报（社会科学版），2014（1）：1-10.

（七）外部支持标准

外部支持标准是外部环境对乡村小规模学校的资源供给度和友好指数的衡量。乡村小规模学校散落乡间，自身就是较为弱势的个体，不能孤立于周遭的环境，外部支持对学校的生存和发展至关重要。外部支持主体按由近及远的逻辑大致可以分为家庭、村庄、乡镇及以上各级政府和各类社会公益组织等；从支持的形式来看，可以分为经费、物资等实物支持，亦可以是制度、文化、舆论及关心等精神层面的"软"支持。乡村小规模学校的办学标准必须理顺外部各支持主体的关系，梳理和强化各主体正面支持的路径和方式，减少外部各主体间的负向支持或不必要的干扰，使外部主体对乡村小规模学校的标准化建设形成最大的合力。

二、乡村小规模学校办学标准构建应秉持的价值取向

办学标准的制定并不是一个新命题，早在 1996 年，建设部、计划委员会和教育委员会三部委制定了《农村普通中小学校建设标准（试行）》[①]，可视作改革开放后我国义务教育学校办学标准探索的开端。经过 20 余年的发展，义务教育学校办学标准的理论体系不断推向深入：国家陆续出台了《义务教育学校校长专业标准》《义务教育学校教师专业标准》《义务教育学校管理标准》，主要从学校人事和管理等方面对学校办学标准进行完善。[②]2015 年，国务院办公厅印发了《国家标准化体系建设发展规划（2016—2020 年）》，以国家的高度，推动实施标准化战略，并把公共教育视为社会领域标准化发展的重点，提出要完善学校建设标准、课程体系标准、教师队伍建设标准、学校运行和管理标准、教育质量标准、教育装备标准、教育信息化标准，加快城乡义务教育公办学校标准化建设，基本建成具有国际视野、适合中国国情、涵盖各级各类教育的国家教育标准体系。由此可见，义务教育学校标准化建设不再

---

① 李鹏，朱德全. 义务教育学校标准化建设：进程、问题与反思——基于2010年—2014年全国义务教育办学条件数据的测度分析[J]. 清华大学教育研究，2016（1）：110-117.
② 魏峰. 义务教育学校标准的制定：内涵、目标与方法论[J]. 教育发展研究，2017（18）：15-21.

是教育系统内部的标准化，它上升到了更高的层次，是国家整体标准化战略的重要构成部分。在笔者看来，随着时空的变化，义务教育学校标准化建设终将触及小规模学校，而制定乡村小规模学校的办学标准应体现如下价值转向。

（一）从追求效率到关注公平

乡村小规模学校办学标准的制定应跳出追求规模效益的套路。2001 年，国务院基于"小学就近入学、初中相对集中、优化教育资源配置"的原则，要求各地因地制宜调整农村义务教育学校布局，通过撤并方式解决乡村教学点教育条件较差、教学质量低的问题。同年，国家确立了"地方政府负责，分级管理，以县为主"的义务教育经费投入体制，改变了"人民教育人民办"的做法，使农民不用再承担义务教育经费的投入。但"以县为主"政策加剧了县级政府的财政压力，导致各地狂热地推行"撤点并校"，以减少义务教育经费的投入，把中央"小学就近入学"的原则抛至脑后。约 20 年过去了，我国经济发展取得了长足的进步，2017 年，国内生产总值达 82 万亿元，GDP 规模已经多年稳居世界第二，综合国力日益强大。随着国家的强大，人们开始反思，乡村小学和教学点撤并，究竟有没有保障乡村儿童就近接受义务教育的权利？有没有提升乡村教育的质量？对规模效益的热衷是否适合义务教育领域？人们开始扣问乡村儿童义务教育的公平问题。国家财政收入的不断增长，使各地有条件不再唯效率至上，对于公平的考量则成为主流价值诉求。由此，加强乡村小规模学校建设不再以效益为第一要义，而是以能否为乡村学生提供公平的教育资源为旨归，乡村小规模学校办学标准被提上议事日程，折射出其价值取向从追求效益转向追求公平。

（二）从维持生存到促进发展

乡村小规模学校办学标准的制定不再仅仅满足维持基本教育教学的需要。乡村小学经历了从"村村办学"到"撤点并校"再到当前的"小班小校"三个阶段①，从前面两个阶段来看，政府对于乡村小规模学校的物资配置几近吝啬，从来以维持学校基本运行为考量。在"村村办学"阶段，几乎所有的村小都经历了三个"一点"，即"政府出一点、村里出一点、村民捐一点"，拼拼凑凑建起了校舍，购置了教学设备；在"撤点并校"阶段，标准化建设也主要以中心校或合并校的资源配置为重点，相对忽略下面村小和教学点的资源需求，有限的物资都以维持基本教学需求为目的。因此，到了当下"小班小校"阶段，办学标准不能再以简单满足学校的生存为考虑，而应指向其未来的发展。既然小规模学校将合法、合理地长期存在，一切资源配置和学校建设都不能是应急、临时、过渡的维持生存的行为，而应是可持续发展的、有规划的行为。

（三）从量的平等到质的提升

乡村小规模学校办学标准的制定应摒弃"生均资源"逻辑。当前义务教育阶段学校标准化建设，从标准制定到实践运行，都以强调"生均资源"为核心依据，追求学校资源在量上的平等。随着学校标准化建设推向纵深，单纯追求量的平等的标准化建设，已经无法适应未来学校尤其是乡村小规模学校标准化建设的要求，必须从满足师生教学活动和发展的实际需求出发，在追求量的平等的同时，兼顾教学资源在质上的达成度。为此，推进乡村小规模学校标准化建设的过程中，应摒弃传统只以生均资源为依据的标准化配置，验收学校标准化建设的完成情况，也不能简单以生均量的平等作为衡量标准，而应当以学生在接受学校教育过程中本应享有的资源为标准，来检验标准化学校的完成情况。总之，从量到质、量质兼顾未来是学校标准化建设的价值取向，不因学生数量少和学校规模小来限缩应有的教学资源和条件。

（四）从重形式到重内涵

乡村小规模学校办学标准的制定还应强调学校的软件标准，重视学校的内涵式发展。从义务教育学校办学标准的制定和实践来看，各地不同程度出现只重视学校的硬件标准，或把硬件标准的达成等同于标准化建设的现象，

---

① 全面加强两类学校建设，推动城乡义务教育一体化发展[EB/OL]．（2018-05-11）[2018-11-10]. http：//www. moe. gov. cn/jyb_xwfb/s271/201805/t20180511_335607. html.

对于师资结构、校园文化建设以及学校管理等层面的办学标准重视程度不够。从某种意义上来说，硬件标准是学校办学标准的外在和"形式"，追求"形式"的标准可量、可控，也最为显性，因此在推进学校标准化建设的初期，强调硬件标准的达标是不难理解的。不过，随着学校标准化建设的不断深入，从重视硬件标准到重视软件标准，将是必然的趋势。就乡村小规模学校而言，既要重视硬件标准的达标，更要重视学校软件标准的建设，尤其要重视在师资标准和师资结构、校园文化与学校管理等层面的标准化推进，从而促进学校的内涵式发展，使办学标准从重形式走向重内涵，丰富标准化建设的时代意蕴。

三、乡村小规模学校办学标准构建的学理辩护

乡村小规模学校有复兴的可能吗？为什么要进行标准化建设？标准化建设能为学校提供何种价值？笔者以逆城市化现象和理论、罗尔斯（John Bordley Rawls）的正义论以及经济学领域的市场缝隙理论为视角切入，以期为乡村小规模学校办学标准的构建予以合理性辩护。

（一）从逆城市化现象透视乡村小规模学校标准化建设的复兴动能

1. "逆城市化"的概念与当代中国表征

所谓逆城市化（counterubanization），就是指人口从城市向郊区和农村地区迁移的过程。[①]这一概念首次由美国学者布莱恩·贝利（Brain J. Berry）于20世纪70年代提出，他根据统计数据发现，70年代美国大都市区人口的增长率显著低于非都会区域的人口增长率，前者为9.1%，后者达到15.4%。1970—1974年，美国大都市区人口甚至减少了180万，存在明显的都市人口流出现象。[②]这一逆城市化流动的人口迁移，是城市化进展到一定程度的必然现象。城市人口急剧膨胀，交通拥堵，环境污染严重，犯罪率居高不下，这些所谓的"城市病"使得美国的富人阶级和中产阶级主动地搬离市中心。无独

---

① 沈东.逆城市化：一个概念辨析[J].中国名城，2018（4）：11-18.
② 唐任伍，肖彦博.基于ROXY指数的中国"逆城市化"[J].经济与管理研究，2017（3）：36-42.

有偶，英国、挪威、澳大利亚等国也在这一时期出现了人口从市中心流至外围的迹象。比如，英国伦敦市区人口 1981 年比 1971 年减少了 34%。[①] 诺涩姆（Northam）根据城市人口变化的规律提出"诺瑟姆曲线"，认为城市人口的变化呈拉长的 S 形，可分为三个阶段：第一阶段是低水平城市化期；第二阶段是快速城市化期；第三阶段为城市化趋缓停滞期。一般认为，城市化水平达到 70% 左右时，会出现城市人口向农村地区流动，逆城市化现象发生。[②] 此外，Lee 提出人口迁移的推拉理论，即离开某一地区的"推力"和吸引人口导入的"拉力"的共同作用，导致人口迁移的发生，此理论也可以解释逆城市化现象。[③] 总的来看，逆城市化人口流动是西方发达国家在城市化发展到一定阶段共同出现的社会现象，是人们主动、理性选择的结果，其根本原因在于难以克服的"城市病"。

与西方发达国家相比，我国逆城市化现象的生成原因更为复杂，不同学者基于不同的学科和立场，对逆城市化的解读也各不相同。有学者认为逆城市化是"反城市化"；有学者认为是"伪逆城市化"；有学者则认为是城市分散化发展的继续，是城市文明和城市生活方式的普及和扩散，而不是城市化发展的反向运动[④]；另有学者认为，逆城市化其实是城乡一体化发展的结果[⑤]。不管怎么理解，中国东部地区确实已经出现逆城市化现象的端倪，其表征如下。

（1）大学生"非转农"现象渐成常态

东部发达地区大学生不愿进城落户，甚至争先恐后将自己的户口迁回农村的现象已经悄然发生。1995 年国家取消对大中专毕业生包分配制度，以及高等教育进入大众化阶段，一张大学毕业文凭并不意味着农村大学生可以在城市中找到工作，但国家僵硬的户籍政策强制要求农村籍大学生在入学后，将户籍迁往学校所在地，直到 2003 年，国家才允许大学生自由选择是否迁移户口。也就是说，国家取消包分配到允许选择是否迁移户籍，其间至少有 8 年时间，

① 陈红爱. "逆城市化"问题研究综述[J]. 中共山西省委党校学报，2018（4）：49-54.
② 唐任伍，肖彦博. 基于ROXY指数的中国"逆城市化"[J]. 经济与管理研究，2017（3）：36-42.
③ LEE E. A theory of migration[J]. Demography，1996（1）：47-57.
④ 孙群郎. 20世纪70年代美国的"逆城市化"现象及其实质[J]. 世界历史，2005（1）：19-27.
⑤ 陈伯君. "逆城市化"趋势下中国村镇的发展机遇：兼论城市化的可持续发展[J]. 社会科学研究，2007（3）：53-57.

部分农村籍大学生并非主动"非转农",是一个"被城市化"的过程。这些没有在城市中就业的大学生,他们的户籍不允许迁回原籍,只能被当作"集体户口",挂靠在人才市场,既享受不了城市户籍的政策福利,也享受不了农村户口的政策红利,"进不了城""回不了乡"。于是,户籍"非转农"成了许多农村籍大学生的诉求。"非转农"的户籍政策坚冰在 2006 年出现松动,当年浙江台州市出台了《大中专毕业生回原籍农村落户实施办法》,规定未曾被行政机关、事业单位、国有企业(含国有控股企业)和区(县、市)属集体企业正式录用,迁出时属农业户口,本人生活在原籍农村的大学生可以办理"非转农"手续。有近 5000 名大中专毕业生,包括名牌大学毕业生,办结了"非转农"手续。[①]此后,东部多省都谨慎出台了类似"非转农"的政策。与此同时,2003 年以后,考上大学的农村籍大学生将户籍迁至城市的意愿一路走低。以笔者所在学校为例,2015 年仅有 1 名原籍农村的大学新生办理了户籍迁入手续,2016 年也只有 2 人。也就是说,通过农村大学生办理"农转非"而实现城市化的驱动力已经日渐式微,逆城市化与大学的非教育功能正在剥离。[②]

(2)农民工"离城返乡"潮

近年来,越来越多的农民工离开城市,返回家乡,"用工荒"现象愈演愈烈。无论农民工出于被动无奈还是主动选择,返乡就业正在成为一种趋势。2017 年,农民工数量首次出现负增长,而实际上外出农民工数量已经连续数年放缓。[③]农民工"离城返乡"从类型上来说大致可以分为三类。第一类是无奈返乡型。他们大多属于第一代农民工或无一技之长者,在渐渐老去之后,发现因为年龄关系已经很难在城里谋生。另外,大城市的高房价和"城中村"改造等政策,挤压着他们原本就逼仄的生存空间,让他们在城市难有立足之地。第二类是主动返乡型。他们是新一代的农民工,有思想、有干劲,在国家日益重视乡村振兴之后,想充分利用国家的优惠政策,利用在城市打工时习得的技术和经验在家乡创业。第三类是理性返乡型。他们基于家庭的需要,

---

① 沈东,张方旭. 从"农转非"到"非转农":大学生逆城市化流动的个案研究[J]. 中国青年研究,2017(2):28-33.

② 熊丙奇."逆城市化"与大学的非教育功能剥离[J]. 教师博览,2010(12):5-6.

③ 外出农民工数量首现负增长 [EB/OL].(2017-04-25)[2018-12-30]. http://money. 163. com/17/0425/05/CIRGQF13002580S6. html#from=keyscan.

以及进城务工与回乡就业之间的成本计算，决定返回家乡。他们一方面要赡养老人，另一方面不想让自己的孩子再成为留守儿童。据中国社科院2016年4月发布的一项调查：近半数农民不愿意进城，而计划进城务工人员，有2/3表示他们打算日后回乡。①这说明推动"农民工市民化"作为城市化进程的另一个引擎，影响力也正在减弱。

（3）城乡户籍的"推拉"作用

根据人口迁移的推拉理论，城市户籍和农村户籍的吸引力正在呈现此消彼长的态势。在计划经济年代，城市居民户口的附加值极高，享有国家各种资源的优先配置待遇，而农民则处于资源配置的末端，农村户口难以望其项背。然而，近年来，国家出台各项政策推动城乡一体化发展，曾经风光无限的城市居民户口逐渐失色。一方面，农村居民也能享有养老保险、医疗保险，在东部发达地区，农村基础建设的规划也非常现代化，城乡居民的生活品质并无差别。另一方面，农村户口的附加值逐渐上升，农村居民可以申请宅基地，可以获得拆迁补偿，可以享受国家支持农村建设的各项政策红利，而这些都是城市户口所没有的，因此农村户口成了"香饽饽"，对人口的迁入形成了不小的"拉力"。反观城市，房价暴涨，生活消费成本高企，空气污染严重，在一定程度上对某些人口的外流形成了"推力"。以浙江省为例，全省办理"农转非"的人口从2004年的57.2万人，下降至2012年的18.1万人，降幅达68.4%，且18.1万人中，有63.4%是因为土地被征用而被迫"农转非"。②此外，一部分地区城市化率已经触及"诺瑟姆曲线"，比如北京、上海、天津三个城市，城市化率达到70%后，出现了一定程度的"逆城市化"，其中上海人口从中心城区扩散至外围的趋势更为明显。③可见，东部地区的城市化进程正在快速趋缓、停滞。

---

① 农民工返乡将会影响新型城镇化的下半场[EB/OL].（2016-09-05）[2018-12-30]. http：//www. xinhuanet. com// city/2016/09/05/c_129269853. htm.
② 浙江户口从农村迁出去为啥会"有去无回"？答案在这里[EB/OL].（2017-03-25）[2018-12-30]. http：//zjnews. china. com. cn/yuanchuan/2017-03-25/122064. html.
③ 唐任伍,肖彦博.基于ROXY指数的中国"逆城市化"[J]. 经济与管理研究,2017（3）：36-42.

2. 逆城市化现象对乡村小规模学校标准化建设的启示

随着逆城市化种种迹象的出现，有人甚至惊呼逆城市化时代正在到来①，提出要把握好逆城市化的力量，消除阻碍要素下乡的制度壁垒，促进乡村振兴②。而逆城市化现象对于乡村小规模学校标准化建设而言，亦具有重要启示。

（1）生源流失趋缓，而回流正成为可能

生源的稳定和回流是乡村小规模学校标准化建设的最大动力。乡村小规模学校标准化建设的根本目的在于服务乡村儿童，保障乡村孩子享有公平且有质量的教育，而一旦没有了生源，标准化建设也将无从谈起，因此生源的流失正是乡村小规模学校最大的痛点。逆城市化现象表明我国城市化进程正在趋缓，也意味着乡村学校因为城市化进程而不断流失的生源有可能趋于减缓。在局部地区，随着农民工的返乡就业、返乡创业等现象的增多，第二代农民工不想让自己的子女再成为留守儿童，重蹈自己的痛苦经历，这种心理的创痛，爆发出强大的"拉力"，也或将使曾经流失的生源回流。另外，越来越多的大学生选择"非转农"以及考上大学后不迁户口等现象趋于普遍，意味着他们的下一代也会继续保留农民身份，虽然并不代表他们都会将孩子留在家乡入学，但乡村小规模学校标准化建设可以让他们看到希望，认识到乡村教育质量亦是有保障的，这至少给他们选择留在家门口入学的机会。可以说，逆城市化是乡村生源回流的契机，是乡村小规模学校标准化建设的动能。

（2）标准化建设是城乡一体化发展的具体表征

乡村小规模学校标准化建设既是城乡一体化的具体体现，也是促进城乡一体化发展的有力举措。如前文所述，逆城市化是城市文明向乡村地区扩张的过程，是城乡一体化发展的结果。乡村小规模学校标准化建设就是城乡一体化推向纵深发展的必然要求，使义务教育阶段受教育者，无论身居城市还是乡村，都能享有平等的教育资源和公平的教育环境，即使规模再小、地理再偏的乡村小学，也概莫能外。逆城市化现象除了给乡村地区带来了渴望已久的人流外，还有可能带来技术流和现金流。随着国家乡村振兴战略的加码，

---

① 潘海平，孙彬，李荣，等. 长三角："逆城市化"时代呼之欲出[J]. 信息导刊，2005（13）：6-7.

② 马跃. 基于逆城市化视角的乡村振兴实现路径研究[J]. 淮北师范大学学报（哲学社会科学版），2018（3）：10-14.

乡村小规模学校标准化建设可谓检验城乡一体化发展水平的尺子；同时，也将成为撬动整个乡村发展的齿轮，带动乡村振兴。

（二）从罗尔斯的正义论检视乡村小规模学校标准化建设的伦理拷问

1. 正义论的内涵及其伦理价值

罗尔斯是当代美国著名的政治哲学家，一生著书颇丰，其中最具原创性、最具影响力的当数《正义论》一书。书中，他对西方传统的以洛克、卢梭和康德为代表的强调"追求社会大部分群体的最大利益"为主导的功利主义正义观以及强调"道德判断"的直觉主义正义观进行了批判，认为功利主义正义观存在诸多缺陷。首先，在追求社会大部分群体的最大利益的过程中，若是牺牲了部分人的利益换来时，即一种允许以侵犯一部分人的权利的方式来提高总体功利的理论，是功利主义正义观的根本性问题，有违正义优先。[1] 其次，功利主义正义观强调结果，关注利益的最大化，而不关注利益是如何分配的过程，即一种分配方式若能达到利益的最大化，那么这种分配方式是否平等，则不是功利主义正义观的主要考量。这种考量方式，必将引向错误的政治哲学。最后，利益及欲望的满足虽然本身都具有价值，但利益和欲望的满足要区分其性质，如果是建立在对别人的歧视、损害别人的尊严之上而获得的满足，则不是正义的。[2] 为此，他的《正义论》主要提出了两大原则。第一个正义原则：每个人都应拥有与其他人相应的广泛而自由的均等权利，即平等自由原则。第二个正义原则包括两个子原则：在社会经济分布不均时，正义原则应当适合于最少受惠者的最大利益，即差别原则（差别原则主要包括补偿原则、互惠的观念和博爱原则等，补偿原则即应当对出身和天赋的不平等进行补偿）；社会所能提供的职务和地位应向所有人开放，即机会公平原则。[3] 他认为，第一个原则优于第二个原则；第二个原则中的机会公平原则又优于差别原则；只有在充分满足了前一原则的情况下才会考虑后一原则。[4] 罗尔斯的正

① 廖申白.《正义论》对古典自由主义的修正[J].中国社会科学，2003（5）：126-137，208.
② 约翰·罗尔斯.正义论[M].何怀宏，等译.北京：中国社会科学出版社，2001.
③ 约翰·罗尔斯.正义论[M].何怀宏，等译.北京：中国社会科学出版社，2001.
④ 钟景迅，曾荣光.从分配正义到关系正义：西方教育公平探讨的新视角[J].清华大学教育研究，2009（5）：14-21.

义原则，从适用领域来看，第一条原则主要针对人们的政治生活领域，强调每个公民都享有政治权利和自由；第二条原则主要针对人们的社会经济领域，用于调节社会资源、经济利益，使之在社会成员间分配时能更平等、更公平。他的正义观切中了传统功利主义的要害，抨击了人类社会不同程度存在的侵害弱势群体权利的现象，极具伦理价值。

（1）彰显了利益分配的过程正义和人性尊严

罗尔斯指出，正义是社会制度的首要价值，正像真理是思想体系的首要价值一样。因此，在利益分配这个问题上，他更关注社会资源、利益分配的过程是否正义，而非结果有没有实现利益最大化。在探讨利益分配的社会制度时，首要追问的就是，无论是基于效率优先还是公平优先，首先得证明这种社会制度在利益和权利分配上是正义的①，即确保分配过程的正义。另外，他强调了资源分配过程应维护人性的尊严，不能借由最多数人的利益而侵犯少部分人的权利。人们应当基于社会合作理念，根据公共认可的规则和程序，在一种公平、合理、有序的制度中追求各自的利益，享有平等的权利和义务，而不是侵犯别人的利益而达到本人的满足。②

（2）体现了对弱势群体的人文关怀

罗尔斯悲天悯人地站在社会边缘弱势群体的立场，提出机会公平原则和差别原则，力图减少出身、禀赋差异、机会不平等以及各种偶然因素在社会利益分配时对人们的影响。一个社会的文明程度，正是体现在这个社会的制度是否能较好地照顾弱势群体，给予他们人文关怀。罗尔斯差别原则的核心即补偿原则，一个正义的社会，应当通过制度设计来补偿弱势群体在利益分配过程中的处境不利地位，以使社会能稳定、健康发展。

2.罗尔斯的正义论对乡村小规模学校标准化建设的启示

（1）对不合理撤并的纠偏有较强的理论指导性

2001年国家关于农村义务教育学校布局的政策为何最后演变成大规模的"撤点并校"，以罗尔斯的正义论来看，正是直觉主义和功利主义两种正义观

---

① 刘健儿.教育公正刍议[J].北京大学教育评论，2005（1）：102-106.
② 约翰·罗尔斯.作为公平的正义：正义新论[M].姚大志，译.上海：上海三联书店，2002：8-11.

的缺陷所引起的。政府在制定学校布局调整政策时，基于道德判断的直觉主义正义观的考量，认为通过撤并质量低下、教育资源匮乏、生源较少的学校，把学生集中到资源较优、环境较好、规模较大的学校，可以保障乡村学生接受更好的义务教育。然而，当这种道德判断遭遇一系列的交通安全、成本增加、学生辍学等现实冲突时，直觉主义正义观却无法拿出一套标准来衡量各种冲突，也无法确定优先原则，只能靠直觉判断，这导致各地方在执行布局调整政策时陷入无序。而地方在执行学校布局调整政策时，则是基于功利主义正义观的考量，为节省办学成本，通过大量撤并学校，来追求效率和利益最大化。在此过程中，只强调布局调整的结果，而对于布局调整的过程是否正义，即撤并学校时是否经过正义的程序，则未加考虑。撤并学校通过不正义的程序，对村民、乡村学生和教师的利益构成了明显侵犯，乡村小规模学校的利益以及弱势群体的就近入学等合理诉求被剥夺与忽视了，这正是罗尔斯对功利主义正义观的严厉批判。可以说，国家基于道德的判断和地方基于功利的考量，两者之间存在巨大落差，致使乡村小规模学校的撤并现象遭到正义的质疑。因而，未来在审视撤并乡村学校时，应当拿罗尔斯的正义观作为检视依据，对不合理、不正义的撤并行为要进行纠正。总体而言，既要关注撤并所带来的结果，更要关注撤并行为的程序正义，确保乡村孩子就近接受义务教育的权利不受侵犯。

（2）标准化建设要引入补偿原则

散落在边远乡间的小规模学校，是我国最弱势群体的子女受教育权的最后保障，是兜底的教育。依据罗尔斯的正义论，对弱势群体在资源配置过程中进行补偿，是一个现代、文明、正义社会的合理之举。因此，乡村小规模学校标准化建设要引入补偿机制，在建设过程中予以资源倾斜。补偿机制首先应体现在不能再依据各地传统的义务教育学校办学标准来配置资源，而应单独制定乡村小规模学校的建设标准。当下各地办学标准，都以城乡各学校办学规模一致，至少班级规模一致为前提，提出以"生均资源"为核心的资源配置方式，这样的前提和配置方式，显然没有充分考虑乡村小规模学校人数少、规模小的特点。因此，在追求生均资源公平的传统资源配置方式之下，乡村小规模学校的真实需求被遮蔽了。乡村小规模学校标准化建设应当以满足学生的需求、促进学校的发展为逻辑起点，配置标准需高于生均资源标准，而这也是补偿机制的体现。其次，补偿机制不是低水平的救助。乡村小规模学校标准化建设，不能将城市即将淘汰的资源配置给乡村小规模学校，进行低水平的救助，应当以战略眼光来看待乡村小规模学校标准化建设。未来小规模学校将是乡村教育的基本样态，应认真提炼小班、小校的教学需求，从而形成科学的资源配置标准，将前沿的、科学的、符合教育教学规律的资源及时配置给学校，使乡村小规模学校能获得公平、正义的教育资源，促进学校的发展。

（三）从市场缝隙理论审视乡村小规模学校标准化建设的多样价值

1. 市场缝隙理论的内涵及启示

市场缝隙理论（Concentrated Market）是经济学领域的一个概念，由日本经济学家长岛总一郎在 20 世纪 90 年代提出。他在对日本几百家中小企业进行诊断后认为，现代市场并非铁板一块，总是会存在市场的缝隙，而这些缝隙就成为中小规模企业的生存机会。小规模企业应当以"寻找市场缝隙"而展开，并以开发能填补市场缝隙的产品为核心。[①] 从本质上讲，市场缝隙战略是小规模企业开发市场的一种战略。现代经济管理学家认为，有三种因素导致了市场结构中缝隙的存在：首先，在产业集中度较高的行业中，小规模企业与大型企业相比具有进入优势；其次，现存大规模企业为提升整合能力或将放弃的细分市场，这就为战略灵活、适应能力强的小规模企业提供了更多的行业进入机会；最后，市场产品的高度差异化为小规模企业提供了各种特色产品选择的空间，在提供各种特色化、差异化的产品时，小规模企业不必与大规模企业展开面对面的直接竞争，从而增加了市场存活率。因此，小规模企业完全不必担心因为规模小而失去市场竞争力，相反，只要充分发挥自己行动快捷、机制灵活、适应性强的特点，灵敏地捕捉到市场缝隙，并全力以赴开发差异性强的产品，填补市场，就能存活和发展。当前，由于技术革新以及"互联网+"等新兴经济业态越来越多，形成的市场新的缝隙也越来越多，结果大企业的规模越来越

---

① 刘琳.缝隙理论下的纸媒比较优势重塑[J]. 新闻战线，2014（3）：88-90.

大，但小规模企业也越来越多。① 在细分的市场中，大规模企业和小规模企业都能找到各自的定位，错位发展，和谐共存。从市场缝隙理论来看，我们大致可以获得如下启示。

（1）跳出思维定式

小规模企业要获得生存和发展，必须突破原有的思维窠臼，跳出思维定式。企业进入产品市场总是存在着先行者和后行者，在市场的分化和演进过程中，总是有一些缝隙被产品开发的先行者给忽略，这是因为先行者的思维定式并没有因为时空的转化而有所调整，反倒是一些后起之秀，往往因为能跳出思维定式，而发现市场中的缝隙，并开发出相应的差异性的产品，进而渐渐发展壮大。因此，市场缝隙理论的核心价值在于鼓励后行者跳出思维定式，从而把握市场机会。

（2）善于利用自身优势

小规模企业在推崇市场缝隙理论者眼中，具有比较优势，要想在竞争中生存，就一定要善于发挥自身的优势。首先，小规模企业机制灵活，反应灵敏，在觅到市场"缝隙"后，可避免大规模企业科层制管理所带来的烦琐的决策流程，可以迅速、果断地作出决定。其次，小规模企业包袱较轻，试错成本较低。小规模企业一般没有明星企业的"偶像包袱"，在尝试开发和推广多样化的产品的过程中，更能应对市场对产品的要求，试错成本相对低一些，亦可迅速作出调整。再次，小规模企业更能实现个人价值，挖掘个人潜能。创办小规模企业是很多草根创业者的梦想，是他们发挥自己的潜能和管理能力、践行自己的创业理念的平台，同时，也更有利于发现并发挥员工的聪明才智，使企业充满创新动力。因此，市场缝隙理论的价值还在于让小规模企业认清和了解自身的优势，发挥自己的特长。

2. 市场缝隙理论对乡村小规模学校标准化建设的启示

小规模企业虽然与小规模学校性质不一样，却也有不少共同的特点，在乡村小规模学校标准化建设中，市场缝隙理论提供了不少启示。

---

① 蔡翔，宋瑞敏，蒋志兵.微型企业的内涵及其理论基础[J].当代财经，2005（12）：85-87.

（1）乡村小规模学校比较优势的重塑

标准化建设应当牢牢抓住乡村小规模学校本身所具有的优势。正如前文所述，小规模学校在个别化辅导、联系乡村社区和乡土文化、加强师生情感交流、提高低段学生的成绩、增强学生安全感以及学校扁平化管理等方面，具有大规模学校所不具备的优势。标准化建设应当突出并尽可能地强化小规模学校的这些特点，重塑小规模学校的比较优势，重新找回乡村小学在基础教育领域中应有的价值。

（2）标准化建设应体现多样价值

在标准化建设过程中，乡村小规模学校必须跳出思维定式。小规模学校囿于自己的地理位置以及资源占有方面的劣势，自然不可能与城市大规模学校或重点名校相比，若以学科竞赛成绩或学业成绩排名等传统指标来硬碰硬地比较，无疑是拿己之短比人之长。因此，小规模学校的发展要做到扬长避短、错位发展。根据市场缝隙理论，乡村小规模学校标准化建设要善于寻找义务教育阶段学校多样化发展的缝隙，在便利乡村儿童就近上学的同时，提供不同于城市学校或与之相近的同质化的教育产品。因此，乡村小规模学校标准化建设要找到适合自己发展的原动力，努力找到"人无我有"的发展特色。从本质上讲，乡村小规模学校内涵式发展是标准化建设的内在要求。要因势利导，积极探索适合本地区的文化和资源；充分发挥学校师生尤其是校长的主观能动性，调动他们的办学积极性。标准化建设是让乡村小规模学校插上"后发先至"的翅膀，去找到当前学校发展中的缝隙——这些缝隙是未来学生尤其是乡村孩子所需要的能力和素质，体现他们独特的价值。

四、乡村小规模学校办学标准构建的现实可行性背景

乡村小规模学校的办学标准构建是否具有可行性和必要性？笔者依据当下的政策背景，从我国人口政策的调整、乡村振兴战略的实施、义务教育均衡化的推进以及社会舆论的正面支持等维度加以论述。

（一）从"全面二孩"政策看乡村生源反弹的端倪

乡村小规模学校的标准化建设是对"全面二孩"生育政策的必要回应。2015 年底，国家出台"全面实施一对夫妇可生育两个孩子政策"[①]。这一政策给学龄人口、城乡师资需求、教育资源配置等带来深刻的影响。根据李玲团队的研究预测，"全面二孩"政策所新增的学龄人口，将在 2022 年开始显现，2027—2030 年达到峰值。[②] 尽管在义务教育阶段学生人数的增加方面，"全面二孩"政策对城市的影响显著大于乡村地区，但对于乡村小规模学校来讲，生源出现一定的反弹，也不是不可能。而事实上，从笔者调研的情况来看，各地不少乡村小规模学校根据对学前班大班的统计，确定留下来就读的学生已经有了一定程度的增加，反弹端倪已经显现，尤其以中部和西部地区更为显著。因此，乡村小规模学校的标准化建设并非一时之需，而是长久之计。

（二）从义务教育均衡化发展推进看"城挤乡空"矛盾的破解

近年来，城镇学校"大班额"现象愈演愈烈，"城挤乡空"矛盾日趋尖锐。很多地区为了接纳随迁子女入学，不断扩大班额来消化生源，班级规模一再增大，七八十人规模的班级比比皆是，有些地区甚至达到了 150 人一个班的情况，教师要用扩音器讲课。[③] 为了推进义务教育均衡化发展，国家和地方政府重拳整治城区学校的大班额问题，除了新增和扩建城区学校外，逐渐收紧了随迁子女入学的政策，使大班额现象有所缓解。2018 年，义务教育大班额、超大班额数量比 2017 年分别减少了 18.9% 和 48.7%。[④] 调研中，许多校长表示，国家在本县义务教育均衡化发展的检查中，对大班额采取一票否决制，教育局顶着巨大的压力要求下面的学校，把已经招进去的学生以增加班级等

---

① 2021年5月31日，中共中央政治局召开会议指出，进一步优化生育政策，实施一对夫妻可以生育三个子女政策及配套支持措施。

② 李玲，杨顺光. "全面二孩"政策与义务教育战略规划：基于未来20年义务教育学龄人口的预测[J]. 教育研究，2016（7）：22-31.

③ 城镇"大班额"频现　教育质量令人担忧[EB/OL].（2016-03-24）[2018-12-30]. http：//edu. sina. com. cn/zxx/2016-03-24/doc-ifxqswxn6360540. shtml.

④ 2018年义务教育大班额、超大班额降幅达10年来最大[EB/OL].（2018-12-28）[2018-12-30]. http：//www. moe. gov. cn/jyb_xwfb/xw_fbh/moe_2069/xwfbh_2018n/xwfb_20181228/mtbd/201812/t20181229_365351. html.

形式内部消化，新生的招录，一律不许突破每班 55 人的极限，谁突破就撤谁的职。因此，校长们不敢踩红线，只能提高随迁子女的就读条件，这使得乡村学校的学生又悄然多了起来。这一现象在中西部地区尤为突出。可以这么理解，乡村小规模学校的标准化建设亦是对国家整治"大班额"、破解"城挤乡空"矛盾的有效回应。

（三）从"乡村振兴战略"看乡村小规模学校资源配置的优先顺序

2017 年召开的党的十九大正式提出了"乡村振兴"战略，这是继我国新农村建设、美丽乡村建设之后，农村发展政策的进一步升级和延伸，国家将从战略的高度支持和推动乡村地区的发展。改革开放以来，我国经济飞速发展，各项事业取得了显著的成绩，如何让全民共享发展的成果，让民众更公平地享有发展的权利，这是本届政府职责所在。2018 年，国家正式出台了《国家乡村振兴战略规划（2018—2022 年）》，明确提出坚持农业农村优先发展原则，在要素配置上优先满足，在资金投入上优先保障，在公共服务上优先安排，加快补齐农业农村短板。因此，长久以来，在资源配置环节处于最末端的乡村小规模学校亦有可能迎来春天。若能在资源上获得优先配置，乡村小规模学校标准化建设将获得极大的政策支持，也是国家"乡村振兴"战略的具体体现。

（四）从"社会舆论的正面支持"看乡村小规模学校的留存可能

近年来，社会对乡村留守儿童以及因学校撤并导致学生上学难、上学远等情况持续关注。比如 2018 年"冰花男孩"等新闻，成了网络热议事件。人们普遍对乡村留守儿童境遇投入关切，对非理性撤并乡村小学投上了"怀疑"一票。另外，在笔者的调研中，许多校长表示，现在的学生家长维权意识较强，教育局如果没经过村民的同意就撤并学校，会引起家长较大的反弹，进而向政府上访。因此，近年来，撤并乡村小学的阻力开始增加，政府为了平息压力，一般只要村民仍有需要，就会继续留存学校。可以看出，随着社会舆论的正面支持以及家长维权意识的加强，学校的撤并节奏明显放缓，撤并难度加大，乡村小规模学校留存的可能也就会增加。因此，对留存的乡村小规模学校进行标准化建设也就有其必要了。

乡村小规模学校标准化建设的
量化指标考察及其成因分析

我国幅员辽阔，地区发展不平衡，东西差距较大，又因各地发展政策不一，乡村小规模学校的类型、成因及生存样态自然也是千差万别。为最大限度地反映我国乡村小规模学校当下的整体样貌，笔者于 2017—2018 年，对我国东部浙江省 C 县、中部江西省 P 县和西部贵州省 L 县进行了多次实地调研，这三县既有笔者自己锁定的目标县，也有经知情人士介绍而得以开展调研的样本县，总之，本书力求从我国东部、中部和西部分别采样，使研究具有一定代表性。本章将主要从 C 县、P 县和 L 县的社会发展、教育变迁以及标准化建设的现实考察入手，对三县所在省的义务教育办学标准政策演进进行文本分析，对三县乡村小规模学校的相关指标在标准化建设下的达成情况进行量化考察和对比分析，同时对乡村小规模学校的类型和成因进行梳理。在行文过程中，笔者还会适当增加上述三县以外的调查情况，以对相关论点做更充分的说明。

一、教育与社会：C 县、P 县和 L 县的县情与教育概览

（一）东部发达地区的欠发达县：浙江省 C 县

1. C 县的社会发展

C 县地处浙江省的西部，是地处我国经济发达地区的欠发达县。C 县东西长约 96.8 公里，南北宽约 94.4 公里，面积达 4427 平方公里，是浙江省地域面积最大的县。C 县地貌主要由中低山、丘陵、小型盆地、谷地以及水库构成，其中中低山和丘陵面积占 80%，水域面积占 13.5%，盆地和谷地仅占 6.5%。2017 年，全县共辖 11 个镇、12 个乡、425 个行政村和 12 个社区，户

籍人口共 46.08 万，其中城镇人口 10.06 万，乡村人口 36.02 万。人口在 5 万以上的大镇主要有：县府所在地 Q 镇、西北部的 W 镇和西南部的 F 镇。C 县历史悠久，始建于东汉建安十三年（208），距今已有 1800 多年的历史，C 县因与安徽接壤，语言通行徽语小片，受徽派文化影响较深，又因地处浙江，为江南文化所熏陶，可谓是两种文化的融合之地。

历史上，C 县曾是浙江省甲等富裕县，水路发达，有山有田，商业繁荣。不过，随着国家于 1958 年建造发电站，C 县的原两座县城和 30 万亩良田淹没水底，255 家企业外迁，29 万居民迁居他乡，基础设施损失殆尽。剩下的大部分地区都是山高水隔，陆路无法通达之地，成了与世隔绝的"孤岛"，严重制约了经济的发展。C 县的经济发展由此经历了"十年倒退、十年徘徊、十年恢复"的曲折历程，到 1977 年才勉强恢复至 1958 年的水平。改革开放以后，为保护水质和生态，C 县的工业又被严格控制，致使 C 县目前仍是浙江省 26 个欠发达县之一。2017 年，C 县城镇居民人均可支配收入为 40269 元，农民人均可支配收入为 17721 元，分别是浙江省平均水平的 78% 和 71%。[①]

2. C 县的教育变迁

2017 年末，C 县有普通高中 5 所，在校学生 5796 人，教职工 627 人；初中 15 所，在校学生 8952 人，教职工 1093 人；小学 59 所，在校学生 15254 人，教职工 1698 人；幼儿园 38 所，在园幼儿 8087 人，教职工 1013 人；职业高中 2 所，在校学生 3264 人，教职工 260 人；特殊教育 1 所，在校学生 35 人，教职工 8 人。其中乡村小规模学校有 32 所，共有学生 1824 人，占 C 县小学生总人数的 12%，教职工人数 461 人，占小学阶段教职工总人数的 27%。

根据 C 县教育局历年统计年报及浙江省历年统计年报（见表 3-1），近 20 年来，C 县的小学规模处于持续萎缩的状态，在校人数从 1997 年的 41801 人，下降到 2017 年的 15254 人，学生人数减少了六成以上；从学校数量上来看，C 县小学从 20 世纪 90 年代末到 2010 年，急剧减少，2010 年小学数量仅剩 60 所，还不及 1997 年 494 所的零头，规模只有 20 年前的一成左右。

---

① 资料来源：浙江省统计局和C县2017年国民经济和社会发展统计公报。

表 3-1 浙江省 C 县若干年份小学情况一览

年份	学校数/所	毕业生数/人	招生数/人	在校学生数/人	教职工数/人		
					合计	公办	专任教师
1997	494	4405	7248	41801	2105	—	1887
2000	275	7906	5179	38980	2260	—	2064
2006	99	5268	4078	28034	1944	—	1793
2010	60	4367	3103	20313	1840	1840	1737
2011	59	4037	2960	19152	1775	1775	1704
2012	58	3824	2651	17922	1739	1739	1658
2013	57	3427	2745	17216	1702	1702	1612
2014	58	3092	2490	16594	1708	1708	1626
2015	58	2812	2554	16343	1695	1695	1580
2016	58	3058	2399	15699	1681	1680	1568
2017	59	2904	2399	15254	1698	1688	1623

资料来源：C 县教育局历年教育事业统计年报和浙江省历年统计年鉴。"—"表示资料缺失，下同。

从 2010 年起，小学数量基本保持稳定，变化较小，2017 为 59 所；从招生人数来看，从 1997 年的 7248 人逐年递减至 2017 年的 2399 人，多数年份生源没有出现任何反弹的迹象。从师资情况来看，减少趋势较缓，尤其是专任教师，基本保持稳定，且在 2015—2017 年略有增长；从师生比来看，从 1997 年的 1:22 上升到 1:9 左右，可见，C 县并没有因为学生数量的萎缩而减少教师的配置。另外，从可考察的数据来看，C 县代课教师数量极少，尤其是从 2010 年起，几乎没有代课教师。但 2017 年左右，有若干教师为代课教师。另外，笔者根据 C 县历年的教育统计年报具体分析城乡小学和户籍生源的情况，发现如下问题。

（1）户籍生源整体外流严峻

从 C 县 2008—2017 年的城乡小学招生数据与户籍生源人数（见表 3-2）来看，C 县小学的招生人数显著少于户籍生源人数，说明 C 县生源整体流失严重，而且从 2012 年起，生源流失都在 1000 人以上，流失率日趋扩大。数据显示，2008 年，流失仅为 183 人，而到了 2016 年，流失多达 1732 人，流失率从 5% 扩大至 42%。以 S 乡中心小学 2014 年招生数据为例，该乡户籍生源应有 54 名新生，然而这所小学当年仅招到了 7 名一年级新生，这还是学校教师做了家访和动员的结果。可见，小学阶段整体招生萎缩，生源外流非常严重。

表 3-2　2008—2017 年浙江省 C 县城乡小学招生人数及户籍生源流失情况

单位：人

学生人数	2008 年	2009 年	2010 年	2011 年	2012 年	2013 年	2014 年	2015 年	2016 年	2017 年
户籍生源人数	3435	4703	3432	3744	3852	4260	4052	4066	4131	3973
全县小学招生人数	3252	2873	3103	2960	2651	2745	2490	2554	2399	2399
其中：城区小学招生人数	944	934	1086	1133	1109	1186	1329	1339	1270	1305
其中：乡村小学招生人数	2308	1939	2017	1827	1542	1559	1161	1215	1129	1094
户籍生源流失人数	183	1830	329	784	1201	1515	1562	1512	1732	1574

资料来源：C 县教育局历年教育事业统计年报和浙江省历年统计年鉴。

（2）城乡招生人数此消彼长

从前文县情介绍中，我们可以知道 C 县农业人口依然占绝对主体，占全县总人口的 78%。然而从 C 县城乡小学招生人数对比来看，乡村小学的招生人数呈现急速下降的态势。从 2008 年的 2308 人下降到 2017 年的 1094 人，减幅达 53%；反观城区小学，招生人数则逐步递增，从 2008 年的 944 人增加至 2017 年的 1305 人，增幅为 38%。因此，不难推断 C 县流失的户籍生源绝大部分是乡村生源。从城乡小学招生人数占比来看，两者在 2014 年出现交叉，城区小学招生人数首次超过乡村小学的招生人数。2008 年，乡村小学的招生人数占全县一年级新生的 71%，是城区小学招生数的 2.5 倍。但到了 2017 年，乡村小学招生占比下降到 46%，10 年间，占比减少了 25%。

我们通过 Q 镇和 W 镇各两所小学这 10 年在校人数的数据，具体说明 C

县城乡小学规模大小的变化，见表3-3。我们先来看城区的S小学，2008—2013年，在校人数增加了近400人，对于学校配套资源相对固定的已有学校来讲，不堪重负，2013年的班额已近52人。直到2014年C县在城区新建了L小学，情况才有所缓解，学校规模恢复到2008年的水平，之后，招生人数又开始慢慢增加。而L小学，从2014年开始办学，学生规模就达到1269人，此后，学生规模持续扩大，2017年比2014年增多了200余名学生。反观W镇，作为C县人口大镇，无论是镇小还是下面的完小，学生人数都出现了大幅下滑，2017年W镇中心小学的学生规模仅是2008的一半左右，而H完小，学生规模更是萎缩到2008年的1/4水平。可以说，留在C县就学的乡村生源，又有相当一部分流向了C县城区小学。

表3-3 2008—2017年浙江省C县Q镇和W镇部分学校学生规模情况

单位：人

学校	2008年	2009年	2010年	2011年	2012年	2013年	2014年	2015年	2016年	2017年
城区：Q镇S小学	1464	1479	1511	1643	1734	1821	1466	1556	1545	1557
城区：Q镇L小学	—	—	—	—	—	—	1269	1367	1406	1488
乡村：W镇中心小学	812	700	620	582	543	528	515	508	485	464
乡村：W镇H完小	283	215	191	153	131	119	107	93	80	75

资料来源：C县教育局历年教育事业统计年报。

（3）乡村小规模学校大量增加

从C县乡村小规模学校数量上来看，重心不断上移，许多乡镇中心小学成为或濒临成为小规模学校。从城乡小学数量上来看，2008年共有乡村小学65所，城区小学5所。到2017年，乡村小学减至51所，城区小学增至8所。10年间，乡村小学数量减少了14所。消亡时间主要集中在2009年和2010年，从2012年起，乡村小学的数量基本保持稳定，2014年起，乡村小学没有出现"撤并"，这与2012年国家喊停"撤点并校"政策相吻合。然而，虽然乡村小学数量相对稳定，但学校规模持续萎缩，2011年起，C县100人以下的小规模学校开始大量出现，到了2017年，小规模学校达32所，已经占全县所有乡村小学的63%。除了几个规模较大集镇的中心小学外，多数乡村完小以及部分中心小学成为100人以下的小规模学校。与此同时，城区小学的数量缓慢增长，从2008年的5所增加到2017年的8所，也就是说全县超过半数的小学生集中在城区的8所小学内，而51所乡村小学则接收了不到一半的小学生，如图3-1所示。C县小学初步形成了城区大规模学校、乡村小规模学校的格局。

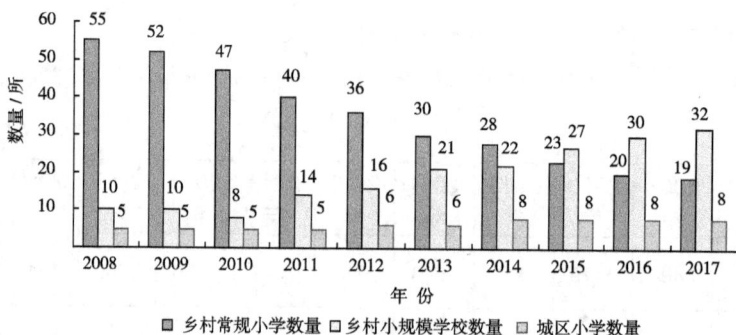

图3-1　2008—2017年浙江省C县城乡小学规模结构

资料来源：C县教育局历年教育事业统计年报。

（二）中部劳动力输出的人口大县：江西省P县

1. P县的社会发展

P县位于江西省中部，鄱阳湖畔，是我国中部地区的农业大县。P县东西宽约71.8公里，南北长约90.2公里，全县总面积为4215平方公里。P县地貌主要以低山丘陵、湖区和平原构成，其中低山丘陵占全县总面积的45%，水域面积占22%，平原面积占33%。2016年，全县共辖1个街道、14个镇、15个乡、527个行政村、43个社区，户籍人口145.06万，其中城镇人口32.92万，乡村人口124.13万，是所在地级市中人口和面积最大的一个县。人口在10万以上的镇就有3个，分别是县府所在地的P镇、位于西部的Y镇以及南部的

G镇。P县历史悠久，人文荟萃，始建于秦始皇二十六年（前221），距今已有2200多年。P县通行赣语，流行赣剧，是"全国文化戏剧之乡"。

P县是典型的中部农业大县，耕地面积达110万亩，水域面积达141万亩，是我国重要的粮、棉、油、猪生产区和水产大县。尽管P县农业发达，人口众多，但其工业基础较为薄弱，因此，年轻人在本地并无太多工作机会而选择外出打工，P县成为中部劳动力输出的重要大县，人均收入较低。2017年，P县城镇居民人均可支配收入为22410元，农民人均可支配收入为9540元，两者均是江西省人均水平的72%左右。人均收入排在江西省各县区的末端，被列为国家扶贫开发工作重点县名单。[①]

2.P县的教育变迁

截至2015年底，P县有各级各类学校584所（公办学校560所，民办学校24所），另有教学点327个，幼儿园277所。其中：小学475所，在校生136045人；初中65所，在校生55997人；另外有九年一贯制学校28所，高中2所，完全中学10所，职业学校3所，特殊教育学校1所。全县校园面积8401亩，建筑面积146.38万 m²。全县有中小学教师10881人，其中小学教师6548人，初中教师3475人，高中教师849人，特教教师9人。

另外，笔者通过P县县志以及P县所在地级市S市统计年鉴，大致可以看出P县在1998—2016年小学阶段学校数量、学生规模以及师资变动的情况，见表3-4。从小学数量来看，1998—2004年，P县大量小学被撤并，消亡数量超过了一半，撤销比例高达57%。2005年，小学数量有所反弹，而最近几年，小学数量又在慢慢减少，2016年的小学数量仅是1998年的40%左右；从小学招生人数、毕业人数以及在校人数来看，P县的小学的学生规模也在缓慢递减：从2016年的数据来看，招生人数仅是1998年的66%，毕业人数是1998年的64%，在校人数是1998年的69%，学生规模大约萎缩了1/3；从教职工人数变化情况来看，变动幅度明显要小于学生规模的变化，大部分年份维持在6000余人到7000余人的水平，总体来看，教职工人数逐渐减少，并趋于稳定。不过，我们从县志记载中了解到，1998年，P县还有大量的民

---

① 资料来源：江西省2017年国民经济和社会发展统计公报、P县2017年政府工作报告。

办教师，2004 年民办教师退出，2005 年又出现 88 名代课教师，此后随着统计数不再区分公办与民办，P 县还隐匿多少代课教师，无从考察。从 2016 年的情况看，P 县教职工编制主要用于专任教师，达 98%。从师生比来看，从 1998 年的 1:27 上升到 2016 年的 1:18 左右，处在相对合理的水平。P 县究竟分布着多少乡村小规模学校，笔者不得而知，相关人士也是讳莫如深。但笔者从掌握的 G 镇学校数据和 C 乡的走访情况来看，乡村小规模学校主要为中心小学下面的完小，数量大约占全县小学数量的 1/3，因此，P 县乡村小规模学校数量估计有 100~140 所。①

表 3-4　江西省 P 县若干年份小学情况一览

年份	学校数/所	毕业生数/人	招生数/人	在校学生数/人	教职工数/人		
					合计	公办	专任教师
1998	1068	27255	28815	156338	7654	5708	—
2004	463	16506	25450	167244	7461	7461	6324
2005	502	23233	23789	164438	6635	6547	6567
2010	493	25078	26971	166338	8279	—	7907
2011	462	26500	28473	166731	8017	—	7783
2013	458	27240	29989	137141	7681	—	7419
2014	461	20355	24201	136995	7635	—	7334
2015	460	19207	19504	117147	7627	—	6665
2016	429	17503	19087	108039	6154	—	6072

资料来源：P 县县志，2012 年，第 958-959 页；S 市历年统计年鉴。

（三）西部少数民族地区的大县：贵州省 L 县

1. L 县的社会发展

L 县位于贵州省东南部，是以侗族为主体民族的县。L 县东西宽约 94 公里，南北长约 112 公里，县城面积 4441 平方公里。L 县地貌主要以低山、丘陵、河谷盆地构成，山地占总面积的 95.1%，少量耕地零星分布在河谷盆地间，人均耕地面积为 1.27 亩，为人多地少的县份。2017 年末，全县共辖 2 个

---

① 资料来源：P县政府官网；P县G镇中小学2017年度统计报表。S市统计年鉴和P县政府官网给出的数据略有出入，笔者为忠实反映文献，未作统一处理。

街道，14个镇、7个乡、2个民族乡、290个行政村、28个社区（含7个移民社区）。户籍人口55.92万，城镇人口约12.8万，乡村人口约43万，是贵州省面积较大和人口较多的大县。其中侗族人口占71%，为L县的主体人口，另外苗族人口约占15%，汉族约占15%。L县始建于宋太平兴国二年（977），距今已有1000余年。

历史上L县是贵州的两个富郡，民殷物阜之区，文化亦繁荣发达。L县民族文化多姿多彩，是全国侗族人口最多的县，鼓楼、风雨桥、侗族大歌被誉为"侗族三宝"。全县森林覆盖率达74.6%，经济作物主要有杉木、山茶油、茶叶和中药材等，是全国重点林区县。县内旅游资源丰富，县城老街较为完整地保存了明清时期的传统格局和风貌，被列为"中国历史文化名街"，红军长征途中曾在这里开过会议，因此也是革命老区县。尽管近几年L县第三产业发展较快，但因地缘边陲，近代工业落后，就业机会较少，人民的生活依然不算富裕。2017年，L县城镇居民人均可支配收入为27188元，农民人均可支配收入7963元，分别是贵州省平均水平的93%和89%，在贵州省属于中等略偏下的水平，被列为国家扶贫开发工作重点县名单。①

2. L县的教育变迁

2018—2019学年，全县有小学校点259所，其中完小74所，教学点185个，小学在校学生41439人（其中民办186人），教职工2381人（其中民办17人）；初级中学19所（含九年一贯制学校5所），2所小学附设初中班，在校学生16510人（其中民办215人），初中教职工1107人（其中民办20人）；普通高中5所（其中民办2所），在校学生10072人（其中民办1017人），普通高中教职工734人（其中民办128人）；中职学校2所（其中民办1所），在校学生5019人（其中民办0人、非全日制3825人），教职工101人（其中民办4人）；幼儿园187所，82所学校附设幼儿班，在园（班）幼儿20767人（其中民办8969人），教职工1373人（其中民办835人）；特殊教育学校1所，在校学生144人，特校教职工22人。②

从L县县志以及贵州省若干年份的统计年报数据（其统计口径只计算完

---

① 资料来源：贵州省2018年统计年鉴；L县1989年县志；L县政府官网。

② 资料来源：L县教育局年报。

全小学，教学点不计在内；见表3-5）来看，L县小学数量呈现明显减少的趋势，而2016—2017年，完全小学数量突然减少近一半，仅剩74所，与1984年和2000年相比，只达当年的14%和21%的规模，说明原来的许多完小被降级，变成了教学点或被撤并了。从学生规模以及历年招生变化情况来看，L县的走势比较特别，在校人数最多的年份出现在2000年，达到6.6万，此后逐年萎缩，但从2014年起，规模又缓慢增长；从招生人数来看，最少的年份出现在2010年，全县招收新生4753名，但此后，招生人数又开始慢慢爬升，2017年恢复到7340人，比2010年增长了近0.5倍，说明L县小学生人数在触底反弹后，进入了稳定的上升期；从专任教师情况来看，L县一直保持在2000多人，变动幅度较小，最多的一年是2005年的2395人，最少的一年是2015年的2028人，两者相差也不到400名。随着小学生人数的反弹，L县专任教师近几年有所增加，2017年为2123人；从师生比来看，从2000年的1:28上升到2016年的1:18，趋于相对合理的水平。从笔者对L县M镇的调研和掌握的数据情况来看，乡村小规模学校数量大约占L县小学数量的2/3，总体数量为150~180所，与教学点数量基本一致。[①]

表3-5 贵州省L县若干年份小学情况一览

年份	学校数/所	毕业生数/人	招生数/人	在校学生数/人	专任教师/人
1984	532	3999	12807	55867	—
2000	345	—	—	66153	2384
2005	254	—	—	59148	2395
2010	217	9011	4753	41571	2209
2011	216	8620	5223	37541	2339
2012	204	8292	5569	34617	2235
2013	138	7535	6058	33236	2158
2014	136	6500	5603	32360	2037
2015	141	5157	6347	33672	2028
2016	137	4820	6875	36163	2078
2017	74	5360	7340	38634	2123

资料来源：L县1989年县志；贵州省历年统计年鉴。

① 注：L县教育局所提供的数据与贵州省统计年鉴部分数据略有出入，笔者为忠实反映文献，未作统一处理。

（四）C县、P县、L县的社会经济和小学教育发展对比

前文分别对三县社会发展和教育变迁情况进行了介绍，接下来本书截取2017年度相关数据（见表3-6），对三县的社会和教育发展情况进行对比分析，以期管窥我国东部、中部和西部的义务教育小学阶段的发展情况。

表3-6　2017年C县、P县、L县社会经济和小学教育发展情况对比

发展分类	指标	东部C县	中部P县	西部L县
社会经济发展情况	总面积/平方公里	4427	4215	4441
	户籍总人口/人	460769	1431507	559238
	人口出生数/人	5361	18403	8150
	生产总值/亿元	255.7	208.9	83.42
	人均生产总值/元	55496	19627	21277
	财政总收入/万元	309065	180166	62410
	其中：教育支出/万元	79450	149949	77880
	城镇居民人均可支配收入/元	40269	22410	27188
	农村居民人均可支配收入/元	17721	9540	7963
	是否国家级贫困县[①]	否	是	是
小学阶段教育情况	学校数量/所	59	429	259
	其中：乡村小规模学校数量/所	32	约140	约170
	招生数/人	2399	19087	7340
	毕业数/人	2904	17503	5360
	在校学生数/人	15254	108039	38634
	专任教师/人	1623	6072	2123
	师生比	1:9	1:18	1:18

① 2020年12月，全国832个贫困县全部"清零"。

资料来源：C县、L县2017年国民经济和社会发展统计公报；P县2017年国民经济和社会发展计划执行情况与2018年国民经济和社会发展计划（P县小学数据为2016年数据）。

1. 生源萎缩流失危机：东部C县为最

东部偏远县区，生源流失情况严重。尽管从总面积来看，三县面积相仿，都是所在省的大县，但从人口规模来看，三县大相径庭，面临的义务教育阶

段的生源压力也各不相同。中部的 P 县因地处平原地区，人口密集，其总人口分别是 C 县的 3.1 倍和 L 县的 2.6 倍。而从小学阶段总人数来看，P 县的学生总人数分别是 C 县的 7.1 倍和 L 县的 2.8 倍，这从侧面说明 C 县的生源流失情况最为严重，P 县和 L 县的学生规模与人口规模基本一致。从人口出生率来看，2017 年 C 县人口出生率为 11.6‰，P 县和 L 县分别为 12.8‰和 14.5‰，也是 C 县最低。人口出生率直接影响着未来几年小学招生人数，可见 C 县的生源萎缩压力最为明显。从招生人数与毕业人数以及出生人数对比来看，唯有 C 县的招生人数显著少于毕业人数和出生人数，分别是毕业人数的 83% 和出生人数的 45%，而 P 县和 L 县小学的招生人数都高于毕业人数，与出生人数相仿，说明 P 县和 L 县的生源外流情况尚可，未见大规模流失。由此可见，在经济发达的东部地区，城市对于本地区偏远欠发达县的磁吸效应要高于中部和西部地区。随着生活水平的提高以及各地放宽外来务工子弟的入学门槛，人们更愿意、更有能力，也更方便将子女送到大城市接受义务教育。再加上东部发达地区民众的生育意愿较低，导致出生率偏低，因而东部发达地区的偏远县区所面临的生源萎缩和流失危机最为严重，尤其是乡村小规模学校，其一年级招生人数常常只有个位数。

　　2. 教育财政支出压力：西部 L 县为最

　　西部贫困县区，面临教育支出巨大的财政压力。三县在各自省区都不算发达地区，处于中等偏下甚至末端的位置，但因地处不同的省份，三县的经济状况亦有较大的不同，总体而言，C 县要明显强于 P 县和 L 县，P 县要好于 L 县，比较符合我国目前东部经济比中西部发达、中部略胜过西部的现状。从经济体量来看，C 县的生产总值是 255.7 亿元，居三县之首；P 县以 208.9 亿元次之；L 县最弱，为 83.42 亿元，仅为 C 县的 1/3。不过，因为 P 县人口基数较大，因而在人均生产总值指标上略逊色于 L 县；从城乡居民收入来看，C 县城乡民众的富裕程度均远高于 P 县和 L 县，而 P 县与 L 县相比，农民收入要好于 L 县，但城镇居民的收入要弱于 L 县，考虑到两者都是农业人口为主的大县，因此，P 县整体的富裕程度要好于 L 县。另外，L 县城乡居民收入的差距为三县中最大，说明 L 县的城乡发展最不平衡；从财政收入与教育支出两组数据来看，C 县 2017 年的财政总收入为 30.91 亿元，P 县为 18.02 亿元，

L 县仅为 6.24 亿元，三县对应的教育支出分别是 7.95 亿元、15 亿元和 7.79 亿元，可以看出，L 县的财政能力最为单薄，财政支出压力较大，光教育支出就能使 L 县出现财政赤字，如果没有中央财政的转移支出，L 县的教育将难以发展。中部 P 县的情况稍好，但教育支出压力也不算小，几乎占据 P 县财政收入的八成以上。相对而言，C 县教育支出的财政压力最轻，为其财政总收入的 1/4 左右。因此，就县级财政而言，东部县区为义务教育阶段投入资金的可能性和力度最大；中部县区财政压力不小，投入力度相对有限；而西部地区财政压力巨大，能为义务教育阶段投入资金的可能性和力度都极其有限。

二、政策逻辑与现实调整：三省义务教育学校标准化建设的演进和特点分析

前文分析了三县的社会发展、经济水平以及教育变迁，本小节将以此为基础，对三县所在省份义务教育学校标准化建设的政策演进展开分析。从整体上来看，三省义务教育学校办学标准的制定及政策演进与国家出台的有关文件息息相关，同时也是与各地方在推进过程中所遇到的实际问题不断进行调和的过程。具体来看，三省的政策演进大致如下。

（一）从分类发展到统一建设：浙江省义务教育学校标准化建设的演进

浙江省是中国经济活跃、富庶之地，也是全国经济发展最为均衡的省份之一。浙江省义务教育学校标准化建设的政策逻辑大致经历了从分类发展到统一建设的过程。

1. 分类发展时期（2003—2010 年）

早在 2003 年，浙江省教育厅就启动"浙江省万校标准化建设工程"。"万校标准化建设工程"以浙江省提前实现教育现代化为目标，计划从 2003—2007 年，用 5 年时间，使浙江省 85% 的各类中小学校达到标准化建设的要求，并确定了以杭州市萧山区、宁波市北仑区等 11 个县区作为"工程"试点地区。为加强分类指导，同年推出了《浙江省九年制义务教育标准化学校评定标准（试行）》，对学校进行 I 类、II 类、III 类的划分，并制定了相应的评

价标准。从标准规格上来看，Ⅰ类最高，Ⅱ类次之，Ⅲ类居后，示范性学校必须达到Ⅰ类要求。2003 年版的标准化建设文件，主要对学校办学规模、校舍面积、用地面积等做了详细规定，同时对项目选址、规划设计、结构安全、通风采光、校园配套、环境绿化及体育活动设施做了定性的描述或相应的规定。此后，教育部于 2003 年出台《中小学图书馆（室）规程（修订）》、浙江省教育厅于 2006 年出台《浙江省中小学校教育信息化暂行标准》，详细规定了各学校应达到的三类标准，对"万校标准化建设工程"进行了补充，并指出乡镇中心小学的建设应参照Ⅰ类标准进行。2007 年浙江省出台《浙江省中小学幼儿园校园治安管理办法》等一系列关于加强校园安全管理方面的通知，从学校的治安管理、校舍安全管理、学生交通安全管理、寄宿制学校安全管理、学校卫生工作管理和学生溺水事故管理等方面提出了规范管理的标准。各地尤其是偏远乡村和海岛地区学校的标准化建设，有了长足的发展。但三类标准的实施，客观上还是对义务教育阶段学校本应一视同仁的建设进行了区别对待。

2. 统一建设时期（2011 年至今）

把城乡义务教育阶段所有学校纳入统一标准建设的触发器是《国家中长期教育改革和发展规划纲要（2010—2020 年）》，其要求各省加强义务教育学校标准化建设。为此，浙江省对《浙江省九年制义务教育标准化学校评定标准（试行）》进行了修订，于 2011 年推出了《浙江省义务教育标准化学校基准标准》，与 2003 年版相比，"新基准"不再对学校进行三类划分，而是将所有公办、民办、民工子弟学校等凡承担义务教育的学校，统一纳入标准化学校建设规划；同时，在指标分类上进行了调整，加入了师资队伍标准和校园安全建设标准，明显融入了浙江省在学校标准化建设过程中的特色和做法。"新基准"提出到 2015 年和 2020 年标准化中小学校比例分别达到学校总数的 85% 和 95% 的进度要求。对 2007 年前浙江省评定公布的义务教育标准化学校（包括Ⅰ类、Ⅱ类、Ⅲ类），应对照"新基准"进行复核验收，纳入新的标准化学校建设体系，并适时公布名单。"新基准"首次提出了要重视学校软件建设，努力推动学校办出特点和水平。2016 年，浙江省教育厅公布了第一批 54 所义务教育标准化学校名单，2018 年公布了第二批 130 所义务教育标准化学校名单。可以说，在"新基准"建设时期，浙江省的义务教育标准化建设无城乡之别，同时，对义务教育标准化学校的认定比较慎重、严谨。从当前公布的义务教育标准化学校名单数量来看，推进速度比 2011 年制定的预期要慢。

另外，2011 年以来，浙江省义务教育学校的标准化建设有从重视硬件建设调整为重视软件建设的趋势，出台了一系列重视学校文化、课程教学及管理等方面的软件建设政策。2012 年，修订出台了《浙江省中小学教育技术装备标准》。2014 年，出台《浙江省教育厅关于推进农村中小学小班化教育工作的指导意见》，从乡村学校自然小班化的现实出发，提出构建小班化教育的管理体系、课程开发体系、课堂教学模式、评价体系以及教学专业发展体系，可以说首次对乡村小规模学校特殊的小班化课堂教学进行了指导；同年还出台了《浙江省教育厅关于全面加强中小学校园文化建设的通知》，提出了要重视和加强校园文化建设，从环境文化、精神文化、制度文化和网络文化四个维度构建校园文化体系。2015 年，出台《浙江省教育厅办公室关于建设义务教育拓展性课程的指导意见》，要求中小学加强拓展性课程的开发（分知识拓展、体艺特长、实践活动三类进行开发），对国家课程、地方课程以及校本课程进行延伸和拓展。2017 年，出台《浙江省义务教育阶段学生学籍管理办法》，对学生学籍信息化管理和标准化管理提出了具体的要求。总之，在这一时期，浙江省义务教育学校标准化建设不仅强调城乡统一性，同时对标准化的软件建设提出了更多的指导性意见。

（二）从碎片化到统一制定，再到主抓短板及"全面改薄"：江西省义务教育学校标准化建设的演进

从江西省义务教育学校标准化建设的政策来看，大致经历了从碎片化到统一制定，再到主抓短板及"全面改薄"的过程。

1. 从碎片化到统一制定时期（2003—2011 年）

在《国家中长期教育改革和发展规划纲要（2010—2020 年）》出台之前，江西省义务教育学校建设较为碎片化。从笔者掌握的材料来看，此前江西省较有系统且有标准的建设是于 2003 年启动的农村中小学现代远程教育工程，主要按三种模式进行：农村教学点配备教学光盘播放设备、乡镇中心小学及村完小配备卫星远程教育资源接收设备、农村初中配备计算机网络教室。2011年，在国家中长期教育改革和发展规划纲要的促使下，江西省亦出台了《江西省普通小学、初级中学、高级中学基本办学条件标准（试行）》，分别制定了小学、中学的基本办学条件标准，结束了省内各地义务教育学校建设没有省级统一标准的情形。随后，又出台《江西省"义务教育学校标准化建设"项目规划》，对学校标准化建设工程按年度进行了详细的规划，要求分步实施、整体推进，到2014年应有51%的学校达到省定学校基本办学标准，2016年达到76%，2018年达到95%，最终到2020年力争所有的义务教育学校达到基本办学标准，实现全省义务教育基本均衡发展的目标。作为我国劳动力人口输出大省以及中部欠发达省份，尽管江西省制定了全省统一的义务教育学校基本办学标准，但在建设过程中，其始终将重心放在乡村学校的标准化建设上，明确提出义务教育学校标准化建设重点是农村学校，关键是薄弱学校。

2. 主抓短板及"全面改薄"时期（2012年至今）

从2012年起，江西省便出台了一系列关于乡村义务教育学校标准化建设的文件，把工作重点放在标准化建设的短板上。引起政府重视乡村学校的建设质量缘于一个令人痛心的事件：1999年4月2日，抚州市东乡县王桥中学厕所发生了垮塌事故，造成了学生伤亡。校长在回忆当时的情景时说："当时学校一半的房子是危房，事故发生后，老师无心教、学生不愿读，学校几乎要关闭。"王桥中学的校舍安全问题是江西省许多乡村学校的写照，为此，江西省政府在财政十分困难的情况下，启动了中小学校安全工程，有效提升了学校校舍质量安全。[①]2012年出台了《江西省农村义务教育薄弱学校改造计划校舍改造类项目管理办法》，以推进乡村学校的学生宿舍、食堂、厕所、教学楼以及辅助用房建设项目。而同年出台的《江西省农村义务教育薄弱学校改造计划教学装备类项目管理办法》，则主要对确定保留的乡村中学和乡村小学进行教学装备改造，以改善实验教学仪器设备、音体美器材、图书配备和多媒体远程教学设备等。2013年印发的《江西省农村义务教育学校标准化建设工

---

① 江西省政府教育督导委员会办公室. "教育生态"看江西：江西省推进义务教育均衡发展的启示[EB/OL].（2018-10-29）[2018-12-20]. http://www.jxedu.gov.cn/info/2617/124491.htm?from=timeline.

程管理办法》正式宣布对乡村学校进行标准化建设，计划用 3 年时间（2013—2015 年），即到 2015 年完成县域内义务教育学校布局拟长期保留的所有村小和教学点的标准化建设，按省定义务教育学校办学标准，重点支持校舍改造和补齐教学装备。标准化建设资金主要来自省级财政，占比为 75%，县区级财政占 25%。此后，标准化建设重心又落在了贫困地区的薄弱学校，于 2015 年出台了《江西省全面改善贫困地区义务教育薄弱学校基本办学条件项目管理办法》，简称"全面改薄"，计划用 4 年时间（2015—2018 年），重点对省内贫困县市的义务教育薄弱学校进行标准化建设。"全面改薄"资金由中央、省级专项资金以及地方财政构成。省政府专门成立了"全面改薄"教育督导小组，定期公布"全面改薄"工作情况，对工作不到位的县市进行督办。截至 2016 年底，江西省"全面改薄"投入资金 172.11 亿元，其中中央资金 60.37 亿元、省级资金 51.95 亿元，市、县（区）资金 59.79 亿元。[1] 可以说，从 2012 年起，江西省义务教育学校标准化建设的重点一直在农村地区，尤其是在贫困地区农村薄弱学校的标准化建设上。对一个欠发达省份来讲，可谓举全省之力办教育。

（三）现状妥协下的分类规划：贵州省义务教育学校标准化建设的演进

贵州省是全国唯一没有平原支撑的省份，经济发展水平落后，整体处于"欠开发、欠发达"状态。2014 年，贵州省城镇化率比全国平均水平低 15.93 个百分点，小康进程落后西部平均水平 4 年、落后全国平均水平 8 年，差距巨大。[2] 就笔者掌握的材料来看，贵州省义务教育学校标准化建设主要经历了从基本标准到基本均衡标准、逐步妥协、分类规划的过程。基于本省实际，在财政有限的状况之下，贵州省义务教育学校标准化建设调整形成三条主线分类规划的思路，即：贫困地区村乡村小学（教学点）保基本、保运转；乡镇中心重点建设乡村寄宿制学校；县城及重点镇新建和改扩建标准化学校。

---

① 江西省"全面改薄"工作领导小组办公室.江西省全面改薄2016年工作总结[Z]. 2016-12-28.
② 贵州省人民政府.贵州省全面改善贫困地区义务教育薄弱学校基本办学条件项目规划（2014—2018年）[Z]. 2015-02-04.

1. 从基本标准到基本均衡标准建设的转变（2010—2013 年）

2010 年前，贵州省在义务教育学校建设过程中，甚少使用标准化这一词，也无全省指导性的标准化学校建设文件。此前，曾于 2009 年公布过义务教育阶段教学配套资源目录，目录由中小学骨干教师及教研员遴选产生，要求各地按"自主、自愿"原则购买，可视为标准化建设的一个开端。2010 年，贵州省出台了《贵州省义务教育阶段学校基本办学标准》，从三个维度（学校布局、规模、班额，办学条件，师资配置）规定了相应的标准，正式拉开了义务教育学校标准化建设的序幕。但在实际指导过程中，对于已有学校的建设要达到此标准似有一定困难。很快，2013 年贵州省发布《贵州省义务教育基本均衡发展中小学学校办学条件基本标准（试行）》，以"基本均衡标准"代替基本标准。跟 2010 年版相比，"基本均衡标准"除了明确指出新建学校必须达到 2010 年版的标准外，在某些指标上进行了放宽，比如学校运动场所，学生生均建筑面积、住宿面积等指标，都比 2010 年版要求低。同时，"基本均衡标准"对于全省中小学标准化建设的实施进度进行了年度规划，要求 2015 年前实现基本均衡的县达到 15 个，到 2018 年达到 71 个，直到 2020 年所有的县区（88 个）都实现均衡化发展。

2. 分类规划下的三条主线时期（2014 年至今）

在推进基本均衡标准化建设过程中，贵州省亦把重点落在了保障贫困地区薄弱学校的办学条件上，在此基础上形成了保障底线的基本办学条件以及分类规划的思考。2014 年，贵州省人民政府出台了《贵州省全面改善贫困地区义务教育薄弱学校基本办学条件项目规划（2014—2018 年）》（以下简称"全面改薄"规划），在分析现状的基础上，提出分村级小学（含教学点）、乡镇（含片区）寄宿制学校、城镇义务教育学校三个层次制定基本办学条件标准，进行分类规划和建设，以满足相应层级的底线办学条件为任务。根据"全面改薄"规划，同时研究制定了《贵州省全面改善贫困地区义务教育薄弱学校基本办学条件分类指导意见》和《贵州省全面改善贫困地区义务教育薄弱学校基本办学条件底线要求》。此后，义务教育学校标准化建设进入了三个主线时期。

（1）主线一："保基本、保运转"的乡村小学（教学点）标准化建设

"全面改薄"规划对于村级小学主要采用低水平的标准化建设思路，以确

保正常运转为目标。对于不宜保留的村小和教学点，依然通过撤并予以优化，计划 2014—2018 年减少村小 2376 所，约减少 1/5。其办学条件的改善主要以校舍维修和零星设备采购为主，经费来自学生的公用经费以及县级财政。在"全面改薄"分类指导意见中，对校园校舍和教学装备两个层面提出了改善基本办学条件标准，其中校园校舍的生均面积为 $4.5m^2$，有活动室、图书室、器材室、教师办公室以及远程资源教室，有实施营养改善计划的小食堂，满足需要的卫生厕所，平整、实用的操场以及大门和围墙；教学装备则要保证课桌椅一人一套，生均图书 20 册，具有远程教育的设施等。2014 年，专门出台了《贵州省教育厅关于切实办好规划保留村小学和教学点的通知》，对确需保留的村小和教学点的建设进行了指导，要求保障公用经费的及时到位，不到 100 人的学校按 100 人拨付，县教育局以及中心学校不得截留、占用、克扣；县级财政要专门留出村小和教学点建设的专项资金，用于配备教学设备和生活设施，校舍维修和加固等；要落实村小教师队伍生活补助政策和专业发展支持力度；同时，要完善村小和教学点的学校建设的规范化管理。随后，在贵州省政府出台的《贵州省全面改善贫困地区义务教育薄弱学校基本办学条件实施方案》中，提到村小要重点配置可移动的教学设备。此举方便了设备在班与班之间的流动，也避免了撤并后教学设备的浪费。2015 年，贵州省教育厅正式出台《贵州省全面改善义务教育薄弱学校基本办学条件标准（试行）》，要求按照"一校一本一图一策"进行标准化建设。这一标准是在 2013 年"基本均衡标准"的基础上进行的细化和完善，对一些指标进行了区间化处理，增加了各地建设的弹性空间。不过，最大的亮点在于增加了非完全小学即教学点教学设备配置的相关标准（《贵州省教学点教学仪器设备配置标准》和《贵州省教学点音体美卫器材配置标准》），并要求尚没有达到标准的教学点应在 2018 年前达到。由此可见，政策在保证乡村小学和教学点正常运转的同时，重视标准化建设、规范化建设的趋向也十分明显。

（2）主线二："抓重点、促满足"的乡镇中心小学寄宿制学校标准化建设

在地方财政资金有限的情况下，"全面改薄"规划重点在于推进乡镇中心小学寄宿制学校标准化建设。以满足乡村寄宿制学校的基本教学和生活需要为目标，计划在 2014—2018 年新增寄宿制学校 1256 所，增加约 1 倍，小学

生寄宿率达到 31.1%。建设资金以中央、省级资金为主，不足部分由县级政府解决。在"全面改薄"分类指导中，提出的建设标准如：校园校舍要有功能齐全的教学用房、有标准够用的学生食堂、有干净的生活用水和开水、有满足需要的学生宿舍、有方便文明的厕所、有四季能用的浴室、有符合要求的卫生室、有标准的运动场和留守儿童之家；在设施设备上要保证课桌椅以及学生用床的干净统一，确保一人一课桌、一人一床位，厨房功能设备齐全，按标准配足配齐教学仪器，建有校园网以及"班班通"，计算机按生机比 16：1 配置，生均图书 20 册等。加强小学阶段寄宿制学校的标准化建设，不仅由贵州省乡村地区交通不便，留守儿童居多的省情决定，也由一场意外事件引发：2012 年 11 月，贵州毕节的 5 名流浪儿童，在寒冷冬夜蜷缩在垃圾车内烧火取暖，因一氧化碳中毒而不幸身亡。[①] 事件引发人们对未成年人保护的关注，也叩问着学校教育：如果学生没有辍学，如果学校能提供有保障的寄宿条件，也不至于让儿童露宿街头，惨死在寒冷的冬夜。事实上，贵州省曾于 2011 年出台过《贵州省农村寄宿制学校建设攻坚工程实施方案》，提出要强力推进乡村寄宿制学校的建设，使乡村小学生的寄宿率达到 30%。事件发生后，贵州省更加重视寄宿制学校的建设。2013 年出台的《贵州省教育厅关于推广黔东南州农村寄宿制学校建设"十有"标准的通知》要求，各地学习黔东南州的经验，从学生学习和生活起居等方面提炼出 10 个标准，以提高寄宿制学校标准化建设的水平。2014 年出台的《贵州省全面改善贫困地区义务教育薄弱学校基本办学条件底线要求》对寄宿制学校提出 3 个底线要求：学生宿舍不设在地下室或半地下室、学生每人 1 个床位，消除"大通铺"现象，学校具备食品制作或加热条件。同年出台的《贵州省教育厅关于进一步做好农村寄宿制学校学生宿舍建设有关工作的通知》要求各地加紧加快建设乡村寄宿制学校，加强生活管理，提高寄宿率，提高乡村教育质量。2015 年出台的《贵州省全面改善贫困地区义务教育薄弱学校基本办学条件标准（试行）》针对乡村寄宿制学校的学生宿舍用房布局与管理、生均宿舍面积、生活起居配套设施以及食堂、

---

① 孔令君，景艳.贵州毕节5名闷死男童背后：钻垃圾箱的童年[EB/OL].（2012-11-26）[2018-12-30]. http：//society. people. com. cn/n/2012/1126/c136657-19698139. html.

厨房等建筑和卫生防疫提出了相应的建设标准。总之，乡村寄宿制学校建设从保底线、促满足再到标准化，资金由中央和省级财政保障，足见政府的高度重视。

（3）主线三："降班额、上水平"的城镇义务教育学校标准化建设

"全面改薄"规划的另一个重点是新建和改扩建县城以及重点镇义务教育学校的标准化建设，以达到缓解城镇学校扩容压力、降低班额的目的。建设资金由中央、省级和市、县级财政共同解决。在"全面改薄"分类指导中，提出的建设标准有：校园校舍按《城市普通中小学学校校舍建设标准》执行，规模要达到 1200~2400 人，配套建设学生宿舍和食堂以满足农村寄宿学生的需要，建有标准的运动场；在设施设备方面，教室、宿舍和食堂设备达到标准化，教学仪器和音体美教材按国家和省有关标准执行，计算机按生机比 16：1 配置，生均图书为 20 册。根据"全面改薄"工程项目的通报，截至 2017 年 12 月底，城镇义务教育学校项目竣工 25 所，单体 86 个，新建或续建 42 所。2017 年出台的《贵州省人民政府关于统筹推进县域内城乡义务教育一体化改革发展的实施意见》指出，要继续通过新建和改扩建城镇义务教育学校校园校舍，逐步消除大班额问题，2018 年要消除 66 人以上超大班额，到 2020 年基本消除 56 人以上大班额。总之，城镇义务教育学校按省定标准建设，同时要有效解决现有学校大班额问题，满足进城务工子女之需要，促进城乡教育一体化。

此外，贵州因部分地区处于地质灾害易发区域，为消除地质灾害隐患，在学校布局上，曾于 2015 年出台《贵州省受地质灾害危害学校治理实施方案》，对 238 所具有地质隐患的学校采取治理措施，其中撤并 34 所，搬迁 26 所，工程治理 178 所。另外，2017 年出台的《贵州省全面改善贫困地区义务教育薄弱学校基本办学条件补助资金管理办法》要求，加强对中央和省级专项补助资金的管理，资金主要用于全省贫困县的薄弱学校，适当兼顾非贫困县的薄弱学校。资金使用以满足基本需要为优先，坚持"实用、够用、安全、节俭"的原则，严禁超标准建设和豪华建设，拉大教育差距。总之，贵州省义务教育学校标准化建设形成的三条主线，层次分明，分类合理，较符合贵州的实际情况。但是三条主线保障力度区别明显：乡村小学和教学点办学条件改善

的资金来自县级财政，位阶是最低层级；而乡镇中心寄宿制学校的建设资金由中央、省级财政保证，处于中间位阶；城镇学校的建设资金则由中央、省级和县级财政共同构成，位阶是最高层级。

三、标准要求与现实样态：乡村小规模学校标准化建设指标的量化考察与对比分析

前文对三省的义务教育学校标准化建设的政策演进及其特点进行了分析，本小节将主要对三县的乡村小规模学校当下各类量化指标上的现实样态以及三省小学阶段省定标准的达成情况进行对比分析①，以期从指标量化上梳理我国当前东部、中部和西部乡村小规模学校发展状况，总结成效与不足。

为便于分析，笔者分别截取三县中的 W 镇、G 镇和 M 镇的乡村小规模学校为研究对象②，其镇情和小学阶段学校的基本情况如表 3-7 和表 3-8 所示。

表 3-7　2018 年 W 镇、G 镇和 M 镇情况概览

镇情	浙江省C县 （W镇）	江西省P县 （G镇）	贵州省L县 （M镇）
距离县城/公里	45	23	42
面积/平方公里	201	96	172
辖区行政村/个	44	17	9
人口/万人	5.3	4.4	1.7

从距离县城距离来看，三镇都比较偏远，相对来讲 G 镇稍近一点；从面积上来看，以 W 最大，M 镇次之，G 镇最小；从所辖行政村数量以及人口来看，则均是 W 镇最多，G 镇次之，M 镇最少。可以看出，因 G 镇地处平原地区，人口密度最大，而 M 镇地处偏远山区，人口密度最小，可以判断 M 镇学生上学距离也较远，也就不难理解贵州省缘何以推进乡村寄宿制学校的标准化建设为重点了。

---

① 三省义务教育办学标准的指标体系框架及其采样的版本已在本书的第二章予以说明，此不赘述。

② W镇资料由C县教育局年度资料汇编提供，G镇和M镇资料由P县G镇、L县M镇中心学校提供。所有统计资料的时间节点为2018年6月底，下同。

从三镇 2018 年 6 月的小学基本情况统计数据来看，三镇的小学（含教学点）数量，以 G 镇为最多，共有 12 所，M 镇次之，有 10 所，W 镇为 5 所；从 100 人以下小规模学校数量来看，W 镇为 3 所，G 镇 3 所，P 镇有 5 所；从三镇小学生在读人数来看，W 镇仅有 781 人，G 镇有 2699 人，M 镇为 1357 人，跟三镇户籍人口对比来看，W 镇的生源流失问题非常严峻，作为 5.3 万人口体量的大镇，每年小学的招生人数仅百余名，而 G 镇生源外流情况明显要好很多，尽管人口比 W 镇还少 1 万人，但招生人数维持在 400 人左右，从小学数量上也可见一斑。而 M 镇，虽招生人数少于 G 镇，但考虑到全镇仅 1.7 万人口，M 镇的生源情况为最佳，或因"全面二孩"政策的传导，近几年招生人数还有一定幅度的增加。三镇的学校及生源情况较好地反映了所在县的整体面貌，具有代表性。

（一）就近上学与微小班额：乡村小规模学校的设置、规模及班额

学校的规划设置以及规模和班额是办学标准的重要组成部分，是学校具备较长服务期以及一定教育教学质量的保证指标。从三省关于学校布局或设置的规定来看，一般都以文字描述的定性为主，比如应选在居民区附近，交通便利，选址要地势开阔，阳光充足，地质稳定，方便学生就近上学，要避开公共娱乐场所以及有碍身心发展的环境，等等。唯一定量的是《赣标》指出小学的服务半径，走读学生应在 2 公里以内，《黔标》则规定农村地区人口在 0.5 万人以上时，应当设置一所完全小学，而《浙标》没有涉及定量指标。从三省关于小学阶段学校规模及班额标准[①]（见表 3-9）来看，完全小学的班额三省都定在 45 人以下，而非完全小学或教学点的班额，除了《浙标》没有相应的规定外，其他两省都将其定在 30 人以下。

[①] 三省关于九年一贯制学校的小学阶段相关标准，因不大可能出现小规模学校而没有纳入。

表3-8 2018年6月W镇、G镇和M镇小学阶段基本情况

地区	学校	类型	班级数/个							在校学生数/人								
			合计	一	二	三	四	五	六	合计	其中女生	其中少数民族	一	二	三	四	五	六
浙江省C县（W镇）	W镇小学	中心小学	18	3	3	3	3	3	3	475	231	4	65	74	80	79	97	80
	W镇F完全小学	完全小学	4	1		1	1		1	35	21		6	0	7	9	0	13
	W镇H完全小学	完全小学	6	1	1	1	1	1	1	75	35		14	9	9	17	14	12
	W镇Y小学	完全小学	6	1	1	1	1	1	1	66	35		13	4	12	15	11	11
	W镇T小学	完全小学	6	1	1	1	1	1	1	130	73	1	20	18	18	25	24	25
	合计		40	7	6	7	7	6	7	781	395	5	118	105	126	145	146	141
江西省P县（G镇）	G镇中心小学	中心小学	18	3	3	3	3	3	3	867	369		150	135	159	117	136	170
	G镇Y小学	完全小学	12	2	2	2	2	2	2	429	228		56	63	70	72	77	91
	G镇C小学	完全小学	6	1	1	1	1	1	1	180	82		29	20	27	43	19	42
	G镇LQ小学	完全小学	6	1	1	1	1	1	1	189	93		22	33	33	31	41	29
	G镇Z小学	完全小学	6	1	1	1	1	1	1	171	84		27	26	31	29	22	36
	G镇DH小学	完全小学	6	1	1	1	1	1	1	82	59		10	7	7	22	19	17

续 表

续 表

地区	学校	类型	班级数/个							在校学生数/人								
			合计	一	二	三	四	五	六	合计	其中女生	其中少数民族	一	二	三	四	五	六
江西省P县（G镇）	G镇LB小学	完全小学	6	1	1	1	1	1	1	182	87		21	29	31	26	40	35
	G镇GJ小学	完全小学	6	1	1	1	1	1	1	122	74		13	11	16	24	29	29
	G镇DT小学	完全小学	6	1	1	1	1	1	1	203	90		25	39	31	31	33	44
	G镇NJ小学	完全小学	6	1	1	1	1	1	1	53	22		6	9	9	10	6	13
	G镇HJ小学	完全小学	6	1	1	1	1	1	1	153	74		30	17	25	23	27	31
	G镇XJ小学	完全小学	6	1	1	1	1	1	1	68	26		8	11	7	11	17	14
	合计		90	15	15	15	15	15	15	2699	1288		397	400	446	439	466	551
贵州省I县（M镇）	M镇中心小学	中心小学	7	1	1	1	1	1	2	247	112	244	32	27	24	40	46	78
	M镇ZJ小学	完全小学	9	1	1	1	1	2	3	354	175	354	46	48	40	49	73	98
	M镇DM小学	完全小学	6	1	1	1	1	1	1	289	129	289	54	43	40	46	51	55
	M镇CJ小学	教学点	4	1	1		1	1		54	33	54	17	11	0	9	17	0
	M镇LFJ小学	教学点	4	1	1	1	1			75	43	75	20	21	19	15	0	0
	M镇JJ小学	教学点	5	1	1	1	1	1		137	64	137	29	23	28	31	26	0
	M镇EJ小学	教学点	3	1	1	1				33	17	33	9	12	12	0	0	0
	M镇LDJ小学	教学点	5	1	1	1	1	1		104	46	104	32	14	26	19	13	0
	M镇ZDJ小学	教学点	3		1	1	1			28	11	28	0	11	6	11	0	0
	M镇LDAJ小学	教学点	2	1		1				36	15	35	0	11	0	25	0	0
	合计		48	9	9	8	8	8	6	1357	645	1353	239	221	195	245	226	231

表3-9　《浙标》《赣标》《黔标》小学阶段规模和班额对比

标准	学校类型	规模	班额/人
《浙标》	完全小学	宜设6班、12班、18班、24班、30班、36班	≤45
《赣标》	初小（教学点）	低年级学生就近入学	≤30
	完全小学	每年级1~6个班级，合计6~36个班级	≤45
《黔标》	非完全小学	4班	≤30
	完全小学	宜设6班、12班、18班、24班、30班	≤45

对照表3-7来看，三镇的乡村小规模学校的设置以及规划是否合理无从判断，从班额来看，三镇的小规模学校班额大多为十几人，要突破45人，是非常困难的，即便是性质为教学点的乡村小规模学校，要达到30人，也很不容易。因此，一般来讲，乡村小规模学校的规模以及班额都不存在超标之虞，反而是G镇中心小学以及M镇的Z小学和DM小学，在若干年级段出现班额超过45人的情况。

（二）结构性失衡与功能性短板：乡村小规模学校建设用地及校舍建筑

学校建设用地以及校舍面积是衡量可容纳学生数量、判断学校规模大小最直观的指标。为聚焦各项指标，本书仅对三省关于班级规模在6个及以下小学的相关标准进行对比分析。

1. 学校用地与校舍建筑面积

从三省学校用地与校舍建筑用地面积指标（见表3-10）来看，在生均学校用地面积标准上，《赣标》要远高于《浙标》和《黔标》，达到34m²，而《浙标》是最小的，为14.89m²，《黔标》另定了非完全小学的标准，不过与完全小学一样，生均学校用地都为20m²，不过三省均没有对学校占地总面积作出规定；从生均校舍建筑面积和总建筑面积来看，《浙标》也是最小的，分别为7.09m²和1913m²，《赣标》和《黔标》均为7.85m²和2120m²，《黔标》还规定了非完全小学的建筑用地，分别为4.52m²和543m²，较完全小学要小很多。总体来看，学校用地和校舍建筑用地与三省土地资源以及人口密度紧密相关，浙江省因人多地少，在学校用地审批方面较为严苛。

表 3-10　《浙标》《赣标》《黔标》6 班及以下规模小学的学校用地与校舍建筑用地比较

标准	学校类型	班级规模	学校用地/m²		校舍建筑用地/m²	
			生均面积	总面积	生均面积	总面积
《浙标》	完全小学	6	14.89	—	7.09	1913
《赣标》	完全小学	6	34.00	—	7.85	2120
《黔标》	非完全小学	4	20.00	—	4.52	543
	完全小学	6	20.00	—	7.85	2120

　　接下来，我们对三镇乡村小规模学校的学校用地与校舍建筑面积进行对比分析（见表 3-11）。可以看出，就学校占地面积而言，W 镇和 G 镇的乡村小规模学校要明显大于 M 镇；从生均学校用地面积来看，基本上达到了各省标准，其中 W 镇 Y 小学的生均学校用地甚至高达 152.05m²，远超《浙标》所规定的 14.89m²，足见生源严重流失之后学校之空旷，而唯有 M 镇 LF 小学，生均学校用地为 18.27m²，尚未达到《黔标》所规定的 20m²；从学校建筑面积来看，W 镇也远高于 G 镇和 M 镇，相对 G 镇略好于 M 镇。从达标程度来看，W 镇完全达到了 1913m² 的省定标准，而 G 镇和 M 镇则落后各自 2120m² 和教学点 543m² 省定标准一大截。若再从生均建筑面积来看，三镇基本符合各自省标的规定，只有 G 镇 X 小学没有达到省定 7.85m² 的规定。

表 3-11　W 镇、G 镇及 M 镇乡村小规模学校学校用地与校舍建筑用地情况

地区	学校	是否教学点	班级数	学生数/人	学校用地/m²		校舍建筑用地/m²	
					生均面积	总面积	生均面积	总面积
浙江省C县（W镇）	W镇F完全小学		4	35	131.43	4600	94.43	3305
	W镇H完全小学		6	75	70.93	5320	50.00	3750
	W镇Y小学		6	66	152.05	10035	45.15	2980
江西省P县（G镇）	G镇DH小学		6	82	63.57	5212.5	10.68	875.99
	G镇N小学		6	53	91.13	4830	24.66	1306.79
	G镇X小学		6	68	51.47	3500	6.24	424

续表

地区	学校	是否教学点	班级数	学生数/人	学校用地/m²		校舍建筑用地/m²	
					生均面积	总面积	生均面积	总面积
贵州省L县（M镇）	M镇C小学	是	4	54	49.37	2666	7.87	425
	M镇LF小学	是	4	75	18.27	1370	6.16	462
	M镇E小学	是	3	33	33.03	1090	14.67	484
	M镇ZD小学	是	3	28	34.50	966	17.50	490
	M镇LDA小学	是	2	36	30.25	1089	9.44	340

为此，我们可以简单得出一个结论：在我国乡村小规模学校的校园用地方面，各地基本达到了标准化建设的要求，不过在校舍建筑用地方面，中部、西部地区与标准化建设要求还有一定差距，并需要适当提高乡村小规模学校生均建筑面积的标准，否则容易出现生均建筑面积达标而总建筑面积不达标的矛盾情形。

2. 各类校舍建筑用房面积

对校舍建筑用房进行分类以及制定相应的面积标准，是学校标准化建设的重要内容。一般来说，校舍建筑主要分为教学及辅助用房、行政办公用房生活用房。其中，教学及辅助用房应设置普通教室以及音乐、美术、计算机、综合实践等专用教室和仪器室等专业用房，图书馆（室）、心理辅导室、多功能教室等公共教学用房。行政办公用房主要包括行政和教师办公室、广播室、会议室、德育室、卫生室等。生活用房则主要设置教工宿舍、教工与学生食堂、开水房、汽车库、配电室、教工与学生厕所等；寄宿制学校还应设置学生宿舍、浴室等。对照《浙标》《赣标》《黔标》的各类校舍建筑用房标准（见表3-12），《赣标》和《黔标》主要采用《农村普通中小学校建设标准（2008年）》中的标准，而《浙标》的相应建筑面积要小于前两者。比如总的教学及辅助用房面积，《浙标》为 830m²，而其他两省均为 878m²。行政办公用房以及生活用房面积也较其他两省要小，但从寄宿学生生均面积要求来看，又高于其他两省。另外，《浙标》仅对普通教室、专用教室及公共教学用房作了总面积上的规定，分别为 350m²、256m² 和 224m²。其他两省则根据国家标准对各功能教室的用房面积作了规定，当然，非完全小学用房分类简单很多，面积标准则比完全小学低很多。

为便于分析，笔者把常见的科学教室和计算机教室作为专用教室代表，把图书室和多功能教室作为公共教学用房代表，来检验当前三镇乡村小规模学校在各类校舍建筑面积上的达标情况，见表3-13。

表3-12 《浙标》《赣标》《黔标》6班及以下规模小学各类校舍建筑用房标准

标准	学校类型	班级规模	教学及辅助用房/㎡						行政办公用房/㎡		生活用房/㎡	
			合计	普通教室	科学教室	计算机教室	图书室	多功能教室	合计	其中教师办公室	合计	其中生均寄宿面积
《浙标》	完全小学	6	830	350	专用教室：256		公共教学用房：224		108	—	194	5
《赣标》	完全小学	6	878	378	80	80	80	107	113	78	281	3
《黔标》	非完全小学	4	344	160	—	—	54	80	65	—	60	3
	完全小学	6	878	378	80	80	80	107	128	—	281	3

表3-13 W镇、G镇及M镇乡村小规模学校各类校舍建筑用房面积情况

地区	学校	寄宿学生/人	教学及辅助用房/m²						行政办公用房/m²		生活用房/m²
			合计	普通教室	科学教室	计算机教室	图书室	多功能教室	合计	其中教师办公室	
浙江省C县（W镇）	W镇F完全小学	22	960	585	110	110	95	0	168	168	2177
	W镇H完全小学	24	960	780	60	60	60	0	90	0	2700
	W镇Y小学	35	720	570	50	50	50	0	110	80	2150

续表

地区	学校	寄宿学生/人	教学及辅助用房/m²						行政办公用房/m²		生活用房/m²
			合计	普通教室	科学教室	计算机教室	图书室	多功能教室	合计	其中教师办公室	
江西省P县（G镇）	G镇DH小学	0	679	615	20	22	23	0	25	25	197
	G镇N小学	0	451	361	30	30	30	0	36	36	628
	G镇X小学	0	320	242	26	27	25	0	25	25	104
贵州省L县（M镇）	M镇C小学	0	270	210	30	0	30	0	30	30	125
	M镇LF小学	0	240	180	30	0	30	0	38	38	80
	M镇E小学	0	195	135	30	0	30	0	30	30	106
	M镇ZD小学	0	175	135	20	0	20	0	10	10	170
	M镇LDA小学	0	126	90	0	0	36	0	36	36	52

从三镇乡村小规模学校教学及辅助用房的总面积来看，都存在不同程度的不达标现象。相对来讲，W镇情况较好，除了Y小学略低于830m²的省定标准外，其余两所均超过了省标；而G镇的乡村小规模学校则远低于完全小学要达到878m²的省定标准，M镇乡村小规模学校也明显低于344m²的省定教学点标准；从普通教室的达标情况来看，三镇的情况略好，W镇全部达标，G镇N小学略低，X小学有较大差距，M镇的5个教学点中，2所达标，2所略低，1所显著偏低；从各专用教室以及公共教学用房来看，三镇都有一个明显的短板，即都没有设置多功能教室，另外，科学教室、计算机教室以及图书室面积情况，W镇的面积也要稍大一些，均在50m²以上，而G镇和M镇的专用教室几乎全部在30m²及以下，显然都是由普通教室改造而来，并非专门设计的教室。当然，因为M镇的学校为教学点，对于科学教室和计算机教室不作要求，但与图书室54m²的要求相比，也有不小的差距；从行政办公用房来看，W镇的办公室面积基本达到省标，而G镇和M镇则远远低于各自省标，其中M镇的ZD小学，教师的办公室面积竟然只有10m²！从生活用房来

看，我们可以看到，三镇唯有 W 镇的小规模学校有寄宿生，因此生活用房面积明显高于 G 镇和 M 镇没有寄宿生的小规模学校，也远高于省定 5m^2 的生均标准，可以说，生源大量流失后，W 镇的乡村小学的学生寝室出现了大量的闲置。而 G 镇部分小学的生活用房低于省定标准，M 镇则基本符合省定 60m^2 生活用房的标准。

综上，我们亦可大致推断，在我国东部发达地区的乡村小规模学校已经是寄宿制学校，可谓是撤无可撤的乡村小学，其校舍各类建筑用房随着生源的锐减出现了结构性失衡，生活用房面积过多，而功能性教室面积偏小；中部和西部地区的乡村小规模学校的各类校舍建筑用房面积都存在不达标的现象，尤其是专用教室和教师办公室用房面积显著低于各省标准；另外，我国大部分地区的乡村小规模学校都缺乏多功能教室，这应是乡村小规模学校标准化建设主攻的方向。

（三）东部相对完备与中西部亟待改善：乡村小规模学校教育技术装备条件

学校教育技术和装备条件可满足师生教育教学及其工作生活的需要，是提高教育教学质量、促进学生发展的必要保障。一般来讲，主要包括通用教学设备、学科专用教学设备、现代教育技术设备三大类。从《浙标》《赣标》《黔标》关于学校教育装备的表述来看，着墨颇多，同时，各省均出台过详细的教育技术装备以及仪器配备目录，可谓庞杂而具体。为便于对比分析，笔者以体育运动场地要求、图书资料要求、计算机配置以及仪器设备固定资产为核心指标，对三省小学阶段教育技术及装备要求标准进行分析，见表 3-14。

表3-14 《浙标》《赣标》《黔标》6班及以下规模小学的教育技术装备标准

标准	学校类型	班级规模	体育运动场地要求			计算机生机比	生均图书/册	固定资产/万元	
			合计/㎡	运动场地	篮排球场/个			合计	其中仪器资产
《浙标》	完全小学	6	—	4道60米直跑道	1	7:1	≥20	—	—
《赣标》	完全小学	6	4274	200米环形跑道（100米直道）	1	30:1	≥15	—	—
《黔标》	非完全小学	4	—	60米直跑道	1	16:1	≥20	—	—
	完全小学	6	—	100米直跑道	1	16:1	≥20	—	≥3.5

从运动场地要求来看，《赣标》较高，6班规模的小学要求设置200米环形跑道和100米直跑道，高于其他两省，同时，三省均规定小学要设置篮球场或排球场1个；从计算机生机比来看，则是《浙标》高于其他两省；生均图书册数三省差距不大，《赣标》相对要低一点；从固定资产及仪器资产要求看，只有《黔标》指出完全小学要有不少于3.5万元的仪器资产。

接着，我们来看三镇乡村小规模学校在学校装备指标上的达成情况，见表3-15。我们可以明显地看到，W镇在体育运动场地配置上要明显好于P镇和M镇，不仅都设置了直跑道，同时还配置了篮球场，还有2所设置了200米环形跑道，完全达到了《浙标》的规定。相对来讲，G镇的设置又好于M镇，3所小学都有60米直跑道，但都没有设置环形跑道，较之《赣标》对完全小学的要求，相去甚远。而M镇的小规模学校，都没有设置60米直跑道，设置了篮球场的学校也仅有2所，总的运动场面积也偏少，与《黔标》对教学点的规定有不小距离；从计算机数量和生机比来看，W镇的计算机数量最为充裕，近几年因生源的急速萎缩，使生机比达到2:1，甚至接近1:1，高于《浙标》的7:1，而G镇和M镇的计算机数量就要少很多，只有个数位，多数为学校或教师的办公电脑，但因学校人数少，在生机比上，大多能达到各自的省定标准，只有 M 镇的 LDA 小学，全校仅有 1 台电脑，生机比不达标；从生均图书册数来看，情况良好，都达到了省定标准，总体而言，W 镇远好于其他两镇，而 M 镇略好于 G 镇；仪器资产的金额从一个侧面说明了学校在教学设备以及实验仪器配置上的完备程度，显然，W 镇的仪器配置情况较好，资产都在 15 万元以上，而 G 镇和 M 镇学校之间差异较大，多的超过 9 万元，少的还不到 1 万元，但多数学校在 5 万元以下。

因此，我们大致可以认为，我国东部发达地区的乡村小规模学校在教育技术装备方面相对完备，中西部地区的乡村小规模学校的教育技术装备较为欠缺，尤其是在学校运动场地的配置上以及计算机配置和实验仪器的配置上亟待改善。

表 3-15　W 镇、G 镇及 M 镇乡村小规模学校的教育技术装备情况

地区	学校	学生数/人	体育运动场地			计算机		图书/册		固定资产/万元	
			合计/m²	运动场地	篮排球场/个	合计/台	生机比	合计	生均	合计	其中仪器资产
浙江省C县（W镇）	W镇F完全小学	35	1350	200米环形跑道（100米直道）	2	46	1:1	3110	89	338.50	15.20
	W镇H完全小学	75	850	60米直跑道	2	39	2:1	3416	46	340.34	26.91
浙江省C县（W镇）	W镇Y小学	66	1100	200米环形跑道（100米直道）	2	40	2:1	4515	68	357.00	20.00
江西省P县（G镇）	G镇DH小学	82	900	60米直跑道	1	8	10:1	3552	43	46.46	9.86
	G镇N小学	53	1380	60米直跑道	1	2	27:1	960	18	46.53	0.89
	G镇X小学	68	700	60米直跑道	1	3	23:1	1115	16	32.70	1.75

续表

地区	学校	学生数/人	体育运动场地			计算机		图书/册		固定资产/万元	
			合计/m²	运动场地	篮排球场/个	合计/台	生机比	合计	生均	合计	其中仪器资产
贵州省L县（M镇）	M镇C小学	54	900	—	1	5	11：1	2200	41	36.68	3.25
	M镇LF小学	75	800	—	1	5	15：1	1600	21	45.96	7.73
	M镇E小学	33	512	—	—	3	11：1	2000	61	34.32	4.31
	M镇ZD小学	28	470	—	—	5	6：1	1100	39	28.49	2.83
	M镇LDA小学	36	500	—	—	1	36：1	730	20	11.45	0.5

（四）整体素质达标与局部结构及配置的不合理：乡村小规模学校师资队伍

师资队伍是学校发展的最关键因素，也是义务教育学校标准化建设的重要内容，一般主要由编制设置、学历和职称结构、教师培训等三大块构成。从《浙标》《赣标》《黔标》中的师资配置标准（见表3-16）来看，都以定性描述为主。从师资编制上来看，《浙标》和《赣标》以"按照国家和省规定的配备标准"加以说明，充满了动态性，可以与时俱进地跟上国家的政策。就国家2014年出台的《中央编办、教育部、财政部关于统一城乡中小学教职工编制标准的通知》来看，《浙标》和《赣标》的师生比应为1∶19，而《黔标》则以贵州省的相关规定为依据，师生比设置为1∶22；从学历和职称结构来看，三省要求基本一致，比如小学专任教师的学历都为大专，不过，《浙标》和《黔标》作了比例上的妥协，以使各地有调整的余地（比如民转公的老教师学历晋升有较大的难度，需特别对待），其他不同之处还有：《浙标》要求所有的专任教师具备教师资格证、不能有1年及以上的长期代课教师，而《黔标》对校长的任职资格做了规定；在职称上，《浙标》要求中高级职称的教师比例在55%以上，《黔标》要求高一级学历不低于60%，《赣标》则没有在学历和职称结构上作规定；在教师培训上，《浙标》从制度和经费保障等层面作了规定，《黔标》则没有提及，《赣标》要求按国家和省里的规定进行职后培训。

我们再来看三镇乡村小规模学校的教职工数、年龄结构、学历和职称结构等情况（见表3-17），检验其相对于各省标准的达成度。从教职工配置来看，W镇和G镇的乡村小规模学校毕竟都是完全小学，在专任教师配置数量上要显著多于M镇，W镇又相对多于G镇，而M镇的教学点一般是几个班配几个教师，教师数量采取"包班制"的形式配置。因此，从师生比来看，三镇虽然都符合各自省标，但W镇和G镇都在1∶10以下，而M镇则普遍在1∶10以上或接近1∶10。另外，我们可以看到，W镇的每所乡村小规模学校还配有行政教辅工勤岗1人，G镇则将编制全部用于专任教师，而M镇因校而异，个别学校有零星配置。

从专任教师的性别结构来看，三镇的男教师占绝对主体地位，尤其是M镇，很多学校竟然没有女教师，这与传统印象中以女性教师为主的小学阶段师资结构迥然不同；从师资的年龄结构来看，W镇呈现橄榄形结构，即教师主体为30~50岁的中青年，30岁以下的年轻教师和50岁以上的年长教师相对要少一些，属于较为合理的结构。G镇的年龄结构尚可，但整体来看，40岁以上年龄段的教师要略多于40岁以下年龄段的教师。而M镇的教师年龄结构老化较为严重，5个教学点没有一个30岁以下的年轻教师，40岁以上年龄段的教师占了多数；从师资学历结构来看，三镇基本上达到各省标准，即小学教师为专科以上学历，仅3名教师的学历为专科以下，整体来看，W镇的教师学历以本科为主，G镇以及M镇以专科居多，不过与《黔标》规定高一级学历不低于60%相比，显然M镇的教学点远没有达到这一比例；从师资职称结构来看，三镇教师的职称以小学高级和小学一级为主，而M镇因年长教师居多，高职称比例又比W镇和G镇多；至于教师培训层面，因缺乏有效的数据进行量化，因此无法对三镇在这一层面的达标情况进行考察。

综上分析，我们大致可以认为，我国乡村小规模学校的师资质量基本可以保证，无论是学历结构还是职称结构，都达到了相应的标准，说明乡村教师队伍的整体素质较以往得到了显著的提高，但在我国的乡村小规模学校，女性教师偏少,性别结构失衡;另外,我国西部地区乡村教师的年龄结构老化严重,需要补充新鲜血液;在师资配置上,我国中部地区尤其是西部地区的乡村小规模学校,教师数量过少,"包班制"老师必须从早上到晚,工作强度很大。为此,优化年龄结构和性别结构,增加师资配置,是乡村小规模学校标准化建设的重要课题。

表3-16 《浙标》《赣标》《黔标》6班及以下规模小学的师资配置标准

	师资编制		学历和职称结构	教师培训
	要求描述	师生比		
《浙标》	按照国家和省规定的配备标准	1:19	必须全部具有教师资格;专科及以上学历比例达到95%以上;中级和高级职称的比例达到55%以上;没有1年及以上的长期代课人员	稳定的教师专业发展培训制度,每年完成规定培训的教师占总数20%以上;参加中小学教师教育技术能力标准培训,并取得培训结业证书;每年安排不低于公用经费10%的培训经费和不低于教职工工资总额2.1%的专项经费用于教师培训
《赣标》	按照国家和省规定的配备标准	1:19	具备大学专科及以上学历;学科、职称、年龄、性别等结构合理。	教师按规定参加国家和省里规定的各种职后培训
《黔标》	按照《省人民政府办公厅关于转发省编委办等部门关于加强和完善中小学幼儿园教职工编制管理意见的通知》(黔府办发〔2011〕79号)	1:22	专任教师学历合格率达到98%以上;各学科教师基本配齐;高一级学历比例不低于60%;校长必须具有规定的合格学历和相应的专业技术职称及5年以上教育教学经历,并经过培训,持有任职资格证书	——

表3-17 W镇、G镇及M镇乡村小规模学校的师资队伍结构情况

地区	学校	教职工数/人						年龄结构				学历结构			职称结构		
		合计	专任教师			行政教辅工勤	专任教师师生比	30岁以下	30~40岁	41~50岁	51~60岁	本科	专科	专科以下	小学二级及以下	小学一级	小学高级
			合计	其中女	少数民族												
浙江省C县（W镇）	W镇F完全小学	11	10	4	0	1	1：4	2	3	3	2	8	2	0	2	2	6
	W镇H完全小学	13	12	5	0	1	1：6	6	3	0	3	10	2	0	2	3	7
	W镇Y小学	15	14	4	0	1	1：5	3	4	4	3	11	2	1	3	3	8
江西省P县（G镇）[①]	G镇DH小学	12	12	3	0	0	1：7	2	3	4	3	5	6	1	3	4	5
	G镇N小学	8	8	3	0	0	1：7	3	0	2	3	3	5	0	3	3	2
	G镇X小学	8	8	4	0	0	1：9	3	2	1	2	2	6	0	3	2	3

续表

地区	学校	教职工数/人						年龄结构				学历结构			职称结构		
		合计	专任教师			行政教辅工勤	专任教师师生比	30岁以下	30~40岁	41~50岁	51~60岁	本科	专科	专科以下	小学二级及以下	小学一级	小学高级
			合计	其中女	少数民族												
贵州省L县（M镇）	M镇C小学	5	4	0	4	1	1:14	0	0	2	2	1	3	0	0	0	4
	M镇LF小学	4	4	1	4	0	1:19	0	1	1	2	2	2	0	0	1	3
	M镇E小学	4	3	1	3	1	1:8	0	0	2	2	1	3	0	0	1	3
	M镇ZD小学	3	3	0	3	0	1:9	0	1	0	2	1	2	0	0	1	2
	M镇LDA小学	3	3	0	3	0	1:12	0	1	1	1	1	1	1	0	1	2

①江西省P县教师统计含各校代课教师，其中DH小学3人，N小学3人，X小学2人。

注：2015年教育部《关于深化中小学教师职称制度改革的指导意见》要求建立统一的中小学教师职务制度，将职称分为初级、中级和高级职务。本书为忠实于原始调查资料，仍沿用先前的小学职称名。

四、内外交困与政治角力：乡村小规模学校类型及成因分析

在对乡村小规模学校的部分指标进行量化考察后，本小节将对其类型和成因进一步展开探索。各地乡村小规模学校成因错综复杂，既有共性因素又有特殊之处。用"内忧外患"来形容也不为过："内忧"方面，乡村小学由于地理位置偏远、师资不稳定、教学资源匮乏，导致教学质量偏低、家长满意度不高、吸引力低，进而导致生源流失；"外患"方面，国家政策的负面效应、社会舆论的片面评价、少数家长的攀比心理和虚荣心，以及地方上出于政治利益以及文化保护等的考量，对乡村小学给予截然不同的态度，导致乡村小规模学校发展举步维艰。笔者对前文所述的三镇乡村小规模学校的形成情况进行了归类，见表3-18。我们可以看到，三镇大部分乡村小规模学校为教学点或非独立法人的完全小学，具有独立法人资格的乡村小规模学校相对较少。从成因类型看，东部主要因严重的生源流失引起，中西部地区则主要为自然形成，不过，形成的过程受到外界多种因素的影响。

表3-18 W镇、G镇及M镇的乡村小规模学校形成情况

地区	学校	学校类型	是否有独立法人资格	成因分析	类型
浙江省C县（W镇）	W镇F完全小学	完全小学	否	原F乡中心小学，并入W镇后，降为镇完全小学，失去独立法人资格。服务学区为原F乡7个行政村，户籍人口4000余人。因生源流失，从高峰期400余人下降到35人	生源流失型
	W镇H完全小学	完全小学	否	原H乡中心小学，并入W镇后，降为镇完全小学，失去独立法人资格。服务学区为原H乡6个行政村，户籍人口4000余人。因生源流失，从高峰期500余人下降到75人	生源流失型
	W镇Y小学①	完全小学	是	原Y乡中心小学，并入W镇后，依然保留独立法人的完全小学。服务学区为原Y乡9个行政村，户籍人口6000余人。因生源流失，从高峰期1000余人下降到66人	生源流失型

续表

地区	学校	学校类型	是否有独立法人资格	成因分析	类型
江西省P县（G镇）	G镇DH小学	完全小学	否	为G镇村级完全小学，服务1个行政村，户籍人口1400余人，近年生源萎缩	自然形成型
	G镇N小学	完全小学	否	为G镇村级完全小学，服务1个行政村，户籍人口1000余人，行政上属于G镇飞地	意涵象征型
	G镇X小学	完全小学	否	为G镇村级完全小学，服务1个行政村，户籍人口1200余人，近年生源萎缩	自然形成型
贵州省L县（M镇）	M镇C小学	教学点	否	原为M镇村级完全小学，因迎接义务教育均衡发展验收工作，被降为教学点	被迫降级型
	M镇LF小学	教学点	否	原为M镇村级完全小学，因迎接义务教育均衡发展验收工作，被降为教学点	被迫降级型
	M镇E小学	教学点	否	M镇村级教学点，生源自然萎缩	自然形成型
	M镇ZD小学	教学点	否	M镇村级教学点，生源自然萎缩	自然形成型
	M镇LDA小学	教学点	否	M镇村级教学点，生源自然萎缩	自然形成型

①据Y小学校长介绍，Y乡于2001年才并入W镇，而之前H乡和F乡是在1992年就并入了W镇，在浙江省对学校进行法人资格认定，Y小学获得了独立法人资格。虽并入W镇，但其依然保持独立法人的资格。

结合笔者对三镇以外地区的调查，总体来说，乡村小规模学校的成因主要有以下6种类型。

（一）自然形成型：地理环境偏僻难以撤并的保留者

乡村小规模学校缘于地理之偏乡，随着学龄人口的减少而自然形成。这些学校在我国广大地区都有分布，而在西部地区的偏远山乡更为突出，往往相邻的村子都能隔好几公里，距离乡镇行政驻地更是有几十公里之遥。又因为村子人口较多，学生人数稳定，历经多年的撤并风潮，顽强地保留下来了。

在笔者调研 L 县 M 镇中心小学下面的教学点时，王副校长如是说：

> 我们这里都是这样的，路都是山路，不是在上坡就是在下坡。两个村之间，看起来很近了，你都可以看到对方和你打招呼了，但是开车还得半小时，走路那至少得走 2 小时。你们今年来算好的，路已经硬化了，以前都是泥巴路，下雨天时，道路一片泥泞，车轱辘陷进去，都开不动，如果碰到下雪天，尤其是道路结冰的时候，里面的人想出来，只能靠走路。国家去年搞了"村村通"，路面铺了水泥，一公里就是 100 万元，你想想有 16 公里呀，如果要村民自己出钱修，那 100 年都搞不起来。里面有 2 个村，村民小组有 16 个。所以这个学校，政府是不可能撤并的。

（贵州省 L 县 M 镇中心小学，王副校长，2018 年 12 月 24 日）

（二）生源外流型：内忧外患渐失吸引的被动失落者

因生源大量流失，而沦为小规模学校的，为数众多。人们普遍认为，城市化以及乡村人口的少子化是生源流失的主要原因。细究起来，笔者在调研中还发现了其他一些因素。

1. 撤点并校的副作用

撤点并校一定程度上加速了乡村生源流失。撤点并校即对农村义务教育阶段学校进行布局调整，在这一政策实施之初，政府希望资源能适度集中，减少资源匮乏、教学质量低下的教学点，从而为乡村生源提供相对优质的教育，但地方在执行过程中，对什么是集中、什么才是适度集中，并无参考依据，以至于将乡村小学削减到只剩下中心小学，直到撤无可撤。这些地方希望毕其功于一役，加大对中心小学的集中投入，完善基础设施，从而吸引本乡镇的儿童入学，实现规模效益。然而事与愿违，乡镇一级的中心小学对村庄的辐射作用远不如县城来得大，另外，很多乡镇的边远村落距离中心小学过远，许多家长在权衡之后，直接把孩子送去县城上学——反正中心小学也要接送，县城小学也要接送，还不如早点让孩子进城读书。而在以前，这些学生都会在五六年级时，从下面的教学点并入中心小学就读。从这个层面讲，撤点并校并没有起到适度集中的作用，反而让乡村生源从源头上就流失了。这一情况在我国东部尤其是交通基础设施发达的县区普遍存在。

> 我们这里原来是一个乡，叫D乡，现在与B镇合并了，但我们服务的学区有20多个村，这一路过去，最里面的村子有20多里远。以前里面还有好几所村完小，现在这里只有我们一所了，就是原来的乡中心小学。名义上属于原D乡片区的学龄儿童都要到我们这儿来上小学，我们也有寄宿制学生，但是实际上，我们的覆盖范围非常有限，除了我们这里的D村，还有附近的H村和M村的小孩子会送过来之外，里面几个村子的大部分学生都不大愿意来我们这里上学。父母嫌远，索性就送到更远的F镇上去读，那里的条件比我们，还有B镇镇小都要好，现在高速公路建起来了，交通方便，家长觉得不就多开十几分钟路嘛。
>
> （浙江省T县B镇D小学，徐校长，2017年5月14日）

2. 随迁子女入学门槛降低的负效应

随迁子女入学门槛不断降低，客观上"掠夺"了乡村小学的生源，加速了乡村小学的小规模化。早期，农民工随迁子女的入学问题并没有引起政府的特别重视，义务教育阶段学校多数遵循"住户一致"原则，随迁子女"理所应当"返回原籍入学。想留在父母身边的随迁子女只得找路子，或缴纳高昂的借读费，或在简陋的民工子弟学校就读。2003年，国务院提出农民工随迁子女教育"以流入地政府管理为主，以全日制公办中小学为主"的政策，随后各地方政府纷纷跟进。C县所在的省城于2008年出台《杭州市义务教育阶段进城务工人员子女在杭就学管理暂行办法》，规定随迁子女父母一方取得暂住证，在本市实际居住满一年以上，且与就业单位签订劳务合同并缴纳社保一年以上，即可提出在本市公办学校入学的申请。2017年又将条件降低到父母只要持有有效的居住证即可申请入学。"两为主"政策（以流入地为主、以公办学校为主）的全面落地，大大降低了进城务工人员子女在城市接受义务教育的门槛，父母持居住证，子女就可以随班就读。入学门槛的降低回应了进城务工人员子女上学难的社会问题，然而，政策在客观上也加剧了乡村生源流失，加速了乡村小学的小规模化。

以浙江省为例，杭州市 2014—2016 年义务教育阶段流动人口随迁子女人数分别为近 26 万、27 万、28 万，占在读学生比例分别达到 35.2%、36.3%、36.6%。[①]1/3 强的乡村儿童从乡村小学流入城市小学。与此同时，C 县教育局为响应政府"最多跑一次"倡议，对转学的审批也放宽，只要两校对接同意，即可完成转学。

　　说得土一点，就是这里留不住人嘛。大家出去以后，再返回来的人基本上就很少了。父母就带着孩子去他们工作的地方，而且现在城里的学校也多，条件又好，义务教育阶段家长又不需要承担其他费用，现在入学门槛又低，你看我们今年就又转走了好几个学生。现在都在"最多跑一次"，转学手续很简单，两个学校对接一下，那边同意接收，统一在平台上操作办理就可以了，学生直接过去，不需要教育局审批，特别方便。从学生角度看也真的是好的，因为跟爸爸妈妈在一起了。

（浙江省 C 县 W 镇 H 完小，汪校长，2017 年 6 月 28 日）

3. 师资进城选调政策的负面观感

比生源流失更为严重的是优秀师资的大量流失，使乡村小学的规模进一步萎缩。在当前，各地县城学校为缓解大规模办学而引起的师资缺口，通常采取向乡村地区的师资进行选调考试的做法，这一做法在笔者调研的三县中普遍存在。教育局在缓解城镇学校师资缺口的同时，进一步掠夺了乡村教育的资源。这些做法必然会影响家长的认知，他们会觉得留下来的教师都是差的，从而更不愿意将孩子送到家门口的学校，加速生源的外流。

　　我们的教师，就像候鸟一般蛰伏乡间，只要时机一到，就会远走高飞。县教育局规定在乡村中小学任教 5 年以上的，可以参加进城考试，当然你得获得各种各样的荣誉，否则你就没有竞争力。所以，在这个政策的激励下，我们的老师教得非常认真，成绩也能出得来，就希望能早点考上进城。但就像割韭菜一样，乡村教师成熟一批，收割一批，我们好不容易培养出来的教师，没几年就被调走了。这对于乡村学生来说是

① 董碧水，管婷婷.杭州：流动人口随迁子女持居住证即可入学[N].中国青年报，2017-08-07.

不公平的。

（浙江省 C 县 J 乡中心小学，姜校长，2018 年 1 月 19 日）

目前，学校条件越来越好，教师越来越老，学生越来越少。我到这所学校 11 年，起初教师有 16 人，学生 148 人。11 年来，教师通过找社会关系、运作，一个个陆续逃离了乡村。……上级教育主管部门一直没有新分配或者说补充新教师到我们学校；教师是只出不进，到目前专任教师只有 3 人，学生 13 人。其实农村学校现在最缺的不是硬件设施，最缺的是人：能下得来、留得住、教得好的人。学校好比一座水库，那教师就是固若金汤的堤坝，学生就如同堤坝里的水。试想，堤坝不稳了，水还能留得住吗？

（陕西省 A 市 Y 镇 Y 小学，丁副校长，2018 年 7 月 27 日）

（三）被迫降级型：规避义务教育均衡检查的牺牲者

在调研中，笔者发现有一部分小规模学校形成的原因比较曲折：当地教育局为了迎接国家的义务教育均衡化发展水平检查，把一些条件相对较差、人数较少的村完小，降为教学点，这些村完小随之成为小规模学校。因为国家或省检查的最基层单位是村完小，再下一级的教学点则不予检查。

以 L 县 M 镇为例，2017 年共有 4 所村完小被降为教学点，这也就不难理解 L 县 2017 年的学校数量较之 2016 年突然减少了 63 所。被降级的，不乏生源稳定、教学质量和管理水平俱佳的村级完小。以 M 镇的 C 小学为例，C 小学服务的对象为 C 行政村，全村共 145 户，3 个村民小组，计 738 人，距离镇行政所在地 16 公里。C 小学的校长管理有方，教学质量堪比镇中心小学，因而还吸引邻村 J 村的小孩前来上学，班额一直维持在 20 人上下，在被裁掉六年级前，学生规模在 100 人以上。但因没有"班班通"，C 小学被县教育局降为教学点，以规避检查。

我们去年把 4 所村完小降为教学点，因为没有"班班通"，也没有多功能室、计算机房等设备。没办法，现在我们只能保证镇里的 3 所完小达到要求。今年义务教育均衡发展检查，为了迎接"省检""国检"（省级层面和国家层面的义务教育均衡化发展验收），县里把很多村完小降为教学点，因为基本义务教育均衡检查只检查到完小一级，教学点是不检查的。不过，到 2020 年的优质义务教育均衡检查，教学点也逃不掉，都是要检查的。

（贵州省 L 县 M 镇中心小学，全校长，2018 年 12 月 22 日）

（四）舆论打压型：社会偏见、家长虚荣心之下的受害者

出于社会偏见以及攀比心理，一些家长觉得将孩子留在乡村小学，就是"家长无能"的表现，这一现象在东部省份普遍存在。即使原本教学质量较佳、学校文化鲜明的乡村小学，在这样的舆论风向下，也显得毫无"招架之力"，生源快速萎缩。在 C 县，乡村小学的生源被称为"三筛生"。"三筛"是指："谷筛"，随父母去省城上学了；"米筛"，被家人带去县城上学了；"粉筛"，被家人安排到上面的镇小去了。滞留乡间的多为弱势家庭的孩子，其中父母离异、身体有残疾和低保户的家庭占了绝大部分。"但凡家长有点能力的，都把孩子带出去了。"——在这种舆论压力下，原本打算在家门口上学的家长也被裹挟其中，甚至已经在读的学生也在中途被家长转走。家长们对城区的小学趋之若鹜，对家门口的乡村小学避之不及，乡村学校渐渐小规模化。

以 C 县 S 乡中心小学为例，其服务范围是全乡 81 平方公里，21 个行政村，26 个自然村，2052 个农户，共计人口 6914 人。按学龄人口占总人口的 10% 计，作为全乡唯一的一所小学，学生规模应当在 400 人以上，但 2017 年，S 小学的学生人数仅为 48 人。为此，方校长无奈地说：

我们小学去年花了 30 多万元，把学校操场、学生寝室、洗手间、教学大楼修葺一新，功能设备齐全了很多，还给学生寝室安装了空调。论教育质量，我们学校在我们片区的中心小学层级处于上流。我们新分配来的教师，素质也很优秀，就等学生来。但在一年级新生摸底家访时，学生家长表示不愿意来，原因是邻居家的小孩进县城读了，如果自己的小孩不去城里读，就输给邻居了。学前班的老师说今年确定会来

的只有 1 个孩子，如果真的只有 1 个学生，那我们的班级真的开不起来了。我们很有诚意，但是没有办法，家长们喜欢攀比，中国人太爱面子了。

（浙江省 C 县 S 乡中心小学，方校长，2017 年 8 月 2 日）

（五）学区调整型：城乡义务教育学校博弈的失利者

地处城乡接合部的乡村小学，受学区调整和压缩的影响最深。为缓解县城学校不断扩容的压力，地方政府一般通过新学校来吸纳不断增加的生源。新建学校则往往选在政府规划发展的郊区，这使得原本在这一片区的郊区学校突然面临一个强劲的竞争对手。并且，优质的学区是一张金名片，是投资开发的重要保障，因此，新建学校从一开始就自带光环。郊区小学在与新建学校的博弈中，几乎没有反抗能力。学区连同生源一起被新建学校"圈"走，自己则沦为乡村小规模学校。在 P 县的调研中，林校长如是说：

4 年前，我们边上建了 H 小学，应该算是我们县里条件最好的小学。学区从我们这里划走了几个村。我们学校的生源一下子流失了很多，即便是我们学区的学生，也想方设法挤进 H 小学去。最惨的时候，我们学校只有 51 名学生，人数最少的班级只有 4 人。要知道我 2003 年刚参加工作时，我们学校学生人数至少有 400 人。短短几年时间，萎缩得太快了。后来，可能是教育局为了平衡生源，把我们学校和 H 小学对应的初中都定为 H 中学后，学校的生源流失情况有所好转，现在慢慢上升到 100 人左右了。

（江西省 P 县 R 街道 J 小学，林校长，2018 年 5 月 19 日）

（六）意涵象征型：政治考量与文化保护下的幸存者

出于特殊的象征意义，一些乡村小规模学校被政府刻意地保留下来。在中国许多乡村地区和一些特殊的政治语境下，乡村学校在建立和发展过程中融入了很多故事，与各方存在情感联结，这使地方政府在规划和布局时有意识地保护这些"有故事"的学校。

1. 文化象征

陕西省 B 市 H 区 M 镇 R 村是全国文明村，村内有一座古寺，是始建于北魏的千年古刹，村名也因寺而得。全村有 7 个村民小组，共计 1705 人。近年来，B 市把 M 镇划作高新发展区，镇上原来 20 余所小学，陆陆续续被并入高新一小、二小等，就连镇中心小学也被并走，唯独 R 村完小被保留下来。冯校长如是说：

> 我们村是全国文明村，R 寺已经有千年的历史，在全国都是有名气的，而我们小学也有多年的历史。20 世纪末，我们的村办企业很红火，学校 1998 年重新建过，当年的校舍比中心小学造得还漂亮。近几年，村里的企业因为污染，都被关停了，就剩一个水电站，村集体经济走下坡路，村里的人都去高新区打工，小孩也都带出去念书了。按我们村户籍学龄人口来算，我们学校有 125 人，但实际上我们的在读学生只有 62 人，高峰期学生人数曾达到 200 多人。但学校现在看起来不会并到高新区的小学去，一方面是我们 R 村人口有这么多，总是有孩子要上学的；另一方面，作为全国文明村和 R 寺所在地，也需要有学校留存，作为文脉的延续。

> （陕西省 B 市 M 镇 R 小学，冯校长，2018 年 7 月 27 日）

2. 政治象征

在一些贫困地区，很多学校在创办过程中得到社会力量尤其是大型企业以及海外民间人士的资助，导致各类冠以"××希望学校"之名的学校散落各地，这些学校也就成了特殊的政治符号和文化的象征。陕西省 Y 市 Q 镇 Q 小学是一个教学点，全校一共 4 名教师，仅有 17 名学生。因 20 世纪末学校翻建时得到了台湾台塑集团王永庆先生的赞助，所以学校还有另一个名字——明德希望小学。提起学校，G 校长如是说：

> 大学之道，在于明德，所以我们的学校又叫明德希望小学，这是王永庆先生取的名字。虽然我们学校现在只有 17 个学生了，但看起来，也不会撤点。前两年，这里要修一条高速通到 Y 市，当时图纸上显示就要拆掉我们学校的这栋教学楼，从我们这里穿过去。最后明德项目

部和政府联系说这是台商赞助的，所以建设单位就把方案改了，后退了 200 米。因为这毕竟是一所共建学校，所以政府把我们小学保留了下来。

（陕西省 Y 市 B 区 Q 镇 Q 小学，高校长，2018 年 7 月 28 日）

3. 管辖象征

有些地区，虽然地理位置不算偏僻，也不属于山区，但由于行政区划重叠或界线不清，形成了政治地缘的偏乡，地方政府为显示对此地区拥有的管辖权，会设置或保留小规模学校。比如在 P 县 G 镇调研时，笔者遇到这样一所学校：

我们村是 G 镇的飞地，周围被 Y 镇包围。这里原来是 G 镇的农场，村民也都是 G 镇搬迁过来的，虽然现在农场已经不存在了，但对于这块地 G 镇当然不肯拱手让给 Y 镇，所以我们在行政区划上一直属于 G 镇。我们现在一共有 1 个行政村，7 个自然村，人口有 1000 多人，现有学生 62 人，是完全小学。虽然学生跟父母去城里念书，走了不少，但毕竟还有那么多留守的。如果撤并的话，去 G 镇最近的小学，开车都要一个半小时，如果并入 Y 镇的小学，不就等于说我们村是 Y 镇的，所以，我们 N 小学是不可能撤点的。

（江西省 P 县 G 镇 N 小学，高校长，2018 年 5 月 18 日）

五、小结与反思

从浙江省、江西省和贵州省义务教育学校标准化建设的政策演进来看，无论是先分类后统一还是先统一后分类，无论是保底线还是抓重点，都是各个时期国家政策在各地义务教育学校标准化建设中的投射，同时也是政策在地化过程中不断妥协和调适的过程，以使政策能最大限度地发挥作用。可以看出，各省在国家日益重视教育均衡，尤其是贫困地区教育资源公平的语境下，在推进义务教育学校标准化建设的过程中可谓不遗余力，即便是在财政压力十分紧张的情况下，也尽可能地保障薄弱学校办学条件的改善，使各地学校尤其是乡村学校的标准化建设成效显著。而在此过程中，既有省情决定的必然因素，也有突发事件的偶然因素，从而形成各省不一样的发展主线和推进重点。

从对 C 县、P 县和 L 县乡村小规模学校各项办学条件指标的量化考察，以及三省义务教育学校办学标准要求的对比来看，我国东部和中西部地区的乡村小规模学校尽管有相同之处，但更多呈现出了较大的差异。从整体上来说，我国乡村小规模学校大多为非独立法人的完全小学或教学点，近年来，国家推进义务教育均衡发展的进程中，小规模学校的师资质量得到了保障，无论是学历还是职称，都基本达到了相应的标准要求。另外，在较易得到满足的指标上，比如生均图书册数、普通教室面积和计算机生机比等层面，至少在数量上达到了基本要求。从东西部差异来看，东部地区的乡村小规模学校在标准化建设的指标达成度上显著优于中部和西部地区，而中部地区又要略好于西部地区。这不仅是各地社会、经济差异所引起的，同时也与各省在制定学校办学标准时，是否真正聚焦乡村小规模学校实际需求和困难有关。比如，江西省对小学阶段的学校运动场地制定的标准最高，然而在这一指标上，P 县的乡村小规模学校跟《赣标》差距最大，两者出现了严重的"背离"。相对来讲，《浙标》较为温和且有一定的弹性，与本省乡村 6 班规模的完全小学达成度较高。

无论是"达成""失衡"，还是相"背离"，在对三省乡村小规模学校办学条件指标进行量化考察后，我们必须认识到：在制定学校办学标准时，务必从实际出发，不能照搬照抄相应的文件，更不能对乡村小规模学校标准化建设以一句"参照执行"而一笔带过。乡村小规模学校类型千差万别，即便是100人以下，30名学生规模和90名学生规模亦有较大的不同，其标准化建设自然也需要有一定的区别。要处理好标准"刚性"与"弹性"的关系，以够用、实用、满足需要为准绳。比如：一个班额只有10余人的微班课堂，真的需要 $54m^2$ 的教室、$80m^2$ 的计算机教室吗？因此，乡村小规模学校办学标准依然需要进行细分，可以鼓励学校将普通教室改造为功能教室，同时也要考虑未来学生人数的可能变化，为将来人数的增加留有余地。

仅从统计中的量化指标来考察乡村小规模学校的标准化建设，显然是不够的，比如师生的生存状态、学校的管理标准、文化建设标准、经费划拨及使用、外部支持等维度，是无法从这些局部的量化指标中加以评价的，因而需要更细致的田野考察来获得资料展开分析。

本章还对乡村小规模学校的形成原因进行了考察，总结了6种类型，即：自然形成型、生源外流型、被迫降级型、舆论打压型、学区调整型和意涵象征型。乡村小规模学校多是在政治、经济、文化、地理以及社会舆论的多重影响下慢慢形成并保留下来的乡村学校。

第四章

乡村小规模学校硬件资源的
田野考察

　　前文考察了乡村小规模学校标准化建设的量化指标，本章将对实地调研的乡村小规模学校的硬件资源进行分析。所谓硬件资源，与软件资源相对，原指构成计算机的各个元件的统称，现在也泛指生产、科研、经营等过程中的各类物质条件等。从某种意义上说，硬件资源是乡村小规模学校标准化建设的客观条件，是其发展的物质保证，也可以理解为上级和外界所能为学校提供的各种物质条件的总和，这种供给和支持不以学校的主观意志为转移。而从现实情况来看，乡村小规模学校的标准化建设的很多资源不能做非此即彼、硬件或软件的划分，其发展的资源往往既有客观的成分又带有主观的成分，但为便于分析和归类，笔者尝试将小规模学校的办学条件、办学经费以及外部资源支持等三个相对客观的维度归入硬件资源，并通过C县、P县和L县的田野调查，来获得量化指标中难以观察和发现的信息。笔者实地调研的个案学校基本情况见表4-1，除了上述三县，笔者还走访了浙江省T县的D小学和陕西省的R小学，其中：D小学毗邻C县，为T县最偏远的小学，具有独立法人资格；R小学为村级完小，具有独立法人资格。

表4-1　乡村小规模学校田野调查个案学校基本信息

地区	学校	类型	专任教师/人	学生数/人	校长
浙江省C县	W镇F完小	完全小学	10	35	徐校长
	W镇H完小	完全小学	11	75	汪校长
	W镇Y小学	完全小学	14	66	王校长
	JK乡中心小学	中心小学	12	43	方校长
	JK乡J完小	完全小学	14	32	王校长
	S乡中心小学	完全小学	17	44	方校长
	J乡中心小学	中心小学	18	86	姜校长

续表

地区	学校	类型	专任教师/人	学生数/人	校长
浙江省C县	J乡T完小	完全小学	14	59	项校长
	L乡中心小学	中心小学	17	81	汪校长
	L乡S完小	完全小学	12	59	蒋校长
江西省P县	G镇N小学	完全小学	8	53	高校长
	G镇X小学	完全小学	8	68	汪校长
	C乡NL小学	完全小学	8	98	高校长
	R街道J小学	完全小学	12	97	金校长
贵州省L县	M镇C小学	教学点	4	54	吴校长
	M镇LF小学	教学点	4	75	吴校长
其他地区	浙江省T县B镇D小学	完全小学	12	54	徐校长
	陕西省B市M镇R小学	完全小学	12	68	冯校长

一、基本满足与地区差距：办学条件

（一）学校设置环境条件基本合理

从笔者对三县乡村小规模学校的实地调研来看，大部分学校的设置基本合理。就地理环境而言，C县和L县同为山区丘陵地带，学校的选址主要考虑要避开泥石流等地质灾害区，宜选在开阔平坦的地方，而P县主要以平原湖区为主，学校选址应避开低洼、易形成内涝的区域，宜选地势稍高的平坦区域；就服务半径而言，大多数小学都选在人口集中的村寨边上，以方便儿童就近入学；就交通条件而言，大部分学校的交通尚可，汽车等普通交通工具均可以通达。同时，因地处偏远山乡和田间地头，小规模学校都能远离公共娱乐场所以及不利于身心健康的污染源。不过笔者也发现，C县W镇的F完小，其选址在一处土建水库坝下，存在一定的安全隐患，见图4-1；而L县M镇的C小学，因环境条件受限，地处半山腰，交通条件不够理想，见图4-2。

图 4-1 土建水库坝下的 F 完小

图 4-2 交通条件不便的 C 小学

（二）学校校舍质量及功能基本满足

近年来，国家的"全面改薄"计划成效明显，乡村地区校舍危房等现象已经消除，校舍质量基本保证。就笔者实地调研的学校来看，大部分校舍建于 20 世纪 90 年代末至 2010 年，层高以三至四层为主，这些校舍大多由当地政府出资，西部 L 县则由希望工程出资建设，整体外观也较新。笔者截取 C 县 S 完小、P 县 J 小学、L 县 LF 小学三所学校作为三县的代表（见图 4-3 至图 4-6）。

图 4-3 浙江省 C 县 L 乡 S 完小主教学楼，
占地 2038m², 建于 2009 年

图 4-4 江西省 P 县 R 街道 J 小学主教学楼，
占地 1136m², 建于 2012 年

其中 C 县 S 完小的主教学楼为 4 层，设置了 54m² 普通教室共 11 间，24m² 教学辅助用房 3 间，32m² 厕所 4 间，36m² 教师办公用房 3 间和会议室等行政办公用房 3 间。当前，S 完小 6 个年级占用了 6 间教室，其他 4 间教室辟为图书室、音乐室、学生的"留守儿童候鸟之家"等功能性教室在使用。教工

宿舍则位于教学楼的第 4 层东边区域，共有 4 间。另外建有学生寝室楼，共有 20m² 左右的学生寝室 12 间。

图 4-5 贵州省 L 县 M 镇 LF 小学主教学楼，占地 462m²，建于 1996 年

图 4-6 浙江省 C 县 L 乡 S 完小学生寝室楼

随着学生住校人数的减少，我们 12 间寝室目前还有很多空余的，我打算这个暑假把学生寝室改造一下，腾出房间安排给我们的教工，让老师和孩子们住在一起。把教学楼的教工寝室改造成学生拓展性课程的用房，这样我们的教学楼的功能就更纯粹，学校的功能分布也会更合理。

（浙江省 C 县 L 乡 S 完小，蒋校长，2018 年 1 月 18 日）

P 县 J 小学的主教学楼有 3 层，设置了 36m² 的普通教室共 6 间，60m² 的多功能教室 1 室，2 间 18m² 的教学辅助用房和 36m² 教师办公用房 1 间。教学楼没有设置厕所，学校没有设置教工和学生寝室。

总体来看，学校的建筑用房是够用的，不过今年的一年级新生有 28 人，感觉教室就挤了很多，其他班级因为都是十来个人，所以就不觉得挤。我们的音乐教室有 60 ㎡，是最大的。

（江西省 P 县 R 街道 J 小学，林校长，2019 年 1 月 18 日）

L 县的 LF 小学的主教学楼也为 3 层，设置了 36m² 普通教室共 6 间，24m² 的教学辅助用房共 3 间。因为 LF 学校从 2018 年起被降格为教学点，因此，目前只有一至四年级。4 名教师共用二楼的一间办公室。

从调研来看，乡村小规模学校的校舍的质量与外观，东部 C 县的乡村小规模学校的标准要高于中西部地区，教学用房盈余面积较多，而中西部地区校舍较为紧凑，但基本够用。按标准化建设要求，校舍按功能一般分为教学用房及辅助用房、办公用房和生活用房，整体而言，教学用房均能基本满足教学需要，但办公用房尤其是生活用房，地区差异较明显。这也印证了前文量化指标的考察结果：东部相对完备，中西部小规模学校的生活用房和配套相对欠缺。具体而言，存在如下短板。

1. 厕所量少且标准化程度低

调研中发现中西部乡村小规模学校的厕所数量很少，通常全校仅一个厕所，且为师生共用。此外，在西部 L 县的厕所为旱厕，非水冲式，因此，卫生安全并不能得到保障。如 L 县 C 小学的厕所（见图 4-7），日常卫生打扫由高年级同学包干，并需要从远处担水而来。中部地区 P 县小规模学校的厕所为水冲式，但不能做到每个楼层设置，也没有进行师生分离。

图 4-7 贵州省 L 县 M 镇 C 小学的厕所

2. 食堂不独立且设备简陋

独立、卫生的食堂是师生在校园生活的重要组成部分。从调研来看，东部 C 县都设置了独立、功能完备的食堂和师生就餐餐厅（见图 4-8）；中部 P 县因情况各异，有的小规模学校有独立的食堂，有的学校因学生离家较近而没有设置食

图 4-8 浙江省 C 县 W 镇 Y 小学学生就餐

141

堂；而西部 L 县的小规模学校食堂则置于教学楼内，没有独立建造，也没有辟出师生就餐的区域，学生席地而坐，露天用餐，且炊事条件采用传统的柴灶，较为简陋（见图 4-9、图 4-10）。

图 4-9　贵州省 L 县 M 镇 LF 小学学生就餐

图 4-10　贵州省 L 县 M 镇 C 小学
炊事员采用传统的柴灶做饭

因校舍功能区划的不合理，西部一些校长也比较苦恼。

> 我就觉得我们的幼儿园和食堂要独立建造。学校卫生刚刚搞干净，幼儿班的小朋友就把你弄脏，乱扔东西，挺头痛；另外就是食堂不能设在教学楼，你看，我们的食堂还是用柴火的，虽然这样做出来的菜比较香，但是排烟是个问题，楼下做饭，整幢楼都是烟，所以最好能独立造个食堂。
>
> （贵州省 L 县 M 镇 C 小学，吴校长，2018 年 12 月 24 日）

3. 教工寝室条件普遍较差

从三县的个案学校来看，东部 C 县多数小规模学校有寄宿学生，寝室能做到一生一床，每个寝室楼层都设有卫生间，且多数学校能做到至少在一层卫生间内设有热水器，供学生洗澡用。P 县和 L 县的个案学校因没有寄宿生而无从考察。另外，就教工寝室条件来看，因 C 县和 L 县有些小规模学校过于偏僻，外地教师来此任教，一般只能选择住在学校里，P 县个案学校则基本没有设教工寝室。无论是东部的 C 县还是西部 L 县，条件普遍较为简陋，尤其缺乏独立的卫生间和热水供应，较为明显地影响了住校教师的生活质量。当然，C 县能提供教师的单人间（见图 4-11），而 L 县只能在教学楼临时隔出半间供住校教师用，且多人挤一间（见图 4-12）。

图 4-11 浙江省 C 县 JK 乡 J 完小教工寝室

图 4-12 贵州省 L 县 M 镇 C 小学教工寝室

（三）教学条件及仪器设备地区差异明显

教学条件和仪器设备的完备程度，可以说是标准化建设外显的最核心的指标依据。从前文对三县量化指标的对比分析中可知：我国乡村小规模学校教学条件的地区差异十分明显，大致可以认为东部好于中部，中部略好于西部。从实地调研情况来看亦是如此。

1. 运动场地

运动场地的建设一般耗资较高，其标准化程度可谓一所学校的"门面"。东部 C 县学校的运动场地标准较高，多数学校设有 100 米直跑道和 250 米环形跑道，且场地都进行了软化处理，铺上了塑胶（见图 4-13）；P 县的学校也都能设置 60 米直跑道，并进行软

图 4-13 浙江省 C 县 J 乡 T 完小运动场地

化处理（见图 4-14）；相对来讲，L 县学校的运动场地标准化程度最低，不过，基本也能提供平坦、开阔、硬化的场地（见图 4-15）。

图4-14　江西省P县G镇X小学60米直跑道

图4-15　贵州省L县M镇C小学运动场地

可以看出，三县学校运动场地的配置还有较大的差距，但近年来随着国家对义务教育均衡化发展的推动，中西部地区的运动场地已经得到了较大的改善。

2. 多媒体技术设备

图4-16　浙江省C县JK乡中心小学的"班班通"课堂

笔者在调研时，被各层级教师反复灌输"班班通"这一术语，这是因为"班班通"是义务教育均衡化发展的主要着力点，是落实到具体每一堂课堂中的信息技术手段，是教育信息化最核心的指标。所谓"班班通"，是指学校每一个班级能与外界进行不同层次的信息沟通的能力，实现信息技术与学科日常教学的有效整合。① 一般泛指多媒体教室，即有投影仪、配电脑、可上网的教室。"班班通"是国家在推进"校校通"以及"农村中小学现代远程教育工程"之后，信息技术在农村学校的延伸。从个案学校来看，东部C县的教室都配上了"班班通"；中部P县学校为局部班级配有"班班通"；而西部L县"班班通"尚没有辐射到下面的教学点，镇片区完全小学则已经配置（见图4-16至图4-18）。

---

① 刘志波，齐媛. 班班通：从校园信息化建设走向课堂信息化应用[J]. 中国电化教育，2010（8）：64-68.

图4-17　江西省P县G镇N小学
董老师用手机连接音响播放英语课文

图4-18　贵州省L县M镇C小学的普通教室

由此可见，仅以"班班通"而言，标准化建设的步伐尚没有迈进中西部乡村小规模学校，尤其是教学点这片最后的"处女地"。教师在缺少必要设备的情况下，因陋就简，利用智能手机作为多媒体手段，发挥了自己的聪明才智。

3.办公条件

就教师办公条件而言，在乡村小规模学校里，教师普遍采用集体办公的模式，多名教师共用一间办公室。在C县，校长拥有独立的办公室，并配有空调，普通老师的办公室则都没有配空调，除了个别接受社会捐赠的学校外。而在P县和L县，校长与普通老师一起办公，且全部没有配空调。在L县，贵州山

图4-19　贵州省L县M镇C小学的教师办公室

区的冬天非常阴冷，教师一般用炭火或电暖器取暖（见图4-19），存在一定的安全隐患。之所以没有安装空调，一方面是因为经费紧张，另一方面则是即便安装了空调也用不起，因为公用经费不够。

（四）办学条件维持运转具有脆弱性

乡村小规模学校往往处于偏远地区，地缘劣势使其在资源供应环节处于最末端的位置，受到不可抗拒的外力的影响，学校运转具有脆弱性。比如水、

电，极易受恶劣天气的影响而断供。在调研中，C 县 W 镇的 F 完小深受断水之苦。

> 我们学校的自来水不是由县水务局提供的，而是跟村里的自来水网连在一起的，村里的供水很不稳定，经常会停水，村里停水，我们学校也跟着停水。你说这怎么办呢？只能去我们学校上边的水库里取水，幸好我们这里没有污染，水库里的水质是很好的，毕竟我们有住校的学生和老师，水还是要用的，厕所也是要冲的。

（浙江省 C 县 W 镇 F 完小，徐校长，2017 年 6 月 29 日）

而 L 县 M 镇的 C 小学，因地理环境偏僻，供电系统极不稳定，遇到大雪冰冻天气，电线杆容易倒伏而断电，因在大山深处，维修起来特别麻烦。若遇停电，少则几天，多则长达一个月恢复供电。在这样的办学条件下，教师们只能采用最原始的人工打铃，用不同的节奏表示不同的信号（见图 4-20）。

图 4-20　贵州省 L 县 M 镇 C 小学用不同的
铃声节奏表示不同的信号

> 2008 年那年，整个学校停电一个多月，一根洋蜡烛要卖 30 块。后来，国家电网改造后，情况好了很多，但还是时不时停电，一个月平均要停两次电，停电就什么也干不成。

（贵州省 L 县 M 镇 C 小学，吴校长，2018 年 12 月 24 日）

二、"整体紧张"与"M型结构": 层层审批下的公用经费

适度的经费是学校建设的重要支持条件, 是维持学校运营的"口粮", 是促进学校发展的"血液"。而公用经费是满足学校开展正常教学活动和正常运转的后勤保障等所产生的费用, 它和人员经费一起, 构成教育事业性经费, 也是义务教育学校标准化建设的重要内容之一。因人员经费各地差异较大, 且难以掌握资料, 本书的经费考察以公用经费为主。依据财政部和教育部2006年共同印发的《农村中小学公用经费支出管理暂行办法》, 公用经费的开支范围主要包括: 教学业务与管理、教师培训、实验实习、文体活动、水电、取暖、交通差旅、邮电、仪器设备及图书资料等购置, 房屋、建筑物及仪器设备的日常维修维护等。公用经费不得用于人员经费、基本建设投资、偿还债务等方面的开支。

近年来, 义务教育学校生均公用经费的标准逐年提高。2015年出台的《国务院关于进一步完善城乡义务教育经费保障机制的通知》规定: 从2016年起, 统一城乡义务教育学校生均公用经费基准定额, 其中东部地区小学每生每年650元, 中西部地区小学每生每年600元。同时对中央和地方的分担比例作出了规定——西部地区及中部地区比照实施西部大开发政策的县(市、区)为8:2, 中部其他地区为6:4, 东部地区为5:5, 并鼓励各地结合实际提高公用经费补助标准。

从笔者的实地调研来看, 公用经费的使用整体呈现紧张的状态, 但基本能维持运转。从地区差异来看, 东部经费充裕一些, 西部比中部略好一点, 而中部因承担的额外支出最多, 经费入不敷出, 因此整体呈现"M型结构", 即我国中部地区的公用经费最为短缺。

(一)分级共担: 公用经费的合理组成

2016年, 浙江省、江西省和贵州省都各自出台了相应的义务教育经费保障机制的实施方案, 在规定了本省的生均公用经费基准的基础之上, 主要对公用经费地方需要承担部分进行省、市、县分担比例的划定。浙江省根据各县、市的经济状况, 将各县区划为二类六档, 省级财政按20%、40%、60%、

80%、90%、100%六档比例承担，根据划分，C县被划为一类一档，即省级财政按100%的比例承担地方部分。江西省则将省级与县级财政分担比例划为两类：比照西部大开发政策的41个县，按照9:1比例负担；其他县按照8:2比例负担。根据相关文件，P县被列为比照西部大开发县政策实施，因此省级财政分担90%，县级财政分担10%。贵州省将地方分担部分的比例划为三类：省属学校由省级财政全额承担，地级市（州）属学校由所在地级市（州）财政全额负担；集中连片特困县以及黔南州、黔东南州和黔西南州的非集中连片特困县，由省、地级市（州）、县区按8:1:1比例分担；其他地区则按6:2:2比例分担。根据方案，L县属于第二类，即省级财政承担80%，州财政承担10%，县财政承担10%。三县公用经费标准以及各级政府分担比例如表4-2所示。

表4-2　C县、P县和L县普通小学公用经费标准以及中央和地方分担比例

地区	公用经费标准/元	中央财政负担		地方财政负担部分的分配比例					
		比例/%	金额/元	省级比例/%	金额/元	市（州）比例	金额/元	县级比例/%	金额/元
浙江省C县	650	50	325	50	325	—	—	—	—
江西省P县	600	80	480	18	108	—	—	2	12
贵州省L县	600	80	480	16	96	2	12	2	12

据此，我们可以认为，C县财政在学生公用经费这一块没有任何压力，P县和L县因分担的金额仅生均12元，财政压力也不算大。不过，因P县在小学阶段在读人数的基数较大，相对来讲财政压力要大一些。从实际调研的情况来看，C县并没有在学生公用经费上面零投入，而是对所辖的100人以下的小规模学校给予5万元一年的乡村小规模学校公用经费补助。另外，就县级财政承担部分的到位情况看，P县没有问题，L县存在滞后现象。

　　我们的公用经费是按600元每生每年拨款的，中央占80%，省里占10%，我们的州和县分别是5%和5%（这一比例和贵州省制定的公用经费比例分担方案略有出入，但大致准确），中央、省和州承担部分的经

费是可以及时划账到位的，县里的 5%，会慢一点，因为县财政困难。从使用情况来看，还是不够，我觉得提高到 1000 元每生每学年，估计就够了。

（贵州省 L 县 M 镇中心小学，王副校长，2018 年 12 月 24 日）

（二）精打细算：维持学校的正常运行

随着近年国家对公用经费基准的提高，对于乡村小规模学校而言，尽管收入依然过少，但整体而言，大部分学校可以维持正常的运转。从调研情况来看，三县对于不到 100 人的乡村小规模学校，都能做到按 100 人拨足公用经费，并没有发现中间环节被克扣的情况。从 C 县来看，学生公用经费加上乡村小规模学校公用经费补贴，可以达到 12 万元左右；P 县和 L 县因没有额外补贴，因此公用经费都在 6 万元左右。多数校长表示，"钱多有钱多的计划，钱少有钱少的打算"，每年精打细算，按计划办事，没有钱，就只能少做事。调研学校公用经费用于正常支出的一般有：日常办公用品开支、学校各类设备以及校舍的日常保养和维修、教师培训费与差旅费、水电费、学生各类文体活动费用、学校绿化维护、学校文化建设费、环卫保洁费以及适量的公务接待费等。相对来讲，C 县因总额要高一些，充足一些，因此，各类活动开展以及经费保障要到位一些。而对于 P 县来讲，则只能用于最基本的运行保障，学生的文体活动费用、教师差旅费和培训费等，只好能省就省，以节约开支。L 县因为都是非完全小学的教学点，班级、人数以及教师人数等相对要少，按 100 人拨款之后，经费充足程度比 P 县要好一些。调研中发现，东部 C 县和中部教学设备配置相对较好的学校普遍反映维修成本过高。

我校教学设备，因近两年义务教育均衡化发展的推动，比以前有了很大的改观。但用了之后，发现维修成本相当高，县里也没有统一的报修中心，只有学校各自为政，请厂家来修，高额维护费让我们难以承受，动辄上千元，属于"用得起，修不起"的状态，公用经费又那么有限。

（江西省 P 县 R 街道 J 小学，林校长，2019 年 1 月 18 日）

（三）入不敷出：自聘人员经费支出较大

公用经费用于自聘人员开支占了大头，成了公开的秘密。尽管国家明文规定，公用经费不得用于人员经费的开支，但对于乡村小规模学校而言，编制有限，只能寻找其他人员来补充。调研中，校长口中的自聘人员主要是指代课教师和食堂工作人员。从 C 县来看，自聘人员主要为食堂炊事员。

> 我们这个学期请了两个食堂阿姨，工资是 2000 多元一个月，以前是 1800 元一个月，但找不到人，只能加一点。那么两个人就是 4000 多元一个月，刨去寒暑假两个月，要发 10 个月，光这一项，我们小规模学校补贴的 5 万元，就用掉了。有的学校配有食堂的工勤岗，那就会好一点。其他的费用，日常开支是可以，要想改善一些，就只能靠社会的一些捐赠，有时候，我也只能厚着脸皮向镇政府领导开口，而且我们是一个大镇，学校多，做一样事情，镇政府也有自己的规划，只能一个学校一个学校轮着来了。

（浙江省 C 县 W 镇 Y 小学，王校长，2019 年 1 月 28 日）

而从 P 县来看，不光有食堂人员，还有代课教师的工资，因此公用经费的开支压力极大，极个别学校甚至出现入不敷出、校长自己贴钱的情况。

> 这个学期，我们食堂有两个工作人员，两个人 1.2 万元一个学期，一年是 2.4 万元，两个代课教师 2 万元一个学期，一年是 4 万元，这两项加起来就是 6.4 万元。所以，你看整个学校就是入不敷出的状态，为了学校的运转，我已经自己贴了 5 万元，上半年为了迎"国检"，购置食堂桌椅等器材，我还向老婆借了 1 万元。

（江西省 P 县 C 乡 NL 小学，吴校长，2018 年 5 月 17 日）

反而是西部 L 县的情况好一点，公用经费不需要用在食堂工作人员上，全县所有学校的食堂工作人员的工资，统一由县财政局承担。

> 我们的食堂工作人员虽不是正式编制，但所有的费用均不需要我们学校承担，也不需要从学生公用经费中拨出额外的费用，他们的工资全部是县财政统一发放的，还给他们缴五险一金，这给我们的学校减轻了

不小的压力。

（贵州省 L 县 M 镇中心小学，全校长，2019 年 1 月 28 日）

（四）寅吃卯粮：经费预算的提前使用

尽管公用经费有点捉襟见肘，甚至入不敷出，但该用的地方，还是一分也不能少，因此，有些乡村小规模学校只能提前使用第二年的经费预算。在 P 县和 L 县，这种提前消费的现象并不鲜见。

> 有时候，你也只能欠账做。一方面，中心学校要第二年的四五月开账；另一方面，你该做的维修，门窗的维修、玻璃的更新和购买，还是不能少。而代课教师的工资是不能少的，否则，他们下个学期就不来了。

（江西省 P 县 G 镇 X 小学，汪校长，2018 年 5 月 17 日）

> 我跟下面学校的校长说，你该做的事，好好想想，不能等着上面拨款，你再做，一些必要的学校文化建设，校舍的装修等是要先做的。你做好了，等局里的领导下来看了，他看到你的成果，你的成效，自然会觉得你做得不错，这样的学校建设是值得的，他就会主动给你钱，这个和你去向他要钱，感觉是完全不一样的，对不对？所以我鼓励校长们先做了再说，当然这个钱要花在刀刃上，要精打细算，不能乱花一分钱。所以我来了 M 镇之后，各个完小，包括教学点上的学校整体面貌是比以前有所改善的，一些做事被动、没有想法的校长，被我换掉了。反正，2018 年提前用 2019 年的经费，2019 年的到时候再想办法，先把学校做好，做像样！

（贵州省 L 县 M 镇中心小学，全校长，2019 年 1 月 28 日）

（五）额外负担：学前教育办学经费的倒贴

在 P 县和 L 县一些偏远的乡村，公办幼儿园尚不能覆盖的地区，由小学来领办学前教育，也是常有之事。一方面是村民确有所需，另一方面也是可

151

以适当地稳定生源。这些学前班一般由村小聘请相应的代课教师,并向家长收取低廉的学费,按照民办模式,自负盈亏。而当前,国家对于尚没有纳入义务教育范畴的学前教育,没有配套任何的公用经费。从调研情况来看,学前教育收入和支出不能相抵,其不足部分也需要乡村小规模学校的公用经费来弥补。

基本上,如果我们不搞这些亮丽的外表,正常的运营是可以保证的。因为现在生均公用经费按每人600元划拨,不足100人的,按100人拨,所以我们的经费情况其实比中心小学和完小还要好一点。但是,我们后面的这个学前班,我们按照上面的标准收,每个学生500元一个学期,还要管学生一顿中饭。我们两个班级共51个孩子,那么每学期只能收2万多元(笔者经计算,应该为2.55万元);我们聘请的两个老师一个月工资就3600元,所以500元一个学期,完全不够。学前教育这一块的经费,国家是不给的,省、州、县也没有配备经费下来,所以导致我们用小学在养它(学前班)。

(贵州省L县M镇LF小学,吴校长,2018年12月23日)

学前班收的都是本村的孩子,两个班级,共招了35个孩子,我们每学期收500元,一年收入在3.5万元。因为都是本村的,离家比较近,所以中饭我们不用管。幼儿教师,我们聘请的是本村两个幼师毕业的女孩子,1300元一个月,付12个月,所以员工工资就要3万多,而且1300元一个月,真的算很低的工资了。总务老师告诉我,学前班今年的支出一共是4万多,所以收支的缺口是五六千元。这个缺口也只能靠我们小学的公用经费来弥补,像我们这样只有97个学生的小学,公用经费本身就少,还要贴补学前班的运营。

(江西省P县R街道J小学,林校长,2019年1月18日)

而C县,因为公办幼儿园已经覆盖到每个乡镇,虽然幼儿园一般是在乡村小规模学校里办园,但都是以某某镇中心幼儿园某某分园的形式挂牌,经费及管理都各自独立,因此,不存在小学贴钱办学前教育的问题。

（六）层层审批：经费使用自主权过小

从经费使用程序和环节上来看，乡村小规模学校多数为非独立法人单位，因此经费的使用自主权比较小，经费账户都放在中心小学，且程序较烦琐，需层层审批，先报给中心学校，中心学校再打报告给教育局，教育局再做批复。从实地调研来看，对于这一经费使用模式，乡村小规模学校校长普遍认为有利有弊。一方面。认为其确实削弱了经费使用的自主权，制约了学校的发展；另一方面，认为经费使用规范方面的风险也小了一些，反正由中心学校管理。这样的矛盾心态在没有独立财权的小规模学校校长身上普遍存在。总体来看，C县的完全小学在经费使用的自主权上要大于P县和L县，且作为其法人代表的镇中心学校，在其经费使用上面给予了一定的弹性空间。

> 开门七件事，柴、米、油、盐、酱、醋、茶。只要学校运转一天，就会产生各种费用，大大小小都要花钱。现在我们没有独立的财务账户，确实感觉经费的使用自主权太小了，多少有点制约我们，让我们放不开手脚。现在我们做一件事，中心学校需要审核，确认属实后方可报销。我觉得像我们这样的小学校，太多的钱让我们自己管，我们也不需要，但一些基本的支出，如果制度规范，使用合理，让我们自己有一点自主权，肯定会好一些。
>
> （江西省P县R街道J小学，林校长，2018年5月19日）

> 总额超过1万元，或单价超过2000元的物品采购，是需要中心学校审批的，其他还好。反正我们小学校花大钱的地方也不是很多，经费主要用在了代课老师身上，今年下半年新分配了两位教师，相对来讲好了很多，现在我请一个代课教师即可。
>
> （江西省P县G镇X小学，汪校长，2019年1月28日）

> 反正W镇小跟我说，这一年的公用经费使用不要超过18万元，然后我们教师的培训、差旅费加起来不要超过4万元。我们是70名学生，按680元一人拨款，拨100人，再加上5万元的小规模学校公用经费补贴，所以加起来其实是不到18万的，镇小给我们的额度是比标准要高

一点的。反正我们发票拿到 W 镇小学去报就可以了，而且现在水电费我们不用自己交了，W 镇小直接帮我们交了，因为我们是同一个法人。我们的经费使用流程是很规范的，走政府定点采购程序，然后由镇小直接帮我们操作，这样压力会小很多。

（浙江省 C 县 W 镇 H 完小，汪校长，2019 年 1 月 28 日）

三、"鸡肋"还是"肥肉"？——经济杠杆作用下的乡村教师生活补贴

提高乡村教师生活待遇，用经济杠杆作用留住乡村教师，提升乡村教师的工作积极性是可行之道。2013 年，教育部出台《关于落实 2013 年中央 1 号文件要求对在连片特困地区工作的乡村教师给予生活补助的通知》，要求各地按照"地方自主实施、中央综合奖补"的原则，对贫困地区乡村教师给予生活补助。此后，各省和市、县（区）陆续出台了本省或本县的乡村教师生活补贴办法，补贴一般由县财政负担。

以 C 县为例，2015 年下发设立农村特岗教师津贴，按学校距离县城的远近程度分为三类地区，每人每月分别补助 1000 元、500 元和 300 元；2016 年设立乡镇工作补贴，教师每月可再享受 200 元、300 元、400 元不等的乡镇工作补贴；再加上 C 县所在省城已经施行多年的农村教育津贴（见表 4-3），因此 C 县乡村教师的乡村教育补贴由三块构成，且都由县财政负担。同级别教师的收入水平要略高于县城教师。笔者调研 W 镇的 F 完小、H 完小以及 Y 小学和 JK 乡的中心小学和 J 完小，都属于最为偏远的地区，可以拿到最高层级的补贴标准。

表 4-3　浙江省农村教育津贴（小学阶段）

单位：元/月

教师	1~5年	6~10年	11~15年	16~20年	20年以上
小学三级教师	60	90	120	150	180
小学二级教师	90	120	150	180	210
小学一级教师	130	160	190	220	250
小学高级教师	180	210	240	270	300
小学中具有中学高级职称的教师	280	310	340	370	400

注：未评聘专业技术职务的专任教师执行小学三级教师标准。

在 P 县，笔者并没有掌握乡村教育补贴的相关确切的文件，不过从实地调研学校以及对中心学校校长的访谈情况来看，P 县设有边远地区教师补贴，每学年 3600 元，即每月 300 元，但不是所有的乡村教师都可以享受，而是按一定的指标分给了各乡镇。乡村教师的边远补贴也由县财政拨款。

我们 G 镇共有 276 名教师，边远补贴给了我们 80 个指标，每学年每人 3600 元，大概还不到 1/3 的教师可以享受，以前补贴只有 1000 多元，今年涨了一点。不过，搞指标摊派，这事我们也不好做，公平起见，我们就按下面各个学校的教师人数，下拨指标，人数多的就多一点。我知道，一些学校把这部分补贴平均分给老师们，大家多少都能拿一点，免得指标给谁的时候，其他老师有意见。

（江西省 P 县 G 镇中心学校，吴校长，2018 年 5 月 18 日）

从 L 县来看，乡村教师生活补贴依据工作环境和交通条件，将义务教育学校分为两类：第一类是距离县城较近的乡镇，中心小学以及距离中心小学 2.5 公里以内的村小和教学点每人每月补贴 150 元，距离中心小学 2.5 公里以外的村小每人每月补贴 200 元，2.5 公里以外的教学点为 230 元，特别艰苦的教学点则补助 300 元；第二类是其他地区的乡镇，中心小学以及距离中心小学 2.5 公里以内的村小和教学点补贴 200 元，2.5 公里以外的村小补助 230 元，2.5

公里以外的教学点补助 300 元，另外，距离县城 80 公里以上，条件特别艰苦的教学点，则可以补助 350 元。可以看出，L 县的补助实施方案非常细致，主要有两个核心依据：县城半径和中心学校半径。补贴标准设定上，教学点高于村完小，村完小高于乡镇中心小学。补贴也由县财政承担。

> 我们 M 镇属于二类地区学校，所以我们中心小学每月补助 200 元，DM 小学、Z 小学和 LF 小学为 230 元，其他教学点都是 300 元。
>
> （贵州省 L 县 M 镇中心小学，全校长，2018 年 12 月 22 日）

若以一位工作满 10 年的小学高级教师，工作地点为三县最为偏远的小学为例，那么他在三县的乡村教育补贴情况，如表 4-4 所示。

表 4-4　C 县、P 县和 L 县乡村教师生活补贴对比

单位：元/月

地区	农村教育津贴	乡镇工作补贴	农村特岗教师津贴	合计
浙江省C县	240	400	1000	1640
江西省P县	300	—	—	300
贵州省L县	350	—	—	350

注：P 县因有指标限制，不一定能全额拿到补贴。

可以看到，C 县的乡村教师补贴要遥遥领先于 P 县和 L 县，而 L 县虽然每月的补贴标准不高，但至少每位乡村教师或多或少能拿到相应的补贴，而唯有 P 县，因指标限制，致使补贴的力度打了折扣，加剧了我国东、中、西部义务教育经费保障的 M 型结构。据此，笔者认为中部地区的乡村教师的生活补贴力度有待加强。乡村教师的生活补贴，因标准高低、教师的年龄结构以及家庭状况等因素，产生的作用也有较大不同，从调研情况来看，有些教师视乡村教育补贴为"鸡肋"，即使补贴再多，也是铁了心要调往城里，而有些教师则把补贴视为"肥肉"，权衡利弊之后，宁可选择在乡村工作。总体而言，呈现以下几个特征。

（一）效果依补贴标准大小递减

乡村教师生活补贴因为由各地自主实施，所以各地标准的差异还是较大的，在东部有些地方显著提升了教师待遇，而中西部地区，则有一点"聊胜于无"的尴尬状态。其杠杆效果随标准的降低而减弱。

> 最近两年收入确实上来了一些，我大学同学留在杭州，他们是省优、校优，在 X 区的 X 小学和 G 小学工作，除了公积金和住房补贴比我们高，其他待遇都没有我们高。然后我把我们的教学任务跟他们说一下，他们说太不公平了！哈哈。我们的三块相加的乡村教师补贴一年就比他们要高 2 万元左右。另外，其实也就是生活压力小。现在水费、电费、网费、吃饭、住宿，都是免费的，生活成本很低。伙食也是教育局拨的钱，每人每月 300 元，几乎没什么生活成本嘛！他们留杭工作，光房租就要花掉他们不少的工资，所以想想还是留在我们乡下好。
>
> （浙江省 C 县 JK 乡 J 完小，吴老师，2017 年 6 月 28 日）

> 其实每个月两三百块钱的生活补贴你说能产生多少效应呢？效果肯定不大，我们这些下面学校的老师，成家了之后，一般都在县城买了房子，周五回县城，周日返回学校，来回油费都要好几百吧？所以我觉得补贴力度还是偏低了。
>
> （贵州省 L 县 M 镇中心小学，全校长，2018 年 12 月 22 日）

（二）影响依教师年龄大小递减

从年龄上来看，总体而言，年龄大的老教师对补贴更为敏感。一方面，老教师已经非常熟悉自己的工作环境，对于自己工作的变动意愿已经降得很低；另一方面，老教师因工作年限较长，补贴的额度也会相对高一点。因此，乡村教师补贴的实施，提高了老教师的工作满意度和幸福指数。相对而言，年轻教师，尤其是外地教师，对于乡村教育补贴的敏感度较低。一方面，处于职业成长期的他们，对于未来有着更多的规划，对成长的平台更渴望；另一方面，他们对于是否能扎根乡村尚没有做好心理建设，尤其是对于异乡的归属感还没有建立。因此，乡村教育补贴对这部分教师所起的作用就较为有限。

> 我当了 41 年的教师，感觉国家的政策越来越好，向我们农村教师的倾斜这一点还是好的。所以我觉得自己还是不错的，我们的补贴比城里的老师至少多 1000 元，这样一年下来，就多一万二，你到中心小学就只有 500 元。

（浙江省 C 县 L 乡 S 完小，鲍老师，2018 年 1 月 18 日）

> 收入什么的，其实还可以的，补贴这部分力度也大，但我肯定是要回老家的。我老婆在那里，现在她怀孕了，宝宝也快出生了。这里的小孩都是留守儿童，我不可能让我自己的小孩也变成一个留守儿童。说实话，我到这边更多的是找一个跳板，今后我肯定是要回萧山，回老家的。

（浙江省 C 县 L 乡 S 完小，余老师，2018 年 1 月 18 日）

> 因为我去年要买房子，然后去银行划账，然后我看了一下去年拿到手的收入，大概就是 8 万元左右，公积金和养老金都不算，我刚毕业两年，这比我们县城同级别的老师要高一点。但你说让我一直在这里教书，说实话，我肯定不会。从另外一个角度来说，这（一直在这里教书）说明你没有用，现在的制度是不是这样子？比如，一个老师在这里待了 10 年、20 年，一般 5 年就可以有一次进城考试，所以基本上就有 2 次或者 3 次的机会进城，这个老师如果都没有考上，是不是说明他没有用呢？

（浙江省 C 县 W 镇 H 完小，唐老师，2017 年 6 月 28 日）

（三）作用依家庭需要程度递增

这里的"家庭需要程度"是指乡村教师家里的老人，尤其是孩子对其陪伴在身旁的需要程度。调研中，可以明显感觉到孩子处于学前教育阶段的女教师，对于工作调动极为迫切，一旦孩子已经到高中阶段或者夫妻有一方已经陪伴在子女身边，则该教师调动的意愿明显降低。因此，乡村教育补贴对于急于照顾家庭、辅助子女求学的教师的作用就会弱一些，而对于家庭需要程度减弱的教师，其经济杠杆作用就加强。

因为乡村的津贴提高，现在每年的进城考试都报不满了，没有人去，以前都是趋之若鹜的。但是说实话，为了小孩子，我还是想出去的，虽然我们乐于在这里教书育人，但是，大部分的老师都不愿意把自己的孩子留在乡村，这个我想大家都能理解。我的小孩现在在这里念幼儿园，但小学肯定是要到县城上的，因为我们房子也买好了，也打算装修了，为了小孩子，没办法。

（浙江省 C 县 JK 乡中心小学，方老师，2017 年 5 月 14 日）

在前几年孩子还小的时候，确实是想过要调到县城里去。因为孩子在城里读书，而我在乡下。事情再怎么急，在乡下你也飞不回去，没办法。以前交通也不方便，一个星期只能回家一次，孩子的学习真的是没怎么管。现在孩子读高中了，交通也方便了，回家近了，那种强烈的愿望就淡了很多。过了这个时间段，就无所谓了，而且在乡下还可以拿补贴。

（浙江省 C 县 J 乡中心小学，占老师，2018 年 1 月 19 日）

想进城的主要都是年轻人，年轻人主要考虑子女就学的问题，毕竟城区的教育肯定是优于农村的。因为我老婆已经考到了县城，所以我进城的欲望不是很强，城里的压力太大，乡下其实轻松很多。现在交通方便，反正早上来上班，晚上回去，早出晚归，没有问题，最多轮一天晚上值班。而且在这里上班，还有一定的乡村补贴。

（浙江省 C 县 J 乡中心小学，姜校长，2018 年 1 月 19 日）

四、责任担当与积极主动：外部资源的支持与互动

学校虽是一个相对独立的完整的系统，但同时又是整个社会的子系统。

社会大系统与其他子系统构成了学校的外部环境。[①]学校要生存和发展，绝不能自立于外部环境之外，而是要积极寻求从外部环境中获取有用的资源，来促进自身的发展，同时也为外部环境提供学校所应承担的社会责任。就乡村小规模学校而言，依与外部互动主体的由近及远，大致可以分为：家长、村（社区）、中心学校、乡（镇）政府、县（区）教育局等。除此之外的外部资源可列为非官方的民间组织，主要有：企事业单位、公益组织以及个人等。在争取外部资源支持的过程中，既需要各级组织和机构的热心关注与责任担当，更需要乡村小规模学校积极主动地寻求支持和发声。从某种意义上讲，校长个人的工作能力和态度，在争取外部资源的支持上起了非常关键的作用。从调研情况来看，乡村小规模学校与外部环境的互动既有共性，又有地区差异，大致呈现以下几个特征。

（一）日渐疏离的家校关系

随着年轻人进城打工，多数乡村小规模学校面对的家长群体以爷爷奶奶为主，使家长所应发挥的教育作用被削弱，也使家长与学校之间的联系变得很淡。仅有的家校联系一般以家访为主，整体呈现较为疏离的状态。

1."读书无用论"沉渣泛起

在乡村小规模学校，持"读书无用论"的家长不在少数。此类家长一般为文化水平不高、年纪较长且收入水平较低的群体，在对待孩子的教育问题上，往往表现为溺爱、诉说暴力或放任，不能正确引导和教育孩子，使孩子的行为习惯产生了严重的问题；在对待学校和教师上，往往表现为不尊重老师，不愿意配合学校和老师的工作。产生这种观念的原因有两种：个人方面表现为思想观念落后，不懂得如何教育孩子；外部原因则是社会风气不佳，节假日外出务工的人回来，多是聚众赌博，或相互攀比，很少有家长静下心来陪伴孩子、教育孩子。

现在是家长不配合好，对于我们老师来说真的是很不利。我们班有一个孩子，每个星期一都不来学校，她的父亲从来都不管她，就让她

---

① 张新平，等.义务教育优质学校办学标准研究[M].北京：科学出版社，2015：223.

在街上，给十块钱，随她一天怎么打发。因为每周一，老师会问她要作业，她交不出来，没交作业老师肯定会批评一下，造成现在她每个星期一都不来。问她，她就说生病了。老师就打电话跟她爸爸沟通，她爸爸就说："啊，我女儿生病了你还要逼着她来读书啊？"这个样子，老师很无奈。这种情况，你说火不火？像这种事情，我以前教书的时候根本不可能碰到，那个时候家长对老师非常尊重，老师说什么他们都会很配合。

（浙江省 C 县 J 乡中心小学，占老师，2018 年 1 月 19 日）

2. "离乡离农"的教师

维系家校关系的家访和家长会等制度，一方面随着父母外出打工而成为形式，另一方面也因为乡村教师结构产生的一些变化而弱化。随着本村籍教师的逐渐退休，年轻教师尤其是外地年轻教师对于本地并无归属感，他们在心理距离上离学生家长较远。另外，大部分教师都在县城买了房子，周末甚至平日里也是返回县城住，跟家长交流的机会不多。所谓"离乡离农"的教师，在乡村学校里多了起来，觉得只要完成自己在学校里分内的事，把学生教好即可，至于家访等，他们并没有看得很重要。当然，年轻教师也会通过现代信息手段与家长取得联系，但这在乡村小规模学校收效较弱。

我们班 8 个学生，我也建了一个家长微信群，8 个家长，3 个家长没有微信，因此就是一个"死群"。我有时候在群里发一些通知，家长也没有回应。所以，有些时候，上面要求家长配合完成的任务，比如安全教育等需要在电脑上操作完成的，我一般就一个一个登录账号，直接帮 8 个学生的家长做了。因为通知他们也没有用，不会理你的。一学年一次的家访还是会进行的，但平常或周六、周日去家访是不可能的，老师都回县城了。所以，现在跟家长的交流和沟通真的蛮少，家长也很少主动来问孩子的情况。

（浙江省 T 县 B 镇 D 小学，吴老师，2017 年 5 月 17 日）

3. 逐渐剥离村庄的家长

随着生活水平的提高，许多村民都在县城或外地置业、置产，自己的生活轨迹也逐渐剥离了相对贫瘠、落后，没有致富机会的家乡，回家的次数也越来越少。因为在外打工，重心也都放在了工作所在地，对于家乡的发展并不关心，遑论对家乡学校的配合了，即便是自己的孩子还留在乡村小学，他们也提不起很大的兴趣。

> 记得我 2013 年来这里的时候，刚好碰到村主任和村两委的换届选举，我们学校操场上挤满了人。4 年过去了，今年的换届选举，村民就少了很多，反正一年到头也回不了几次，你们选谁都跟我没关系，我还是赚钱重要。所以，我们跟家长的互动几乎没有，也不可能从家长那里获得学校发展的资源，他们能配合就已经很不错了。

（浙江省 C 县 W 镇 H 完小，汪校长，2017 年 6 月 28 日）

相对而言，在西部的 L 县，村上的教学点与家长的互动要比中心学校好很多。因为教师以本村籍教师为主，教师在家访过程中，经常会被好客的家长留在家中吃饭，以便更深入地交流孩子在学校中的学习状态。其状况有点类似东部和中部的乡村小学十年前的样子。

（二）唇齿相依的村校关系

在"三级办学"的年代，村办小学是乡村小规模学校的常态，村庄不仅是小规模学校的地理属地，也是学校办学经费的主要来源。如今在西部地区依然有不少村小的校舍是"三级办学"年代下的产物。彼时村小的校舍叫"三个一点"，即"政府出一点，村里出一点，村民捐一点"，可见村小与村庄之间关系之紧密。此后，随着办学体制改为"以县为主"之后，国家承担起了政府义务教育应尽的职责，村小对村庄的经济依附关系变弱，紧密关系也随之冲淡不少。但从实地调研来看，三县乡村小规模学校与村庄之间的互动依然绵密、良性，可谓唇齿相依。

1. 互相配合完成上级任务

村委会虽为村民自治组织，但需要经常完成乡政府指派的各项工作任务，可视为我国行政单元中最为微小的细胞，而乡村小规模学校则是教育体制架构下最为基层的单元，两者都是各自体系中最为基本的一环。在上级指派的工作中，两者有时候会出现交集，这时候，村小与村庄就会构成合作关系。比如脱贫工作：

> 我们在进行贫困生认定工作时，就需要村委会的协助，以帮助我们更为精准地认定贫困生。而村里要认定贫困户和村民的时候，也需要我们的配合，因为我们的台账、资料等，做得比较全。有时候，我们也会派老师去村委会，协助他们做一些统计、资料整理的工作。所以我们是相互配合的关系。
>
> （江西省 P 县 R 街道 J 小学，林校长，2019 年 1 月 18 日）

2. 学校为村庄发展提供支持

当下，乡村振兴战略中的新农村建设在东部地区如火如荼地展开，上级对村庄的文化建设亦较为重视。新农村建设中，传统的村级祠堂被赋予新的意涵，改称村民文化礼堂，成为村民的精神领地，也是村民开展各类活动的重要场所。在类似这样的新农村建设过程中，乡村小规模学校的师生提供了重要的支持。

> 我们 Y 村的村民文化礼堂是杭州市的样板，获得了市级荣誉。我们学校的老师，当然也是本村的文化人，出了不少力，有登记各类捐款、做台账的，有操作电脑的，帮了不少忙。另外，村里种植蓝莓的人很多，村干部为了推销，搞了一个蓝莓节，我们的学生和教师就排了几个节目去助演。反正村子兴旺，是我们更愿看到的，虽然目前村里没提供经济上的支持，但这是因为村里没什么大的企业。
>
> （浙江省 C 县 W 镇 Y 小学，王校长，2017 年 6 月 28 日）

而在西部 L 县，在"村办"小学阶段，村小（见图 4-21）是村民的文化活动中心，许多学校和村庄共用的文化活动场所，依然发挥着重要作用，成为联系学校与村庄的文化纽带。

图 4-21　贵州省 L 县 M 镇 DM 小学校园里的村民戏台

3. 村庄反哺学校建设

尽管村庄已经不再承担村小的经费，但作为村小所在的村落，其属地管理的象征意义依然强大。尤其是在中西部地区，村干部是乡村小规模学校日常所能触及的最大的"官"。在节假日或学校组织重要活动的日子，村干部常常被当作嘉宾现场发言，以支持学校的工作；在教师节或儿童节，村委会也会捐赠一些钱物，以示慰问。

> 今年的腊八节，我们举办了校园开放日活动，邀请家长来参观校园，我们就会请村委会的人发表讲话，村干部都挺支持的。再比如我们的儿童节、教师节等，村干部就会来学校走访慰问贫困儿童和教师，有时候会给 1000 元左右的慰问金。不过，这也是要看村委会的安排，不一定每次都有。
>
> （江西省 P 县 R 街道 J 小学，林校长，2019 年 1 月 18 日）

另外，学校在发展和建设过程中，需要征用土地。在调节学校与村民之间的矛盾时，村委会发挥了重要的作用；而学校在发展过程中，村委会也或多或少能提供经费的支持。

> 村、校的互动主要体现在节日的问候与参与，特别是教师节和儿童节，村委会也会给学校 300~500 元不等的慰问金。在学校建设用地上，比如我们的 DM 小学新校址地块的征用，都是村干部带头上门去动员

做工作，才把地拿下来的。另外，村委会会提供一些资金，也会针对学校发展提出一些小建议。

（贵州省 L 县 M 镇中心小学，全校长，2019 年 2 月 9 日）

（三）中心学校：绝对的领导关系

中心学校之于乡村小规模学校的意义，在东部 C 县与中西部的 P 县和 L 县完全不同。在 C 县因不少中心小学本身就是乡村小规模学校，即使是下面的完全小学，在隶属关系上也较弱，教育局发挥的作用要远高于中心学校。但在 P 县和 L 县，中心学校的地位就大不一样，其掌管着全镇所有中学和小学的人事权和财权，功能好比缩小版的"教育局"，是乡村小规模学校的直接上级领导。从调研来看，中心学校对于小规模学校的管理和支持主要体现在日常工作安排、各项工作检查以及业务上的指导。

中心学校对于我们的工作支持主要体现在对我们的直接领导和业务上的指导。比如：送教进课堂，把中心学校优秀的教师请到我们这里上展示课；有时候，我们举办文艺演出，中心学校也会选送节目过来支持。另外，在迎接上级主管部门的各项检查时，中心学校的一些领导会帮助我们迎检，陪同检查。至于经费，几乎没有支持，因为中心学校自身也很紧张。

（江西省 P 县 R 街道 J 小学，林校长，2019 年 1 月 18 日）

我到 M 镇之后，主要引导下面学校的校长在学校发展上面做一些思考，不能消极、被动，不能等、靠、要。同时，尽可能地发现有能力的教师，为他们创造一些个人发展的机会。在学校发展方面，如果需要中心学校帮助，我也会尽力解决。

（贵州省 L 县 M 镇中心小学，全校长，2019 年 2 月 9 日）

在 C 县，中心小学和完全小学之间的关系更类似合作关系，因为具有相同的文化和自然资源，面临的问题也较为相似，因此，在学校的定位、发展过程中，有同质化倾向。而年龄相仿的校长之间，则有相互竞争、暗暗较劲的意味。

关于中心学校与乡村小规模学校之间的关系，国家在"加强两类学校"建设中提出要发挥中心学校统筹作用，强化中心学校的引领、带头作用，实现中心学校与教学点一体化办学，实行中心学校校长负责制。[①]但作为实质不同的学校，中心学校很难做到"一碗水端平"，在资源配置尤其是师资的分配上，中心学校总是优先照顾自己的中心小学，再考虑下面的教学点，"厚中心薄教学点"也在所难免。

（四）渐行渐远的乡政府

跟村庄一样，随着义务教育"三级办学"体制的解体，"以县为主"办学体制的确立，乡镇一级政府不再承担学校办学经费投入的义务。又因为在乡镇一级设有中心学校，学校的财权和人事权都不再归乡政府管，削弱了政府对学校的管理权限，整体而言，乡村小规模学校跟乡政府的关系渐行渐远。不过，从实地调研来看，乡政府对学校的影响力并没有彻底消失，依乡政府财力大小以及辖区内学校数量的多寡，而发挥着不同的影响力，总体而言，乡村小规模学校与乡政府之间的互动呈现如下特点。

1. 精神支持多于物质支持

在中西部地区，乡镇一级政府财力十分有限，对学校的发展和支持，基本以精神鼓励为主。辖区内学校若有教师获奖，或教学质量成绩考核在县里面排名靠前时，乡政府领导亦会感到面子有光。在重大节日，乡政府主管领导会深入各村小，慰问或表彰优秀教师和学生。同时，也会陪同上级领导进入各学校进行各项检查工作。当学校获得优秀成绩时，乡镇政府偶尔也会给一些现金奖励。

> 虽然镇政府基本没有资金投入，但对我们的学校工作还是非常重视的，只要学校需要，镇政府主要领导必到。近年来，只要我们全镇能获得教学质量集体奖（即进入全县前6名），镇政府也会配套奖励我们1万元。这很不容易，镇政府也主要靠上级拨款，比我们还要困难，有时

---

① 详见2018年出台的《国务院办公厅关于全面加强乡村小规模学校和乡镇寄宿制学校建设的指导意见》。

候，镇政府工作人的差旅费都没地方报销，能做到精神上的支持，就很不错了。

（贵州省 L 县 M 镇中心学校，全校长，2019 年 2 月 9 日）

2. 支持力度的随意性

乡政府对学校经费投入义务的消解，意味着其对学校的经费支持具有随意性。这在东部相对发达地区的乡镇普遍存在，即乡政府对学校的经费投入没有常态化、标准化，有时候乡政府主要领导的个人意志就可以决定是否支持和支持的力度。

> 我今年打了报告，打算把我们学生宿舍和教工宿舍翻修一下，改善一下功能。因为学校的宿舍都是 20 世纪 90 年代的房子了，格局不好，主要是没有安装热水器。当时镇政府已同意，县教育局也批了，就是镇政府拿出 30 多万元，教育局拨 10 多万元，今年暑假把这件事情做好。但后来不知道什么原因，镇里的领导不同意了，导致这件事被搁置下来了。也许是嫌我们学校小，最后镇政府拨了 10 万元，我们只做了一些简单的维修。

（浙江省 T 县 B 镇 D 小学，徐校长，2018 年 12 月 28 日）

3. 支持层级的末端性

在 C 县，尽管乡镇一级政府财力也不充裕，但相较于中西部地区，还是可以提供一些支持。不过因为乡村小规模学校的弱小和边缘性，乡政府在支持力度上明显要比辖区内的大学校低很多，有时候，根本无暇照顾，乡村小规模学校在支持层级上处于最末端。

> 我们镇政府的经费资助，肯定是主要考虑镇上的小学和中学，我们乡下的小规模学校真的很弱势，根本照顾不到，我们就好像没人管、没人养的弃儿一样。你像 S 小学就好很多，S 乡就这么一所学校，所以乡政府每年都会投入资金，整个学校的环境和面貌就很不一样。

（浙江省 C 县 W 镇 Y 小学，徐副校长，2018 年 12 月 28 日）

而在 P 县，乡政府与学校的互动一般限于中心小学，如果乡政府有一些经费上的支持，也是需要等中心学校把"蛋糕"分好之后，才会轮到下面的乡村小学，而这样的"蛋糕"，乡村小规模学校往往不能"吃"到。因此，乡村小规模学校在乡镇一级的政府眼中，存在感较低。

（五）"够不着"的县教育局

在中西部地区，中心学校是强势存在，乡村小规模学校的需求和声音都需要通过中心学校向县教育局传达，因此，县教育局最终收到的需求信息在力度上明显减弱。而县教育局的文件、工作布置等，只下达到中心学校，使下面的乡村小规模学校在理解文件时，在一定程度上会出现偏差。

> 我们跟县教体局（县教育局）的互动几乎为零，除非是教体局直接下来检查工作，我们才可能有机会跟教体局的相关人员汇报情况。中心学校几乎包办了我们所有与上级主管部门打交道的工作。我想如果我们可以直接和教体局进行互动和交流，那我们的需求和声音，会更明确地传达，效果也会更好一些。
>
> （江西省P县R街道J小学，林校长，2019年1月18日）

在C县，因中心学校与完全小学之间的地位并不像中西部这么悬殊，因此，置于最末端、不具法人资格的完全小学也可以直接向县教育局表达需求，比如通过参加全县的校长会议等（C县教育局组织的校长会议，不是仅限中心学校校长参加），其境遇就好很多，声音和表达力度就强很多。通过校长的积极争取，学校能获得教育局的特殊照顾。

> 她（指英语老师），是我去"讨"来的，因为去年我们是一个语文老师一直在教英语，后来调到镇小去了。教育局开校长会那天，我去找人事科科长要（英语老师），我说我们学校再小，英语总是要上的。他说按道理我们学校的编制已经满了，我说编制再满，没有英语老师也是不行的，其他学科你说代一下就代一下，英语我们没有人可以代，专业性太强。我就坐在门口，跟人事科科长磨。后来被我讨过来了，她原本应该是放在镇小的。
>
> （浙江省C县W镇F完小，徐校长，2017年6月29日）

（六）民间社会力量的支持

近年来，我国民间社会救助力量以及非政府的公益组织逐渐兴起并日趋完善，有力地补充了我国社会保障体系。相较于政府资源的层层管理，民间社会力量的资助就具有灵活、敏锐、快捷等优势，也使乡村小规模学校可以绕开许多环节，直接获得资源。民间社会资源渠道多元，强弱不一，关键看小规模学校校长做与不做，是否尽力争取。调研中，有些校长认为自己学校压根没有社会资源的支持，孤立无援；也有校长认为社会资源现在不缺，只要自己肯努力，就能争取过来。校长们的态度形成了鲜明的反差。有校长认为，要争取公益组织力量的资助，首先要打理好自己的学校，让对方感觉到自己对学校的用心和自己的教育情怀。

> 说实话，像我们这样的乡村小规模学校，全国有太多了，凭什么让人家主动来关注你，是不是？所以在争取外部资源上面，除了我自己要积极主动去接触这些相关的公益组织外，我觉得首先就是要打理好学校，让学校干净、整洁，师生面貌积极向上，才能让对方愿意资助你。如果学校暮气沉沉，校长又不肯去多接触，对学校发展也没有想法，一味抱怨，负能量太多，别人也肯定不想帮你。
>
> （江西省 P 县 R 街道 J 小学，林校长，2019 年 1 月 18 日）

从社会资源的构成来看，找寻成功校友以及地方上的名人等个人力量，是乡村小规模学校寻求外部资源支持的可行之道。

> 其实社会资源的支持，多少总是可以找到一些，总比你不去努力、不去做要好。今年我们有一位校友，他开了一家公司，然后他通过"诗与远方"的基金会（浙江诗和远方慈善基金会），给我们学校汇了 1.5 万元，钱虽然不多，但也是校友的心意，积少成多嘛。再比如，本地有一个开农庄的老总，我也是私下与他结识，年前的时候，他就送来了一些农产品，比如山核桃、辣酱、姜茶等作为我们老师的福利。因为现在我们的老师除了绩效（工资），一般的福利都砍掉了。其实，他们（校友等）也很愿意为家乡的教育做一些事的，但如果你不积极主动去争取、去联系，

那他们也不知道该怎么帮你。

（浙江省 C 县 W 镇 Y 小学，徐副校长，2019 年 2 月 8 日）

此外，公益组织，各类基金会、志愿者协会等，是乡村小规模学校获得资助的主要途径。

> 我跟我们的 P 县志愿者协会经常有联系，我自己也是成员之一。我们学校的两名品学兼优的贫困学生将获得长期的资助，只要这两名学生继续求学，协会可以一直资助他们，直到大学毕业。我还跟阿里基金会和杭州市妇联联系，它们有一个计划叫"焕新乐园"（由浙江省妇女儿童基金会、阿里巴巴公益基金会共同发起），就是给孩子的房间，从床、书柜、衣柜，到四件套、窗帘，全部换新，墙也粉刷一新，给孩子一个舒适的居住空间。我们学校的一个贫困学生争取到了。

（江西省 P 县 R 街道 J 小学，林校长，2019 年 1 月 18 日）

也有基金会认为，资助一个乡村教师成长，让教师去影响一个班级，资助一个乡村校长成长，让校长去影响一个学校，这样的方式更有意义。陕西 R 小学的冯校长便是相关基金的受益者。

> 我获得马云乡村教师奖，这个荣誉让我感受到了乡村教师前所未有的尊重。3 年的培训计划，让我有机会走出大山，看看外面的世界，听听不同的声音，结交各地的朋友，使我的教育观念和眼界有了很大的改变。我把这些先进的教育理念带回去，激励我们的老师，让我们学校的师生面貌产生了很多的变化，使我们坚定乡村教育是有希望的。我要感谢马云公益基金会。

（陕西省 B 市 M 镇 R 小学，冯校长，2018 年 7 月 27 日）

五、小结与反思

从乡村小规模学校的硬件资源考察来看，乡村小规模学校发展最核心的制约因素是其不具备法人资格。这一尴尬的身份，使小规模学校，尤其是中西部地区的乡村小规模学校在资源配置的层级处于最末端，无论是经费的使用还是外部资源的支持，都处于劣势地位。乡村小规模学校标准化建设的首要条件，应是赋予学校以合法的身份，使其真正成为有血有肉、有思想、有灵魂的独立个体，在资源的配置和使用上能与大学校平起平坐，公平享有权利。

我国乡村小学近几年的办学条件得到明显的改善，这一点是毋庸置疑的，无论是中央和地方，都不遗余力地进行建设。因此，仅从满足基本教学的条件而言，都可谓实现了初级的标准化。不过，师生在学校不仅有教学活动，还有生活、办公、文体活动等需求，因此，就各项功能及生活配套条件来看，中西部地区乡村小规模学校的标准化程度还远远不够。笔者认为，乡村小规模学校标准化建设下一阶段的重点如下：东部地区应着力改善住校教师的生活起居条件以及教师的办公条件；中部地区应推进"班班通"全覆盖，至少改造一间教室为多功能教室，用于开展音乐、美术等课程教学，同时，师生厕所须分设并加快食堂标准化建设；西部地区在当前基础上，应进行"厕所革命"，把旱厕改为水冲式，降低师生劳动强度，同时，要增设 60 米直跑道，有条件的要进行软化，分级而行，慢慢迈向更高级别的标准化。

从学校发展公用经费来看，整体呈现 M 型结构，即我国中部地区的经费保障最为薄弱。尽管国家对中西部义务教育阶段学校公用经费的中央财政支持力度较大，但中部地区公用经费的使用最为紧张，不仅要承担学校正常的教学运转所需要的费用，还需要支付额外的人员经费，比如代课教师工资、食堂工人工资，甚至还需要用公用经费贴钱办学前教育等，使公用经费不堪重负。相比较而言，因东部 C 县的小规模学校专项补助和西部 L 县对食堂工勤岗工人工资专项核发，两县乡村小规模学校公用经费能有效地用于学校的正常运转。另外，在公用经费的使用权限上，小规模学校的自主权过低，影响其办事效率。因此，在标准化建设中，应科学核算实际需要所产生的经费，适度提高经费标准，规范其使用范围，各级政府应承担起自己的职责，为小规模学校公用经费的开支减负。

从乡村教师生活补贴来看，我国都普遍实施了乡村教师的生活补贴，在一定程度上提高了乡村教师的待遇。但因中央财政并无实际划拨，也没有较为明确的规定和指导，导致各地补贴标准不一。东部地区显著高于中西部地区，而中部地区补贴的力度尤其偏弱。相对而言，东部 C 县和西部 L 县补贴的计算方法和实施办法较为科学，但效果因人而异，从而产生不同影响。因此，在标准化建设中，应从国家层面制定补贴的相应标准，适度提高中西部地区的补贴标准，并规定各级政府应承担相应的比例，加以落实；在发放的过程中，还需要关注教师的实际需求，给予心理关怀，使补贴能真正起作用，提高乡村教师工作满意度，从而提升乡村教育质量。

从外部资源的支持与互动来看，中西部地区的乡村小规模学校反而可以从最弱势、最基层的村委会获取最直接的支持，两者在工作中出现交集而互帮互助，村小是村庄的"亲生儿子"。而再上一级的乡政府、县教育局等，一般只与中心学校互动，不及于下面的村小，因此，村小的声音被湮没，而村小也难以享受到政策利好。在争取民间社会资源方面，校长起了非常关键的作用，一个积极主动、能力和态度俱佳的校长，更容易为学校的发展争取到资源。因此，在标准化建设过程中，应更多地构建与政府行政机构的沟通渠道，增加资源注入的畅通管道，以减少不必要的中间环节。另外，要重点培养乡村小规模学校校长的领导力，增强其与外界交流沟通的能力。

第五章

乡村小规模学校软件资源的
田野考察

在前文对乡村小规模学校硬件资源考察的基础上，本章将对其软件资源进行田野考察。所谓软件，原为计算机术语，是指计算机进行计算、判断、处理信息的程序系统或设备，现也泛指生产、科研、经营等过程中的人员素质、管理水平、服务质量等。[①] 据此，本书拟将乡村小规模学校的人员、学校管理以及学校思想文化等层面，归为乡村小规模学校标准化建设的软件资源。从某种意义上说，软件资源即乡村小规模学校发展的各种主观条件的总和，是对于硬件资源充分利用的必要条件，使学校的运转更有效率，实现教育质量的提升。其中人员是学校的内容，是学校教育教学的主体，是学校发展的关键力量；学校管理则是对教育教学活动和各类资源进行计划、组织、指挥、协调、监督和控制[②]，以提高教学效率，实现教育目的；学校文化是全校师生在长期生活中共同创造的一种美好、和谐的生活方式和核心价值，既可表现师生的行为方式，也可以体现为物化的文化形式[③]。可以说，人员、管理和文化是乡村小规模学校标准化建设的重要内容。本章将主要对 C 县、P 县和 L 县乡村小规模学校的人员、管理和文化等情况展开田野调查，并适当加入笔者在其他地区调研的资料，以期获得在量化指标中难以体现的信息和内容。

一、流失与滞留：乡村小规模学校的乡间"宝贝"

从本质上来讲，大部分学生就读于乡村小规模学校的原因，是家长在经济成本与教育资源、实际困难与情感需要之间经过平衡和比较后作出的选择。

---

① 莫衡，等.当代汉语词典[Z].上海：上海辞书出版社，2001：937.
② 周德昌.简明教育辞典[Z].广州：广东高等教育出版社，1992：13.
③ 张东娇.论学校文化的双重属性[J].中国教育学刊，2016（2）：37-42.

当然，一些特殊的家庭结构以及学生身体状况等，也是学生"滞留"乡村小规模学校的重要原因。当前乡村小规模学校首要的危机便是生源的持续减少，一方面，它使乡村小学的生存和发展始终面临被"撤并"的阴影；另一方面，随迁子女的持续流入，也使城市学校面临扩容的压力，引发经费、土地、师资等教育资源供给出现城乡结构性的矛盾和困境。乡村生源持续流失的严峻情况引起了国家的重视，2016年出台的《国务院关于统筹推进县域内城乡义务教育一体化改革发展的若干意见》提出："要大力提高乡村教育质量，适度稳定乡村生源。"国家首次把稳定乡村生源，上升到了发展乡村教育的战略高度。然而适度稳定乡村生源，绑住老百姓"用脚投票的腿"，又谈何容易。从调查来看，乡村小规模学校生源主要呈现以下几个特征。

（一）流失：逐级递减的生源

生源流失是乡村小规模学校的痛点，且生源呈逐级递减的态势。许多地区学前班学生人数多于小学，小学则多于初中，往往一所小学，在一年级人数最多，到了六年级，就只剩下一半了，中途转走了一半。这种流失之痛，对于曾经任教于大规模学校的老师来说感触尤为深刻。原先底下坐着黑压压的学生，一个问题抛下去，学生争先恐后抢答的场景与现在应声寥寥、安静空旷的教室形成了鲜明的对比，教师的教学热情也被浇灭了一大半。且从生源流失的质量来看，往往又是家里经济条件比较好、成绩较好的学生转学。本来班上教育质量如平均分等各方面都还不错，但中途转走资优生，致使成绩下滑，乡村小规模学校的教育质量陷入不良的泥淖。问及为何逐级减少，C县的王校长如是说：

> 我问过其中的一部分人，最主要原因就是外面（指城里）读幼儿园比较难，然后又贵，幼儿园比这儿贵了千把块钱。读小学便宜，公办学校又不收钱。所以，他们觉得读幼儿园就在这里，孩子年龄小，家里的爷爷奶奶照顾一下，完全没有问题。等读到小学阶段的某个年级了，他们又想到转去外面读了，或者等那边读书的学校把接收关系弄好，就将小孩子接出去了，这种情况很多。所以说我们这种学校都是一年级的时

候学生最多，然后再慢慢地减少，一年级有 20 多个人，到六年级毕业的时候就只有十几个了。

（浙江省 C 县 W 镇 Y 小学，王校长，2017 年 6 月 28 日）

可见，生源的去留是家长的一本经济账，是家长在子女随迁就读成本与优质教育资源之间寻找平衡点的过程。当随迁成本过高时，就只能舍弃城镇相对优质的教育资源；当随迁成本降低或自己的经济能力足以承担时，那么把孩子转走就成了多数人的选择。这也就是生源逐级流失的原因。

（二）兜底：转不掉的"三筛生"

义务教育是一种全纳教育，乡村小规模学校的这一特征体现更为明显。调研中，许多乡村小规模学校校长频繁使用"兜底"两字来形容自己的生源状态。"兜底"就是被省城、县城和镇上的学校层层筛选后，招收那些哪儿也去不了的孩子，"兜底"正是对这部分乡村孩子接受义务教育基本权利的保障。这些"兜底"上来的孩子都为弱势家庭子女而"滞留"乡间，他们成了老师眼中的宝贝。乡村生源多为留守儿童、单亲家庭子女或残障儿童。

1. 留守儿童

相对弱势家庭，家长因经济条件有限，更愿意将孩子留在家乡的小学就读，自己则外出务工。这些孩子也就成为留守儿童。这也就不难理解前文出现的在东部相对发达地区的乡村学校，生源流失更严重，而中西部地区流失情况相对要好一点的现象，其背后还是家庭的经济状况等起了关键的作用。另外，乡村生源的去留，也是家长在情感需要与现实困难之间做出的选择。能陪在孩子身边，与孩子一起成长，当然是每个家长和孩子的情感需要。就如前文在论述农民工"返乡潮"现象时所提的，许多家长本身就是第一代留守儿童，深知父母不在身边的痛苦，绝不想让自己的子女也成为留守儿童，然而外出务工非常艰辛，工作起早贪黑，根本没有时间照看自己的子女，只能留在家乡，由爷爷奶奶照看。在实际困难面前，牺牲自己和孩子的情感需要成了生活所迫。因此，从事低水平劳动的阶层，更有可能将自己的子女留在家乡小学。不过，随着自己经济条件的改善，很多父母会中途把孩子转走，就目前来看，2015 年全国义务教育阶段随迁子女就读率已经超过 40%[1]，正在逼近甚至超过留守率。从笔者对 C 县、P 县和 L 县的调研来看，东部地区随迁率超过留守率，中西部地区留守率依然多于随迁率，大约占整个学生群体的 1/3。

> 很多孩子不愿意把他的心事告诉爷爷奶奶，他会在日记里跟老师倾诉。这时候，我就觉得乡村老师也像父母亲一样。有时候上少先队课，如果主题是讲父母亲，讲关爱父母，小孩子是很容易动容的，他们的情感调动非常迅速，很多小孩上这种课都眼泪哗哗的。
>
> （浙江省 C 县 JK 乡中心小学，方老师，2017 年 5 月 14 日）

2. 单亲家庭子女

在乡村小规模学校，离异单亲家庭的孩子比例也比较高。父母双方的一员，尤其是妈妈，因为家庭的贫困以及地方上的一些陋习，逃离出去，形成了单亲家庭。在 C 县，本地家境较差或身有残疾的男性，往往选择迎娶来自更落后地区的女性。而外地女性嫁过来之后，有一些禁不起外面的"诱惑"，不愿待在老实巴交的丈夫身边而跑掉。

> 你知道，农村比较落后一些……经济比较落后，好多是外地人嫁过来。当时是一时冲动结婚，生了孩子以后她吃不消了，就跑掉了。外面诱惑太大，你看看这里，除了山还是山，太寂寞了。
>
> （浙江 C 县 W 镇 H 完小，洪老师，2017 年 6 月 28 日）

在欠发达地区的农村，打老婆出气的家暴陋习以及家庭贫穷等，也是农村妇女逃离村庄的原因。

> 我们班上有个女孩叫云云（化名），不大爱说话，每天穿得脏兮兮的。她爸爸已经五十出头了，平时打点零工，家里特别困难，还有一个弟弟。有一次家访，那个家还是二十世纪六七十年代造的泥坯房，家里乱得几乎没有立脚的地方，她妈妈前年跑了，是贵州人，布依族的。后

---

① 陈鹏. 城镇化发展中的教育问题不可忽视[N]. 光明日报，2016-12-27.

来通过村里其他的人了解到，云云的妈妈嫁过来之后，经常被云云爸爸打骂，她受够了之后，给她老公饭里下农药，结果被他识破报警。她妈妈后来被抓去坐牢，放出来之后就跑了。

（浙江省 T 县 B 镇 D 小学，吴老师，2019 年 1 月 14 日）

不言而喻，单亲家庭，尤其是妈妈的离开给孩子的身心成长带来了严重的创伤。乡村小规模学校里的孩子由此出现心理障碍的不在少数，孩子不愿意与人交流，老师也走不进他们的内心。

我觉得应该要配备心理咨询老师，他不一定要全职待在我们学校，可以比如一个月或一个星期定期到我们学校来看一看。因为我们学校有很多每个星期不做作业、即便会做也坚决不做的学生，他们并没有心理问题，但我们都不知道他们到底是怎么想的，不知道为什么跟他们讲那么多还是不愿意去做作业，所以我们需要心理咨询方面的支持，给他们定期做做心理教育。

（浙江省 C 县 JK 乡中心小学，方老师，2017 年 5 月 14 日）

3. 残障儿童

"滞留"于乡村小规模学校的还有一类特殊的群体，即身患疾病的儿童。在调研中发现，每个学校或多或少存在类似的情况，虽然人数不多，但对于小规模学校来讲，比例不能算小。这些孩子也是属于转不走的群体，是"兜底"的对象。

她是"脆骨病"患者。一摔就容易骨折，小腿已经弯曲得像正方形一样，根本无法行走，生活也不能自理。她妈妈也是一个残疾人，是遗传的，靠凳子移动身体，两只腿也萎缩了。她到我们学校来读了一天，适应了一天，就没法坚持下去，回家了，因为学校没办法解决她的生活上的困难。她家里情况也不是很好，就靠她爸爸一个人挣钱养家。后来我们讨论研究，决定送教上门，每个老师每周抽出半天时间去她家里给她上课。女教师不会开车，如果翻山走路的话，单趟要 1 小时。她虽然学籍是五年级，但事实上只有二年级的水平，而且这个病还会影响眼睛视力，她现在视力也开始下降，我们只能用 A4 纸打印课文，把字体放大。

（浙江省 C 县 L 乡 S 完小，唐老师，2018 年 1 月 18 日；见图 5-1）

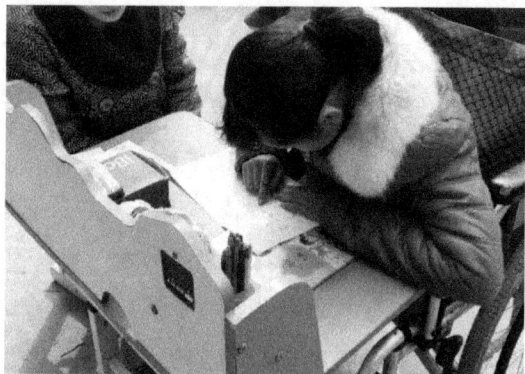

图 5-1　唐老师为残疾儿童送教

我们五年级有个学生，出生才几个月就被诊断为脓疱型银屑病患者，同时患有低蛋白血症等多种疾病。小小年纪就长年累月地吃药，身高比同龄人矮了一大截，五年级了，才 1.19 米。父母因为要照顾他，只能在附近打打零工，高额的医疗费也使这个家庭不堪重负，日子过得很艰辛。我在了解这一情况后，就把他的妈妈安排到学校食堂当帮工，再腾出一间宿舍给他们母子住，方便他妈妈照顾。

（浙江省 C 县 S 乡中心小学，方校长，2017 年 8 月 2 日）

这样的残障学生，笔者在调研时屡次见到。比如在 L 县 M 镇的 LF 小学调研时，碰到了一位男生在各教室之间随意走动。校长表示，这是一位智力有障碍的孩子，县里没有特殊学校，家长也只能把他送到这里，他们没有太高的要求——不出事就好。乡村小规模学校必须无条件把这些孩子全部接纳，以保障孩子们接受义务教育的权利。

（三）回流：零星退回原籍的"后进生"

作为"兜底"的义务教育的乡村小规模学校，倒也不全是生源外流，偶尔也会零星接收户籍在本地区的回流生。这些随迁生源往往是在城镇学校学业成绩表现不良，被所在学校劝退的学生，而家乡的乡村小规模学校成了接纳他们的最后一片港湾。然而，资优生的流失与后进生的回流，这一流一回之间，确实给小规模学校的教学质量造成了很大的冲击，因为学生基数少，稍微的变动就能给班级的平均成绩等带来较大的影响。在现有教学质量评价机制不变的情形之下，确实会对教师的工作积极性造成严重的打击。好不容易抓上去的成绩，被一个劝回原籍就读的"后进生"拖了后腿，确实让人很无奈。

> 像我们今年四年级就有一个，在杭州读的时候，他的成绩是很落后的，我听他妈妈说，老师基本不管他，考试基本上都不及格。所以他转回来，又拖后了我们的教学质量。本来我们人数就只有几个，他一来又拖一下，就很靠后了，这种情况我们也是没办法。其实我们老师也是很用功教的，但要想把他从很差的水平一下子拔得很高也是很困难的，需要一个过程。他这学期是从四年级刚开学转过来，4门学科都不及格，但这次我们考试，4门学科他有3门学科已经及格了。相对来说，他已经进步了！但是对我们整个年级的成绩来说，他还是拖了我们的后腿。而现在的评价机制又是一刀切的，流失的是优秀生源，回流的是差生，对老师的积极性打击很大，他们会感觉无论自己怎么教，都没法出成绩。

（浙江省 C 县 J 乡中心小学，姜校长，2018 年 1 月 19 日）

> 家长如果带孩子出去在正规的公办学校里读书可能还好，但如果是放在民工子弟学校，真的还不如上我们这种当地的学校。因为最起码我们是公办学校，我们的教学质量，比它们要稳固一点，而且我们的师资都是县里通过正规的招考进来的，都是有保障的，我们是全部的课程开齐、开全，不存在只开语、数、英、科这4门学科的情况。我们这儿有一个六年级的女生，她的爸爸妈妈在温州打工，就把她放在民工子弟学校读书。六年级毕业考时，她想回来读，就回流到我们班上，那个吃力啊，什么都不知道，连拼音都不懂。但是语文考试肯定有看拼音写词语

的题目，她基本上拿不到分数，所以我们还要给她抓拼音。

（浙江省 C 县 W 镇 F 完小，徐校长，2017 年 6 月 29 日）

这些所谓"差生"的回流，一方面说明乡村小规模学校的无奈，毫无选择权；另一方面也应当引起反思：家长不顾一切把孩子送进城里去接受教育，是否一定值得？通常认为，城市的学校教育资源要优于乡村学校，孩子送进城上学就能获得更好的成绩，但结果显然并不全是如此，在乡村小规模学校里，很多孩子一点一滴在进步。另外，民工子弟学校作为城市义务教育阶段学校在没有做好扩容准备之前的过渡学校，也应当加以规范办学，有条件的地方，应当予以改制或收编，统一进行标准化建设，使每一名儿童都能获得有保障的义务教育的权利。

（四）过度与缺失：学生成长环境的得与失

在乡村小规模学校这个较为特殊的环境中，学生的成长也与普通小学的学生的成长有所不同，概而言之，有两个过度和两个缺失。

1. 学校教师的过度关注

在 10 人以下的微班课堂上，教师在 40 分钟教学时间里，可以随时关注班上的每个学生，有更多的时间与精力与学生进行面对面的交流和提问。在这种高强度的"关注"之下，学生当然也不大有机会分神、做小动作。然而，久而久之，学生亦可能形成对教师的依赖，尤其是小升初之后，到了 30~40 人以上的正常规模的班级里，如果老师没有关注，这部分学生就可能不够独立，就不能集中注意力听课，同时也会有种失落感。

有些家长跟我说，我孩子在小学里成绩挺好的，初中以后成绩掉得特别快。我分析了下，一方面，有可能是初中的知识有难度，知识结构发生变化；另一方面，我认为跟孩子小学阶段的学习环境有关。因为小规模学校人少，我可以看着你，我可以盯着你，我还可以时不时提醒你，用五分钟来单独给你上课。但是上初中之后，一个班 40 个人，老师怎么可能一个人一个人地这么盯着。前阵子，有个镇小的孩子，6 月1 日那天转学到我们这里，如果他在镇小读，走路上学即可。问他什么原因，他到现在为止都不肯告诉我们，反正就是不想在镇小读书。但是来我们这里之后，他状态很好，可能是我们的老师对他的关爱更多一点。他爸爸跟我讲，儿子回去跟他说，今天语文、数学、英语、科学老师都表扬自己了。说明这个孩子很喜欢受表扬，他的自尊心很强。镇小里那么多孩子，老师不可能天天表扬、个个表扬。在这里他觉得自己受到关注了，所以很喜欢待在这里。事实上，我们的教育质量确实还可以，全县所有的学校，总排名中我们是前十名，完小里面是第一名。

（浙江省 C 县 W 镇 F 完小，徐校长，2017 年 6 月 27 日）

因此，在乡村小规模学校，老师对学生的过度关注有可能是一把"双刃剑"。一方面，可以保护孩子渴望关注的内心，也可以更好地提高他们的注意力；另一方面，他们在学习上容易产生依赖性，一旦离开老师的视线，他们就不能有良好的自控能力。不过，总的来说，乡村小规模学校对于低年龄段的关注，有利于学生的成长和学习成绩的提高。

2. 隔代教育的过度宠溺

在留守儿童偏多的乡村小规模学校里，往往存在着隔代教育所共有的弊端。祖辈的过度宠溺，使孩子的形成了不良的学习习惯。在调研中，许多老师反映自己的教学结果出现了"5+2=0"甚至负数的现象。爷爷奶奶对于孩子的照顾，只能停留在能吃饱穿暖的状态，至于在孩子的学习辅导、学习习惯的养成等方面，基本上提供不了任何帮助。因此，孩子们周六、周日回家后就是玩手机、玩游戏，爷爷奶奶起不了约束的作用。

城里的孩子，到了周六、周日，都在上各种补习班，而我们的孩子回到家里，就是绝对放松的状态。不像我们以前，回到家里要做各种农活儿，所以自己宁可在学校里念书。但你想，现在的孩子觉得学习多辛苦，玩手机多轻松，所以隔代教育，尤其是在农村里的爷爷奶奶带的孩子，行为习惯方面的问题太多了。比如，我们有个老师放学后把听写没有及格的孩子留下来，补听写，有些家长就在校门口骂骂咧咧的，觉得学校耽误他们的时间了。他们根本不理解老师这是为了教好他们的孩子，老师是在无偿加班。有的爷爷奶奶甚至觉得，就算自己的孙子考零分，老师也不能骂他，不能让他受半点委屈。

（浙江省 C 县 L 乡中心小学，汪校长，2018 年 1 月 18 日）

过度宠溺，虽然慰藉了父母不在身边的心理需要，但也使一些学生的行为习惯产生了偏差，使学校教育效果打了折扣。

3. 学习竞争意识的缺失

乡村小规模学校学生面临的另一个挑战就是竞争能力的退化。在微班里，学生的成绩已经没有优秀、良好、一般等级的概念，班集体的概念也在慢慢弱化。尽管竞争过于激烈的环境会增加学生的学习压力，但如果是没有一点竞争氛围的班级，自然也不能有效地激起学生的学习动机。比如资质比较一般的学生，在小规模学校里，会觉得自己的成绩尚可，但一旦去了大规模学校，其成绩是缺乏竞争力的。

一个班 4 个人，课堂上学生所接受的信息量肯定就少了，再加上农村的小孩子与外界接触少，这对小孩子的成长是不太有利的。

（浙江省 T 县 B 镇 D 小学，办公室主任吴老师，2017 年 5 月 14 日）

在乡村小规模学校里，虽然往往还是采用班级授课的形式，然而四五人一个班，已经和传统意义上的班集体大相径庭，甚至还不如以前的一个小组。课堂信息源的减少以及同伴教学的缺失，使乡村小规模学校的学生缺少一种竞争意识。一定的竞争意识和能力，是现代人所应具备的素质，然而乡村小规模学校并不能给予学生这方面的锻炼机会。

4. 学生活动组织条件的丧失

在乡村小规模学校里，一些在普通学校里常见的学生活动，因组织条件的丧失而无法举行。比如因班级过于微小，一些常见的运动会项目、学校的文艺汇演等学生活动，都无法正常地组织和开展。此外，在微小班级，经常会遇到性别结构不协调的现象，比如 5 个男生和 1 个女生的结构，导致女生没有办法跟同学一起玩。

有些活动，在我们这样的学校已经开展不起来了，比方说像我们以前运动会的男生女生接力赛没有了，如果有，它只能跨班级，而且还是要以混合接力赛的形式。所以我们现在运动会已经变成全员参加，看哪个孩子在哪方面有特长，所有的项目每个孩子都要参加，然后再看看他们在哪个方面最突出。一场运动会开下来，全校 35 个孩子，每个孩子都有一大摞奖状。再比如，我很想组织文艺汇演，如果一个班出一个节目，那么一场汇演只有四个节目，太短了，至少每个班得出两个节目，但你说全班就六个人，让他们排两个节目，确实难为他们呀。加上我们又没有专业的老师，只能是班主任或任课老师利用课余时间去给他们排个舞蹈、排个相声，我真觉得太难为他们了。

（浙江省 C 县 W 镇 F 完小，徐校长，2017 年 6 月 29 日）

当然事情也可以一分为二地看，比如学生参加县里组织的比赛机会也相应增多。一般上一级组织的比赛，都会给每个学校一定的配额，因此，即便学校规模再小，也会保证让这个学校能派代表参加。在乡村小规模学校，有些比赛学生根本不需经过校内初选，即可代表学校参加。

县里组织的中小学乒乓球赛、篮球赛、科技节等活动，只要有这样的机会，我一定组织学生参加，而且我亲自带队。一方面，我就想带我们的学生去见见世面；另一方面，我自己也比较喜欢乒乓、篮球等运动。一般来说，县里会给我们一些参赛指标，所以很多比赛，我们不需要像其他大规模学校一样，还要先进行校内选拔，只要学生有这个爱好就可以。虽然名次不怎么样，但是只要参与就好，像我们这样的学校，学生的球技当然比不过其他的大学校，但是，孩子们有这种经历也是好的，如果他们在大学校，凭他们的水平不一定能派出去，所以说我们的学生参加比赛的机会还是很多的。

（浙江省 T 县 B 镇 D 小学，徐校长，2017 年 5 月 14 日）

二、彷徨与守望：乡村小规模学校的教师队伍

毋庸置疑，师资队伍是乡村小规模学校标准化建设的重中之重，是标准化建设的首要"软件"。从前文对三镇乡村小规模学校师资队伍量化分析来

看，当前乡村小规模学校师资队伍在学历、职称、编制配置等核心指标上基本达标，不过存在教师性别结构、年龄结构以及学科结构等层面的局部失衡。本节将主要以深度访谈的形式，对乡村小规模学校教师的来源、生命状态、教学能力、专业发展等维度进行更深入剖析。

（一）正规招录与零星进入并存：乡村教师的来源与构成

当前乡村小规模学校师资来源以本地区农村籍大中专毕业生为主，以统一招录分配形式为主，稳定的工作和收入，是吸引大学生成为乡村教师的主要因素。不过，早年的进入渠道较为特殊，有民办教师转公、顶替父职等具有历史烙印的形式；而近年，随着交通的日益便利、人口流动的日渐频繁以及各地人才招聘政策的日趋开放，外地籍师资比例也在逐步扩大，尤其能吸引邻省、邻县地区的大学生跨地区参加教师招考；在相对欠发达以及国家支持力度偏小的地区，仍然隐匿着比例不小的代课教师。其来源大致可以分为以下几类。

1. 毕业分配

20世纪80年代至90年代末，一大批中师毕业生，本着"从哪里来，回哪里去"的原则，被分配到各地的乡村小学，成为乡村小学教师队伍的主力军。中师即中等师范学校，是我国改革开放之后，为缓解基础教育尤其是农村地区师资严重匮乏的状况，设置的专门面向优秀初中毕业生招生，以培养小学教师为目标的中等专业学校。在八九十年代，几乎每个县都有类似的中师学校。在当时的计划经济年代下，城乡二元分割尖锐，跳出"农门"是乡村儿童学习的最强大的动力，考上中师，就意味着自己不用像父辈这样"面朝黄土背朝天"地做一个农民，而成为生活有保障、拥有稳定工作的居民。在国家统包统分的政策之下，中师吸引了当时最优秀的农村初中毕业生，尤其是思想成熟更早一点的女生。调研中，当年的中师生仍有相当比例的人扎根乡村，成为当前我国乡村教育的中坚力量，许多人成长为乡村小学的校长或教学名师。

> 那个时候不是有居民、农民嘛，（如果）能够成为居民，好像档次就不一样了，就会有一种自豪感。我暗暗想，假如我能够考取中师，就

跳出"农门"了，在这个村子，我爬一圈都乐意！这种想法，我们那一代很多人都有。后来，1989年毕业以后，我就被分配到这个学校了，当时还是下面的一个村小。

（浙江省T县B镇D小学，程老师，2017年5月14日）

那个年代，老师是很风光的，说实在，是拿工资的人，是铁饭碗，对不对？我们父辈，他们都是双手抓泥的，是农民，他们对于工人、教师、军人很向往。拿工资的人，对他们来讲叫"日不晒、雨不淋"，这是非常幸福的。我是1999届，最后一届分配，在我之后，就开始自主招聘了。因为我是最后一届分配，所以父母很开心，他们的想法非常实际，非常简单，就是你能拿工资了，日不晒、雨不淋了。

（浙江省C县JK乡J完全小学，王校长，2017年5月15日）

初中上学时家庭贫困，毕业时母亲让我报考卫校或师范。我母亲是从"文革"过来的，她觉得老师不大会被迫害。我不想当医生，小时候体弱多病，不想闻医院的气味。农校又不知道是干什么的，就只剩下老师这个选择了。当时15岁，懵懵懂懂，没有什么主见，就是很想再上学，在校园里和同学们相处。18岁那年，自己还是个孩子，本来还是个受教育者，却要站在讲台上教育别人了。

（陕西省X县XH镇M完全小学，易校长，2018年7月28日）

当年的中师生，出于家境的贫寒，以及对教师身份和稳定工作的向往，在父母的影响之下，选择报考中师。在自己心智尚未完全成熟的情况之下，就成为一名乡村教师，他们心中虽略有遗憾和不甘，但多数人一直坚守在乡村教师的岗位上，为我国基础教育发挥了巨大的作用。

2. 统招录用

随着国家于2000年开始大学扩招以及不再实行统包统分政策，中师逐渐失去吸引力，而统一招考大学毕业生，成为乡村教师的稳定来源。相较于他们的前辈中师生，统招录用的大学生在求职目的性上更为明确，同时在思想上和行动上也更为活跃与开放。当前，国家在师资队伍管理方面以"县管校聘"为主,因此各地的教师招考工作,一般以区、县教育局组织为主,形式既有定岗招聘,也有统一招录后再由教育局根据考生志愿分配。从田野调查来看,三县的考录比都有升高的趋势,显示从事教师职业,对于年轻人,尤其是原籍为农村的大学生还是具有一定的吸引力的。另外,从统招录用的性质来看,还可以分为普通招考和特岗招考。

(1)普通招考

普通招考是各地最常采用的公办教师招考形式。考生一旦被录用,就意味着有正式的教师编制和稳定的工资收入,因此,随着各省师范类和非师范类的毕业大学生越来越多,谋求一份正式的教师职位的难度也在加大。

> 我是C县本地人,2013年毕业于湖州师范学院小学教育专业。反正没毕业时,就想到要回老家考教师编制。因为,我爸妈一直跟我灌输,事业单位就是最好的。他们觉得,当总经理、总裁都没有去事业单位好。这个是父辈的观念,确实是没有办法一下子转变的。
>
> (浙江省C县J乡中心小学,邵老师,2018年1月19日)

C县地理位置偏僻,经济欠发达,为了吸引考生报考,C县的教师招考在条件限制和地域限制等方面设置的门槛相较于周边县市要低,因而吸引了部分邻近县市甚至外省考生的报考。

> 以前,我们这里交通真的不便,我们边上J市、F市考上我们这里教师编制的大学生,从县城到下面的学校,山路要开上好几小时,还是要坐三卡去的,没有公交车。到了学校,很多大学生甚至不下车就对师傅说:"师傅,你掉头走吧,我不下来了。"都是这样的,宁可不要编制,也不留下来。现在外地老师越来越多,因为他们老家招的人少,考的人多,相比较还是我们这里要好考一点,再说现在收入也拉平了很多,而且交通也方便了,所以越来越多的外地老师能留下来了,至少能服务3年。
>
> (浙江省C县教育局,信息技术中心周主任,2017年7月28日)

> 为什么从湖南考到这边呢?刚毕业的时候,第一个,因为在老家教师岗位招的非常少,考上特别难。第二个,当地工资也偏低。所以我

就觉得要出去。我们有很多老乡在这边工作，也有在这边考上教师编制的，他们说这边还好。另外，我觉得教师假期多，工作稳定，可以照顾家庭，所以我就是抱着试一下的心态，然后在这里找了一份工作。我考上的时候已经31岁了，就这样在这里稳定下来了。

（浙江省C县L乡中心小学，刘老师，2018年1月18日）

在西部L县，也有类似的情况。L县的教师招考能吸引邻近的湖南和广西等地的考生报考。

（2）特岗教师

特岗教师是国家针对中西部乡村地区义务教育阶段学校师资的特殊补充形式。与普通招考不同的是，特岗教师不占编制，其工资主要由中央财政转移支付，但其收入与当地其他公办教师收入一致，另外，特岗教师需要在乡村地区义务教育阶段学校服务满3年，经考核合格，若想继续从事教师职业的，即可以获得正式编制。笔者在P县和L县调研时，就发现在乡村小规模学校里存在类似的特岗教师。

我去农村考特岗，周围也有人说我：哎，你怎么不去考城里的学校呀？但我不能因为其他人的一些话就否定我自己和当初的决定。其实别人说的时候，我会有一丝动摇，但是要慢慢冷静下来，理智地分析这个问题。选择进城，我的生活其实并不会更美好，我更喜欢在自己的家乡，即使没有几个学生，但是这是我热爱的事业，在家乡会有一种归属感、一种安全感。

（江西省P县G镇N小学，董老师，2018年5月18日）

我们M镇中心小学在编教师一共有78人，但实际上有80个老师，还有2个特岗教师，他们不占编制。特岗教师也需面向应届大学生招考，师资质量是很不错的。我们镇的2名特岗教师，一个是本县的，另一个是邻县S县的，过来之后，各方面表现都还不错。

（贵州省L县M镇中心小学，全校长，2018年12月24日）

可以看出，对于中西部地区，特岗教师是国家对欠发达地区的一种照顾性的师资补充，既解决乡村小规模学校师资短缺的问题，又缓解地方财政供养的压力；而且，其进入渠道比较正规和严谨，保障了师资的质量。

3. 民师转公

乡村小规模学校师资队伍中的另一支重要力量是"民转公"教师。在我国基础教育师资短缺的 20 世纪，不具正式编制的民办教师（1985 年后又称为"代课教师"）曾经广泛存在于乡村中小学，尤其是边远地区的乡村中小学，后经政策落实，符合条件的民办教师幸运地转为公办教师，称为"民转公"教师。尽管这部分教师随着时间的推移，已经陆续退休，但依然有为数不少的教师继续发挥着余热。从调研来看，无论是东部的 C 县还是中西部的 P 县、L 县，都有当年"民转公"教师的身影，他们普遍脚踏实地、勤勉工作，对领导指派的任务毫无怨言，并且他们很少提出要调到城里去。

这部分民办教师，一般都是当年没有挤上高考"独木桥"的失利者，因机缘巧合，走上了乡村教师的岗位。

> 高考失利，没有考上大学，又没钱复读，那干吗呢？当代课老师。我记得当时代课老师一个月工资是 45 元，正式老师大概是 200 多元，还不及他们的零头。代课老师被人看不起，如果是男老师，女孩子也看不上。刚开始教书的时候，还有一个政策：代课几年可去读民师。结果我一年教下来，那个政策就取消了。不能考了，家里就阻挠了，说再这样代课下去，要讨饭了。我就是想争那口气，哪怕不转正，我也要把孩子教好。后来我自己去读中师函授，拿到文凭以后，国家又出政策，可以转正了。我就在 1989 年左右转正了，中间代课 10 年。
>
> （浙江省 C 县 J 乡 T 完小，余老师，2018 年 1 月 18 日）

还有一些老师是因为身体原因，无缘高考。

> 我是代课转正的，1985 年代课，1994 年转正，距离今年已经整整教了 32 年了。我 1984 年参加高考，但我体检没有通过。我不甘心，第二年又复习了一年，体检还是没有通过，说我的心脏有杂音，先天性心脏病。要是放在现在，估计不会因为这个体检不过而被刷，但那个时候就是很严，这就是命运吧。后来我就代课，因为我们村上的一个老师调

到镇上去了，所以缺一个老师，我哥哥也是那个学校的老师，说让我去代课，就这样，我成了一名教师。我很喜欢学生，把学生当自己的孩子看，我们那时候的高中生，实力蛮强的，所以，我教的语文和数学，学生成绩都是很好的。

（浙江省 T 县 B 镇 D 小学，金老师，2017 年 5 月 14 日）

有一些老师更加坎坷，断断续续地代课，因各种原因错失很多机会。

我虚岁 20 岁的时候高中毕业，到 27 岁才算是正式当代课教师。中间这 7 年，生产大队干部抓得很牢，不让我出去，说缺少劳动力，这 7 年里，因为各种原因，我代过两个学期的课，很喜欢当老师，感觉身份不一样，也可以从地里解放出来。直到 1983 年，我的高中班主任在乡中心学校当教导主任，把我叫去代课，才算正式开始。那个时候 36 元一个月，我也很珍惜，像我们代课的，学校说不要就不要，所以就是凭着良心在上课。虽然是代课，也只想着好好教，万一以后没得代呢。后来还算是运气好，到了 1993 年下半年，我转正了。当时转的时候，还要交一笔钱，3000 元，说是上面的什么政策，一定要交。反正七拼八凑也得交，因为好不容易有个转正的机会。转正了以后，我拿的还是实习的工资，80 来元钱，实习工资又拿了整整两年，教了 10 年书了，还拿实习生工资，跟说故事一样的。现在的待遇还好，我很满足，我是像追火车一样，追到最后一节。

（浙江省 C 县 W 镇 Y 小学，王老师，2017 年 6 月 28 日）

可以看出，"民转公"教师大多有一段心酸的往事，漫长的代课生涯，造就了他们忍辱负重、委曲求全的性格。不过，共同之处在于他们都热爱教学，珍惜工作，为一代代乡村儿童的成长，贡献出了自己的青春。

4. 顶替父职

与"民转公"老师坎坷的遭遇相比，还有一小部分乡村教师就像含着"金钥匙"出生，那就是通过顶替父职的形式进来的老师。所谓顶替父职，是 20 世纪 50 年代至 80 年代，我国劳动就业制度的一种特殊形式，指国有企事业单位工作的职工在退休后，由其子女办理手续，顶替其职位，进入父母的原单位。① 替职带有 "世袭" 之意, 在城乡户籍差别显著的年代, 是农村人艳羡的对象。这部分老师, 笔者在 C 县田野调研期间, 碰到不少, 比如 F 完小的钱老师、Y 小学的王老师和 JK 中小的夏老师等。

> 我是顶我爸爸的职位进来的, 我爸爸也是老师, 他是 1957 年参加工作的。那个时候生活很苦, 他又是残疾人, 在农村没有劳动能力是不行的。所以, 他的朋友支持他, 叫他去考学, 只有读书这条路啊, 钱都是他朋友帮忙凑的。后来他真的考上了师范, 读的是兰溪师范, 两年后毕业, 回了 C 县, 就在乡下的小学教书。他退休的时候, 我刚高中毕业, 就这样顶了我爸爸的职位。刚替职的时候, 收入还是可以的, 但到了 90 年代, 工资低, 物价飞涨, 生活真的很清苦。现在想想我眼泪都要掉下来, 有一年过年, 为了孩子, 想买一箱苹果, 9 块钱, 我买不起。也曾经想放弃我的工作, 但不敢跟我父母说, 父母给我饭碗, 我要放弃, 就好比我抛弃他们一样。有些事情, 过了就过了。
>
> (浙江省 C 县 JK 乡中心小学, 夏老师, 2017 年 5 月 14 日)

顶替父职的乡村教师, 在取得父亲岗位的同时, 也背负着父辈的资产和期望。为此, 对于乡村教师的职业, 深知得之不易, 虽既爱又恨, 但始终不敢怠慢, 在坚守中慢慢临近退休。

5. "影子" 教师

(1) 挂编教师

在一些地区的乡村小规模学校中, 还存在这样一部分教师, 编制挂在这里, 人却没有来服务, 成为 "影子" 教师。这些教师利用自己一定的社会资源和运作, 使自己在编制已经过来的同时, 仍可以留在县城或其他部门工作, 这在某种程度上损害了乡村小规模学校的利益。笔者在 P 县调研中, 就遇到类似的情况。

> 我们这里有两个挂编的老师, 一个是自己付钱在这里请老师代他教书, 另一个是 "跟班学习", 就是人在县城教书, 编制在这里。我也不

---

① 王爱云. 我国历史上子女顶替就业制度的形成及废除[EB/OL]. (2009-11-29) [2018-12-30]. http: //dangshi. peo-ple. com. cn/GB/9666589. html.

知道这种形式怎么搞的，现在我们这里还有这样的。不过说实话，这里住的地方也没有，吃饭的地方也没有，外地的教师到这里来也不方便。

（江西省 P 县 G 镇 N 小学，高校长，2018 年 5 月 18 日）

我们整个镇有 89 个岗位编制，其中工勤岗有 7 个，专任教师有 82 个。但其中的 3 个人，他们是在镇政府工作的，从来没有来过学校。其实就是编制挂在我们中心学校，但人没有在我们教育系统中服务。

（贵州省 L 县 M 镇中心小学，王副校长，2018 年 12 月 24 日）

可以看出，在中西部地区乡村教师资源较为紧张的情况之下，依旧存在政府挤占教师编制、"跟班学习"等变相挪用乡村教师编制的情况。

（2）代课教师

在 P 县调研时，发现依然存在不少的代课教师，他们一般由学校雇用，用公用经费开支，极个别的是由正编教师私人雇用。他们都是由学校自主聘任，自我消化，一般不会反映在各类统计报表中，尽管这是 P 县公开的秘密，但教师一般不愿主动提及，所以也成了另类的"影子"教师。代课教师普遍存在于人数较少的完小，政府按"生师比"或"班师比"配置教师，但 6 个年级配 6 个教师，显然无法满足学校语、数、英、科、音、体、美等所有课程的教学，而且"包班制"几乎把教师困住，动弹不得，日常要出去开个会，都会使一个班级"开天窗"，所以只能悄悄聘任代课教师，以缓解工作强度。

我们学校 6 个教师加 2 个代课教师，6 个教师中还有 3 个是特岗教师，不占编制，事实上正式在编的只有 3 个教师。这儿几乎 99% 的乡村小学都有代课教师。代课教师中好一点的是等待考编的大学生，有教师资格证。有时候找不到人代课，只能找村里的闲人或教师的亲戚，他们就没有教师资格证了。工资很低，1500~1800 元每月，所以他们不大愿意来。

（江西省 P 县 G 镇 X 小学，汪校长，2018 年 5 月 17 日）

代课老师在 P 县 G 镇的 N 小学和 C 乡的 NL 小学等都有存在，比例甚至占师资总数的 1/3。可以看出，我国中部地区的人口大县和教育大县，为减轻财政供养压力，只能严格按"师生比"来配置教师，因此压力又转嫁给了乡村小规模学校，使得小规模学校师资供给严重不足。另外，低廉的工资待遇，使代课教师质量参差不齐，资质不良的代课教师也混迹其中，师资质量堪忧。以笔者调研情况来看，代课教师现象在浙江省C县以及贵州省L县的乡村小规模学校已经消除，这说明：一方面，在东部发达地区，地方财政压力较小，能按主要学科和班级要求足额配置教师；另一方面，国家对西部的中央财政支持力度要明显大于中部，因此，反而是中部地区的师资配置最为紧张。

6. "音、体、美、英"专业性强师资普遍缺乏

从师资学科背景的构成情况来看，我国大部分地区乡村小规模学校缺乏音乐、体育、美术和英语学科的师资，尤其是音乐、美术和英语等专业性较强课程的师资。这些课程一般由主课教师兼任，尽管能开齐开足国家课程，但至于能否对学生进行较为系统和专业的教学，就不能保证了，所以乡村学生若有音乐、美术、体育等方面的天赋，就很难得到较好的启蒙和训练。

图5-2 余老师上音乐课的场景

我现在还要上音乐课，我自己是数学专业出身的，根本不会弹钢琴，连简谱也教不了，还真的是挺为难的。上音乐课时，只好把音乐播放器打开，挑一些适合孩子唱的，节奏简单、内容健康的歌曲放给他们听，多放几遍，他们也就会唱了。但是真的很初级，其实对于有音乐天赋的孩子，我还是蛮愧疚的。班上有几个女生，唱歌很好听，可惜我不会指导。

（浙江省C县L乡S完小，余老师，2018年1月18日；见图5-2）

（二）贫瘠与富足：乡村小规模学校教师的生命状态

探寻教师群体的生命状态是乡村小规模学校标准化软件建设的重要考虑内容，丰盈有力的生命状态是乡村教师对生命价值的自我认同，是扎根乡村小规模学校、服务乡村学生的有力保障。从哲学意义来看，人是自然生命、精神生命、社会生命的结合[①]，只有这三者完美地结合在主体之中，人才会绽放出生命之美。依据这一逻辑，笔者亦从乡村教师的自然生命、精神生命和社会生命三个层面对其生命状态进行考察。整体来看，乡村教师的生命状态可以用客观上的相对贫瘠与主观上的相对富足来形容，在两者交织与调和的过程中，形成了乡村教师"向下扎根、向上开花"的独特气质。

1. 自然生命

自然生命是人肉体的物质存在，是人的健康、营养、发育等状况的综合表现。而乡村教师的工作强度和物质基础在一定程度上决定了他们的自然生命质量。从田野调查的情况来看，除了刚分配来的年轻教师，很多老师脸上写满了"疲惫"二字。对自己的物质收入，感到相对满意的占一部分，而感到偏低的，尤其是年轻教师群体占了很大的比例，地区之间存在一定的差异，整体呈现 M 型结构，即东部 C 县和西部 L 县教师收入要高，中部 P 县教师整体收入水平偏低。

（1）疲惫的自然生命

乡村小规模学校虽然人数少，但需要完成的各项教学任务、各项考核、各项检查和各类报表，一样都不能少。小规模学校教师少，这些事情分摊下来，只能像抓壮丁一样找年轻教师做。

> 我们学校是最弱势的单位，什么部门都可以管我们，除了正常的教学之外，行政杂事太多。管我们的"婆婆"太多太多：食品安全局、财政局、公安局、教育局、卫生局、消防局等，凡是挂个牌的，都可以管到我们。而且上面一声令下，还不能不做，很多时候，真的是疲于应付。年长的教师可以找理由推，那就只能找年轻老师做，能做事的就这

---

① 赵野田，潘月游. 论生命价值的道德支撑[J]. 东北师大学报（哲学社会科学版），2010（2）：10-14.

么几个人，确实挺累的。

（浙江省 C 县 J 乡中心小学，姜校长，2018 年 1 月 19 日）

我们学校在外人看来可能蛮轻松的，就这么几个学生，教书确实不是很累的一件事情，但额外的工作太多了。比如教育局的什么文件下来，那就要做很多事情了。这项考核、那项考核，这项文件、那项文件，所有的任务太繁杂了，再加上我们学校人数其实算少的，所以不管是教导还是总务，承担一些事务性工作的人，其实还是蛮辛苦的。有时候我一个星期去县城两三趟，自己开车去，来回油费都要六七十块钱，但是我们报销只能按照公交车费来报，每个学期我这样跑跑，油费都要好几百块钱。而每年绩效考核时，我所做的只体现了 2000 多块钱，这个也就算了，年轻人多锻炼一下也是好的，但是事情真的太多了，周末都得加班做，感觉真是有点烦了。

（浙江省 T 县 B 镇 D 小学办公室主任，吴老师，2017 年 5 月 14 日）

而中西部地区，学校除了要完成各项教学检查之外，"包班制"的教学任务也使教师的劳动强度非常大，必须从早忙到晚，整日不得闲。

我们 4 个老师，4 个班级，从早管到晚，为了让孩子们不要对我们产生厌倦，我们下午上音、体、美等副科时，老师就会互换一下。课余，老师们就在办公室批改作业和备课，总的来说，没有空的时候，工作强度挺大的。碰到偶尔出个差、开个会，替班的老师就要管两个班，不停上下楼，一天下来，几乎要脚底冒烟了，非常辛苦。然后，上面要交材料时，都是很急的，检查、报表等，又特别多。比如今年义务教育均衡化发展验收，要准备各种材料、报表，占据了我们很多精力，都影响教学质量了。

（贵州省 L 县 M 镇 LF 小学，吴校长，2018 年 12 月 23 日）

（2）尴尬的物质生命

关于物质收入，许多教师在对现状不满以及自我调适之中慢慢接受，在纵向比较与横向比较之间慢慢平衡。物质收入显著影响着教师的精神生命和社会生命，总体来讲，乡村教师的收入处于不上不下、较为尴尬的水平。相对来讲，在东部地区，教龄较长的教师，随着收入水平的提高，通过纵向比较，更容易获得满足感。

我总说我们当老师的是"芝麻开花——节节高"。我们从300块钱一个月，到两三千一个月，再到现在的六七千一个月，没有大起大落，但是我觉得这是最好的。比如说医院里的医生，收入就是大起大落的。医改前，院长承包医院的时候，他的收入可能有四五十万甚至百来万。但是现在制度改革之后，他也是拿工资，一年十几万，他可能就会觉得很失落。对于收入，我作为老师，觉得是可以的，如果天天把钱挂在嘴上，无形当中是降低我们自己的人格。

（浙江省C县J乡T完小，项校长，2018年1月18日）

前年和去年绩效工资改革以来，基本上还可以，讲实话，扣完税有6000多元。我1981年参加工作，第一年实习期是46元，现在总的物价大概是30年前的120倍左右，50乘以120，应该也是6000元左右，也就是我们的收入没有涨。实际上，我当年的收入在社会上是可以的，举个例子，当年木工是1.1元每天，而我的收入相当于每天1.7元，现在一般的木工的工钱，至少是250元一天，我们现在比工匠还要低一点。

（浙江省C县W镇H完小，徐老师（老），2017年6月28日）

而承担家庭重担，要赡养父母、抚养孩子的中年教师和初入职场的年轻教师群体，则对收入不大满意。

我们老师只能说，饿不死也撑不死，你想办一点点什么大事，是办不出来的。也不说别的，买房子都买不起，现在县城房子差不多每平方米2万元，我现在是4800元一个月。你想想看，买一个平方米都需要好几个月。我们这儿是橘乡，周围很多人是橘农。前段时间有个老师去买橘子，卖橘子的橘农问他一年有多少收入，他说了实话。橘农说："那你就不要当老师了，你还是来给我卖橘子吧，我给你15万一年。"

我听了心里真不是滋味。

（浙江省C县J乡中心小学，占老师，2018年1月19日）

我现在是处于试用期，一个月拿到手差不多是3200元，转正以后会高一点，可能会有4000多块。其实不进城，这点收入还好，反正在这里，用钱的地方也没有。但如果要网上购物，工资就不够用了。

（浙江省C县W镇F完小，胡老师，2017年6月28日）

从收入的绝对值比较来看，中部P县的教师收入要明显偏低。

我这年龄，收入马马虎虎，对年轻老师来说就太低了。我儿媳妇也是教书的，她在另外一所小学，不到3000元一个月，还要带孩子，如果没有我们这些长辈帮衬，她真的可以说连奶粉都买不起，更不要说还房贷、车贷，压力太大了。

（江西省P县G镇X小学，赵老师，2018年5月17日）

在西部的L县，教师收入水平在当地处于中等偏上的位置。

当然不能跟外出打工或经商的同学们相比，但与留在我们M镇工作的同龄人和当地老百姓相比，我们的收入还是要高一些的。我现在杂七杂八加起来，也有4000元出头，因为我参加工作才两年，所以就现在来说，还是满意的。

（贵州省L县M镇DM小学，吴老师，2018年12月23日）

从调研情况来看，近几年乡村教师收入的提高幅度是不小的，显著提升了教师的工作热情。但同时，收入的地区差异也十分明显，整体依然呈现M型结构，即东部和西部的收入要高于中部地区；另外，对于生活负担较重的中年教师群体，乡村教师的收入显得比较微薄，生活压力较大。

2. 精神生命

精神生命是人与外界的互动中形成的自我认知和喜好，并由此构建出的心灵世界。在相对偏远、封闭的乡村小规模学校工作，外地或住校的教师容易产生寂寞、孤单的情绪。从调研的情况来看，良好的性格特点以及自我排解的兴趣爱好是对抗寂寞的良药，同时学生的成长和懂得感恩的举动也是慰藉教师精神心灵的重要源泉。整体访谈来看，大多数乡村教师的自我评价是：性格较内向，偏安静，喜欢看书、钓鱼以及听音乐等。少部分男教师喜欢打篮球，但由于教师人数较少，年轻男教师更少，因此，这一爱好几乎无法满足。

（1）孤独、封闭环境下的自我调节

偏远乡村，一般缺乏娱乐设施，在这相对封闭的小环境中，年轻的、非本地区的、需要住校的乡村教师，通常以学习、读书、运动、上网等形式排遣寂寞。

> 刚毕业时，有梦想，有激情。突然去了山里，很偏僻，没有公路，只能坐船去，要坐两小时的船，再坐半个多小时的三轮车，开到山里，山里也没有田地，中间是小溪，两边都是山。打开手机，信号一格都没有，拨不出去，也接不了电话，与世隔绝一样。心情一下子落到谷底，人生地不熟，很无助。后来，公路通了，信号也有了，既来之，则安之，安慰自己毕竟在这里空气好，人也变得纯净起来，在空余的时间，看一些教学相关的书籍，把心思放在怎么教好书上。
>
> （浙江省 C 县 W 镇 Y 小学，徐副校长，2017 年 6 月 28 日）

可以看出，住校的乡村教师的生活是非常寂寞和孤单的。一般周五下午回家，周日下午就得返校，除此之外的生活全部在学校里度过。

（2）学生成长和需要的情感慰藉

教师的精神世界也可以是非常充实的，这主要来自学生的成长、成才和进步，师生情感的互动是教师幸福的源泉。

> 孩子对我很好。有个孩子对我说："妈妈，我叫你一声妈妈，好不好啊？"我说："好的，没关系，你想叫就叫吧。"孩子说："我觉得在学校里跟着妈妈，在家里也跟着妈妈，我好幸福啊。"有时候，小孩子也是有心事的，但可能有些家长不善于沟通。
>
> （浙江省 T 县 B 镇 D 小学，金老师，2017 年 5 月 14 日）

你知道，跟老师打交道的，是最天真活泼、不涉及一点利害关系的人，世界上再也没有比这个（教小孩）更容易的事情了。师生交往虽然也有目的，但是我们的目的就很简单：跟学生一起成长。比方说，我原来也没教过数学，前年开始我也教数学，我有时候不会做，也跟学生一起讨论。我觉得很有意思，自己也在成长。

（浙江省 C 县 W 镇 H 完小，汪校长，2017 年 6 月 28 日）

能教出一些学生来，感觉还是不错的。有一个学生，他考上大学的时候，特地和他爸爸到我家来谢我，他说一定要来谢我。三年级的时候，我教过他。他在武汉大学读书，还被学校推荐保研，很厉害，能教出这样的学生，是我们当老师的幸福。

（浙江省 C 县 JK 乡中心小学，夏老师，2017 年 5 月 14 日）

可以看出，乡村教师精神世界的满足主要来自与学生的互动、美好的师生情。学生的成长与成才是乡村教师最主要的精神力量，也是他们战胜负能量的生存力量。

3. 社会生命

社会生命是主体在社会活动和社会交往中形成的，是其自然生命、精神生命在社会领域的自然延伸。[1] 从某种意义上说，教师所创造的社会价值即是其社会生命的体现，而社会地位和社会认可度是其社会价值的某种衡量。为此，笔者在访谈中，对乡村教师社会地位的自我感知进行了调查。总体来看，多数教师认为乡村教师的社会地位不高，而且似乎今不如昔，有逐年下降的趋势。

（1）逐渐旁落的社会地位

随着时代的变迁，乡村教师的社会地位不如往昔，这既有社会大环境和评价标准变化的原因，也有来自学校体制和教师群体自身的原因，同时，家校联系渠道的变迁也是原因之一。在 C 县，随着村小的撤并，学校整体后勤保障水平的提高，教师与村民、家长的互动从亲密与热情走向疏离与割裂。

---

① 冯建军. 生命教育与生命统整[J]. 教育理论与实践，2009（8）：8-11.

这种似乎更文明、现代的家校关系，让乡村教师在主观上认为自己的社会地位不如以前。

> 总体来说还是受人尊重的。不过，跟当时参加工作的时候比，好像也不怎么能比。那个时候，信息闭塞、交通不方便，我们就在那一个村子里面，好像是世外桃源一样。学校里面没有食堂，所以我们老师有点像吃百家饭，是到学生家里吃饭，气氛很好。家长就怕老师不吃，把猪腿上最好的肉割下来烧给我们吃。那时候，家长对我们老师的认同度、认可度更高一点。现在呢，当然不可能再去学生家里吃饭，这样就与家长的互动、交流少了很多，但他们对我们的要求更多、更高，还要附带其他方面的要求，比如要照看寄宿学生等。
>
> （浙江省 C 县 J 乡中心小学，王老师，2018 年 1 月 18 日）

如今，家长的信息获取渠道更多，对外面的世界也了解更多，开始怀疑、不信任自己相对落后的家乡学校，附带也看不起学校里的教师。同时，维权意识的增强以及外地教师和年轻教师与家长交流间的语言障碍，也阻碍了家校的互动。

> 感觉现在社会对学校的信任、支持，没有以前那么理想了。以前那一代家长，可能也没有什么文化，也不了解外面的世界，对于教师这个"有墨水"的群体，很尊重。现在可能是城乡之间的教育差距较大，造成家长对乡村学校的信任度降低，对我们这样的学校持怀疑态度。而且现在的家长维权意识也很强，出现一些问题就认为是学校没弄好，就会去告学校。我们这儿有过 3 次家长告老师的情况，记者都来过。当然，老师的问题也是有的，比如体罚，就不可取。另外，我觉得学校的家访工作没以前做得好，因为以前老师是本地的，跟家长用方言交流也方便；现在青年老师家访，基本都是年纪大的人在家，普通话也听不懂。所以家校联系不够多也是有原因的。
>
> （浙江省 C 县 L 乡中心小学，陈副校长，2018 年 1 月 18 日）

当下，社会大环境相对功利的评价标准，使乡村教师的地位相形见绌；

同时，城乡差异、学校等级差异，形成了城区教师地位高于乡村教师，中学教师地位高于小学教师的等级链，而乡村小规模学校教师正是处于等级链的最底端。

> 农村老师的社会地位在我们农村是很低的，好多人都看不起，实话实说，因为工资低。现在好多人的价值观是：谁的收入高，谁的社会地位就高；谁挣得多，谁就有本事。我们农村老师的收入偏低……他们街上（镇上）的老师就不一样，然后城里的老师地位又高一点，中学的还好点，反正等级差异、地域差异就摆在那里，如果你是县城某某学校的老师，那感觉档次就不一样了，所以我一般不主动说自己是农村老师。
>
> （江西省 P 县 G 镇 N 小学，程老师，2018 年 5 月 18 日）

另外，教师职业的权利和义务一般被框在学校的范围内，在社会生活中几乎没有什么话语权，导致普通教师给公众形成较为"无能"的印象。

> 一个明显的例子，就是很多教师考上公务员后离开教师岗位，但从没有听说有人从别的单位跳到我们学校里来的。这个社会还是看得比较清楚的……
>
> （江西省 P 县 G 镇 X 小学，赵老师，2018 年 5 月 17 日）

（2）自我认可的社会价值

尽管教师们认为在他人眼中教师的社会地位较为一般，但对于教师职业的社会价值，他们普遍有着高度的自我认可，这就形成了他人否定与自我肯定的矛盾认知。对乡村教师来讲，他们有可能是乡村学生掌握知识的唯一来源，学生的成长和进步，是教师体认到自身价值的动力。这种自我认可非常关键，是他们继续从事教师职业的强大支柱。自我认可主要来自学生的情感反馈。

> 应该说到现在也带了很多学生，学生成绩如果好一点，就会觉得更轻松，因为人都是要面子的嘛。但是和学生这么一届届接触下来，成绩好一点的那部分学生，并没有让我产生非常舒服的感觉，反而是平时对他们非常严厉的，时不时给我制造一些麻烦的学生，会在毕业后过来看

看我。那个时候，心里会有所触动，觉得教师更多的精力还是要放在育人上。所以现在我把心态放平，不能只看重学生的成绩，这是我自我认可的地方。

（浙江省 C 县 W 镇 F 完小，徐老师，2017 年 6 月 29 日）

自我认可还来自改变乡村学生的生活经历。

21 年中，我最引以为傲的就是 2008 年举办奥运会那年，我带着 17 个孩子训练口琴，然后带着他们到新加坡去比赛，获得了国际比赛的金奖。实际上我倒不是看重获奖这个事情本身，让我觉得引以为傲的就是这 17 个孩子，有可能这次经历改变了他们的人生。因为农村的孩子说到底（没有见世面的机会），我从小在农村长大，没出过国，我女儿到现在也没出过国，但这 17 个孩子是非常幸运的。我觉得这一切的付出，是最让我欣慰的东西。等我闭眼的那一刻，别人如果问我（哪一件事最令我骄傲），那就是 2008 年带学生参加国际比赛。

（浙江省 C 县 L 乡中心小学，汪校长，2018 年 1 月 18 日）

（三）成长与瓶颈：乡村小规模学校教师的专业发展

乡村教师的专业发展也是小规模学校生存和发展的重要保障，是师资标准化建设的重要内容。所谓教师专业发展，是指教师通过主体系统的努力来强化自己的教学实践、信念以及对学校和学生的理解等，也是指教师这个职业符合专业标准的程度或职业专业化的过程。[1] 笔者认为，乡村教师的专业化，首先在于教师对自己在乡村环境中形成和发展起来的专业技能优势以及劣势要有清晰认知，同时对于自己专业发展的瓶颈和阻滞因素以及未来努力的方向要有一定的规划。从调研的情况来看，乡村小规模学校教师确实有自己的能力结构和素养要求，但其专业发展的劣势以及阻滞因素也非常突出。

1. 特殊的专业能力

在偏远的乡村角落里，长年摸爬滚打后，乡村教师尤其是年长的教师形

---

① 朱旭东，周钧. 教师专业发展研究述评[J]. 中国教育学刊，2007（1）：68-73.

成了许多"独门绝技"，赢得了学生和家长的信任。除了普遍谈到的敬业、有爱心、甘于寂寞、静心教育等乡村教师的职业要求外，笔者在调研中了解到，有些教师还有特殊的技能。

（1）基本的医学保健能力

乡村学校地处偏远，就医困难，乡村教师及时观察学生的健康状况并采取一定的措施很有必要，比如能判断孩子的健康状况、具备一定的中医技能等。

> 乡村教师的责任和他们肩上所承受的担子，比城里的更重一些。乡村教师，不仅是我刚刚讲过的几种能力，还要懂简单的中医知识，甚至还要会使用一些简单的中医药来治疗学生。我举个例子，现在农村的学生很多都是留守儿童，爷爷奶奶带的，管饱穿暖，喂得饱饱的。有了好吃的东西，都是大把大把地塞嘴里，孩子很容易积食，消化不了，肚子痛。我就要学生躺下去，怎样躺呢？趴着，然后把衣服拉上去，就腰椎这个地方（比划……），有两块肌肉，只要把肌肉往上拿，拿了它就会响的，响了就表示好了，学生再站起来时就不疼了。这就是中医治疗，很有效。还有对一些简单疾病的判断能力、处理能力，乡村老师应该注意这些，因为乡下就医不方便。

> （浙江省 C 县 JK 乡中心小学，夏老师，2017 年 5 月 14 日）

（2）因材施教的能力

长年累月下来，年长的乡村教师对于本地区的民风民俗、民约民规以及乡村孩子的成长环境、家庭背景等都较为了解，凭着经验即可对学生进行综合分析、因材施教。

> 教一个学年下来，我基本上能把你的性格和脾气摸得一清二楚。根据你的情况，因材施教，你是什么人，有什么缺点，我来给你修补。这个村子的基本情况，包括乡土民风、气候环境，村里人的心理状态，家长的心理状态，爷爷奶奶的心理状态，我都知道，这方面我还是有一点自信的。昨天，手机上收到一个喜报，就是中考升 C 中（本县最好

的重点高中），提前批的第一个是我教过的，后来考进去的第一个又是我教过的，我数了一下，我教过的班共 20 多个人，考上 C 中的就有 7 个。学校是什么？就是教育好学生，让他们成才。现在是做什么事情都好像没有灵魂一样，假如说我现在是教育局局长，我就要和校长们说，你们回去好好想想自己作为校长应该做的事情，不是我要你们怎么做，你们就这么做，要做你们该做的事情、学生需要的事情。

（浙江省 C 县 W 镇 H 完小，徐老师（老），2017 年 6 月 28 日）

（3）细致入微的观察能力

在小规模学校里，留守儿童的情感需要、那种被关怀的需要，教师要给予关注和满足。久而久之，老师们会形成细致入微的观察能力。

你去观察他们，关心他们，其实留守儿童缺的就是这种关心。冬天的时候，有个小孩子每天上学，手上长满了冻疮，看着很可怜。我给她买了一副手套和一个热水袋，她心里应该是挺感激的。有一天，她看到我没吃晚饭，说："老师赶紧去吃饭，不然的话饭凉了。"挺温馨的。

（浙江省 C 县 L 乡中心小学，刘老师，2018 年 1 月 18 日）

（4）全科教学能力

在小规模学校里，学生少，教师也少，学科之间不像大学校那样泾渭分明，更多的时候，需要像"万金油"一样的老师，什么课都可以顶得上。调研中，很多教师提到了乡村教师要具备全科教学的能力。尤其是一代中师生，长年在乡村小学中任教，能游刃有余地执教各个学科。即便是新分配来的年轻老师，也要教不同的学科。

我是英语老师，教六年级英语课，但我也被要求教一年级的语文课。你看，我刚教好"ABCD"，接着就要教"abcd（啊啵呲嘚）"，这个角色的转换，让我好为难。尤其是教一年级的学生查字典，那真的很别扭，我会一直跟学生说"ABCD"，但他们还没有学英语呀，有时候我讲着讲着自己就蒙了：我在讲什么呢！？然后明白过来我上的是语文课，不是英语课。没有办法，跟学生一起慢慢学，只是我比他们先学一步而已。现在一个学期下来，我也适应了很多。以前的中师老师，我真的很佩服。

（浙江省 C 县 W 镇 F 完小，胡老师，2017 年 6 月 28 日）

此外，很多教师跟笔者交流时称：要具备与农村家长沟通的技巧；男教师还要具备基本的水电工的技能，以便在发生故障时，可以自行解决。在 L 县等民族地区，乡村教师还需要懂学生的民族语言，因为小孩子刚入学的时候，根本不会讲普通话，如果教师不懂他们的语言，就无法与他们交流。这些专业能力，与城区学校的专业要求有许多不同之处。

2. 专业发展的阻滞因素

当然，在封闭、偏远的小环境中，乡村教师专业发展的瓶颈和阻碍因素也是显而易见的。在调研中，不少教师向笔者讲述了许多专业成长的不利条件。

（1）教研团队难引领

在小规模学校中，教师无法像大学校一样形成固定的某一学科的教研团队，尤其是副科，也许全校就一名教师，根本无法得到教研团队或资深教师的指导和引领。教师要提升教学能力，只能自己"摸着石头过河"，有些教师觉得很多年过去了，自己仍在原地踏步。

就说最基本的教学能力，其实差距也是很明显的，但是你没机会也没时间去一些大学校学习。比如说专门跟着名师长时间锻炼一段时间，也许会收到好的效果。在这里，一年过去了，全校就开了一两节公开课。校级公开课，其实也没什么意义，都是知根知底的，谁的水平高，平时就看出来了。

（浙江省 T 县 B 镇 D 小学，吴老师，2017 年 5 月 14 日）

关于教学能力，很多小规模学校教师表示自己长期在微班（通常不到 10 个学生的课堂）进行教学，对于未来适应正常规模的班级教学缺乏自信。而教师的各类评奖、教学基本功竞赛等，来自小规模学校的教师不占优势，这给他们未来发展、晋升、工作调动等带来不利影响。

毕竟我一直以来是小班教学，一到外面，教法上、备课上（就需要调整），面对的学生也更多。我们学校的教学设备一般，多媒体应用设备不是很多，而上面的学校对教师应用信息技术的能力要求比较高，所以我们参加一些教坛新秀的评比活动，都处于劣势。

（江西省 P 县 G 镇 N 小学，程老师，2018 年 5 月 18 日）

（2）教科研能力薄弱

乡村小规模学校教师群体对于教学科研，普遍欠缺相应的能力和意识。谈及职称评定，教师都认为这一块拖了自己后腿。乡村教师教科研能力薄弱，是因为缺乏教科研的环境和培训机会；二是因为他们埋头于教学工作以及行政琐事，缺少精力。一位从乡村上调到县城，再从县城到乡村支教的 C 县本地名师，对城乡教师工作有着较深刻的体会：

我就感觉乡村教师做事情都是非常认真的，但是他们的科研意识不是很强。城里一些有经验的教师，不光光是教书，还会带着课题进课堂，去研究学生，研究教师、教材。乡村的老教师，相对来说就是"死教"多一点。怎么改？这就要钻研，要去看名师的教案，去看特级教师的教案，然后提高自己的课堂设计水平，从而更好地实施教学，提高课堂效率。

（浙江省 C 县 L 乡中心小学，徐副校长，2018 年 1 月 18 日）

也有一些教师想在教科研方面做一点成绩，但因为缺乏指导或尝试失败而却步。

我在教科研方面的能力还很欠缺。有时候，其实我想到了一些问题和材料，但我确实不知道怎么写论文，也没有人来引导，完全凭自己瞎摸索，有时候也就只能模仿别人的套路，但写出来的论文，上面往往会否定掉。失败之后，我就没有什么信心了，所以到这里 5 年了，都没怎么出成果。

（浙江省 C 县 J 乡中心小学，占老师，2018 年 1 月 19 日）

教科研能力和意识的缺失，可以说是乡村教师普遍存在的短板，而且因各种原因，暂时处于无解的状态。

（3）安逸滋生惰性

乡村教师教学工作强度大，琐事多，尤其在有寄宿生的学校，几乎从早管到晚。但相较于城区的学校，学校的教学质量压力要小一些，家长对教师的要求也不像对城里的学校教师那么挑剔，使得乡村教师如同前文所述的学生一样，缺少竞争意识。

> 可能我自己进取心不是很强，反正就是有种被消磨的感觉。因为在这个地方，老师竞争渠道其实蛮少的。像我，已经来这里上班5年了，还是一个普通老师。但是如果说上升渠道再放宽一点，那可能对我的要求会更高一些。因为感觉到学校没有给我上升的机会，那么做多做少、做好做坏对我来说，都是差不多的。长此以往，人就容易产生惰性。可以说，我的信心、进取心，都没有之前那么强烈了。

> （浙江省C县W镇H完小，徐老师（小），2017年6月28日）

> 在这个环境之下，竞争也不大，上课也没压力，没人来听课，大家都各管各的，我也不用去参加什么优质课评比、教坛新秀评比，然后就觉得做得好与不好，没有什么关系。乡下生活节奏越来越慢，反射弧也越来越长，接受信息的能力也越来越弱。比如说，叫我做事情，我总说明天再做吧。

> （浙江省T县B镇D小学，吴老师，2017年5月14日）

在封闭安逸、缺乏竞争的环境中，教师们好比"温水中的青蛙"，意志被慢慢消磨，彼此同化，导致教师专业发展缓慢。

（4）职后培训成效不佳

参加各类职后培训是教师专业发展的必要途径。在C县，近年要求教师参与职后培训的力度可谓不小，各类"国培"、"省培"、90学时等培训，为教师的成长提供了良好的机会。按《浙标》规定，需按公用经费总额的10%提取，用于教师培训，且教师在5年之内必须轮到一次。相对而言，小规模学校教师轮到的培训机会自然比大学校要多，但教师一个接一个地出去培训，引发校长对教学质量的担忧，也对培训效果心存疑虑。

> 对于老师尤其是年轻老师出去培训，我一向都是蛮鼓励的。在这个没有电影院、没有咖啡馆的偏远山乡，让年轻老师们出去见见世面，就算是去玩玩，也是好的，平时工作那么累，去见识一下也好。但最近这两年，各种培训确实有点多了，可以说是泛滥了。老师一出去就是两周，这两周其实也没有学到实质性的东西，就是听听几个专家的报告。比如说这学期，我们有一个老师去宁波培训，他一个人就花了7000多块，钱都是学校出的。几个老师培训下来，我们的培训经费就要超了。我觉得花在老师身上是应该的，就怕没有真正的效果，如果钱砸下去，连"叮咚"都不响，那就太浪费了。
>
> （浙江省C县W镇Y小学，王校长，2017年6月28日）

而对于毕业班的骨干教师，有些校长出于私心，不大愿意"放"他们出去培训。为此，这部分教师也有苦恼：

> 我带六年级毕业班，又教两门课——数学和科学，学校人又少，我走不开，评课、赛课都不能参加，因为如果我准备这些的话，这边的课就没法上。所以什么活动和培训我都不想去。这两年我连续带毕业班，还是带出成绩最重要。没办法，毕业班成绩太重要了，考得好的话，年终奖会多一点，感觉我掌握着整个学校的（兴衰）。而且如果考得不好，面子上过不去。校长还是比较信任我的，但我个人的一些发展机会就错失了。
>
> （浙江省C县J乡中心小学，邵老师，2018年1月19日）

调研中，西部的L县对于能组团到浙江省①等东部发达地区交流和培训，表现了极大的兴趣和渴望。

> 我是一个爱交朋友的人。来到M镇之后，相对来说我拉到的资源也不少，我们学校就跟杭州市Q实验学校结对。我会带他们出去交流，

---

① 据杭州市教育局知情人士透露，贵州省L县为浙江省对口扶贫地区，因此，L县的教师到浙江省杭州等地进行交流和培训，费用均由浙江省承担。

让教师尤其是校长回来之后反思——"原来我以前是在混日子"，总之，要让他们有收获。

（贵州省 L 县 M 镇中心小学，全校长，2018 年 12 月 24 日）

而中部 P 县所在的地级市 S 市，2017 年来了一位华东师范大学的副校长当 S 市的挂职副市长，分管教育。他利用自己的资源优势，要求 S 市的 12 个县市与上海市的各个区进行对接，每年派县长、教育局局长和各中小学校长与上海市相应的优质学校进行结对交流，而上海也会派老师过来交流、指导，取得了显著的效果。

那位市长来了之后，我们出去交流的机会多了很多。现在我们是跟上海 F 外国语学校牵手，开展合作交流，我上次也到那里去学习了，那边的学生的素养真的就完全不同。下面小学校的教师和校长收获也很多，真是让大家领教了什么样的教学是先进的。

（江西省 P 县 R 街道 W 中心小学，李副校长，2018 年 5 月 17 日）

不过，P 县也有校长因公用经费紧张而发愁，只能减少非必要的培训，或者尽量不安排教师参加。

我们的培训经费是按学生公用经费的 5%~10% 提取，600 元一年，不满 100 人按 100 人拨，你算一下，一年也就三四千块钱。所以有些培训也只能尽量不参加。

（江西省 P 县 G 镇 X 小学，汪校长，2018 年 5 月 17 日）

可以看出，乡村小规模学校教师职后培训对教师专业发展确有帮助，但关键还在于培训形式。在中西部地区，一对一的学校结对以及教师间制度化和常规性的实质交流与经费保障，可以有效地促进教师的专业发展。

三、阵痛与失落：乡村小规模学校的校长群体

校长对于一个学校的引领作用毋庸置疑，对乡村小规模学校而言亦是如此。调研中，许多小规模学校的教师人数较少，因而校长更像是一方诸侯，

带领着全校师生进行着教育教学。在相对扁平化的管理机制下，没有了科层制的羁绊，校长的角色像一位"家长"，更能平等、友善地对待"家庭成员"，更能凝聚力量，也易于发挥自己的聪明才智，践行自己的教育理念。从调研访谈的情况来看，乡村小规模学校的校长大部分以本地区的中青年男性为主，见表5-1。

表5-1 乡村小规模学校访谈校长基本情况

地区	学校	校长	性别	年龄	第一学历	职称	职务性质	任职年限	原职务	任命方式
浙江省C县	W镇F完全小学	徐校长	女	33	大专	小学高级	副职	2年	JK乡中心小学教导主任	教育局提拔任命
	W镇H完全小学	汪校长	男	40	中师	小学高级	副职	5年	W镇H完全小学教师	竞聘上岗，教育局任命
	W镇Y小学	王校长	男	40	中师	小学高级	正职	3年	W镇镇小副校长	教育局提拔任命
	J乡中心小学	姜校长	男	38	中师	小学高级	正职	6年	ZT镇镇小教导主任	教育局提拔任命
	J乡T完全小学	项校长	男	43	中师	小学高级	副职	11年	J乡T完全小学教导主任	教育局提拔任命
	L乡中心小学	汪校长	男	40	中师	中学高级	正职	1年	JJIA镇中心学校校长	教育局级调动
	L乡S完全小学	蒋校长	男	31	本科	小学高级	副职	2年	L乡S完全小学教师	教育局提拔任命
	JK乡中心小学	方校长	男	39	中师	小学高级	正职	4年	W镇F完全小学校长	教育局提拔任命
	JK乡J完全小学	王校长	男	39	中师	小学高级	副职	2年	W镇Y小学少先队辅导员	教育局提拔任命
	S乡中心小学	方校长	男	41	中师	中学高级	正职	2年	W镇镇小副校长	教育局提拔任命
江西省P县	G镇X小学	汪校长	男	38	中师	小学高级	副职	2年	G镇X小学教师	由中心学校提名，县教体局任命
	G镇N小学	高校长	男	55	中师	小学高级	副职	20年	G镇N小学教师	由中心学校提名，县教体局任命

续表

地区	学校	校长	性别	年龄	第一学历	职称	职务性质	任职年限	原职务	任命方式
江西省P县	R街道J小学	金校长	女	33	大专	小学高级	副职	2年	R街道J小学教导主任	由中心学校提名，县教体局任命
	C乡NL小学	吴校长	男	45	中师	小学高级	副职	20年	C乡NL小学教导主任	由中心学校提名，县教体局任命
贵州省L县	M镇C小学	吴校长	男	50	中师	小学高级	副职	22年	M镇C小学教师	由原乡政府任命
	M镇LF小学	吴校长	男	38	中师	小学高级	副职	2年	M镇Z完小教导主任	由中心学校提名，县教体局任命
其他地区	浙江省T县B镇D小学	徐校长	男	44	中师	小学高级	正职	3年	B镇镇小教导主任	教育局提拔任命
	陕西省B市M镇R小学	冯校长	女	40	中师	小学高级	正职	3年	B市M镇R小学教导主任	由镇政府任命

我们可以看到，18名校长中只有3名女校长，张新平教授所描述的"女人教书，男人管校"的现象，在乡村小规模学校亦存在；从年龄结构来看，基本为35~45岁的壮年，当然P县和L县个别学校的校长年龄相对高一些；从第一学历来看，基本是中师毕业，显见当年的中师毕业生很多已经成长为学校的中坚力量；从职称来看，以小学高级即一级教师为主，只有2名校长拥有中学高级即高级教师职称；从职务性质来看，大部分乡村小规模学校校长属于副职，而中心小学和具有独立法人的小学校长属于正职，正职大部分在C县存在；从任职年限来看，大约为2~5年，P县和L县有几位任职年限超过了20年；从任职前的职务来看，出任校长正职的，基本上是由各镇小的副校长调任，出任完小校长的，一般由各学校的教导主任或其他中层提拔而来，大致遵循副职提为正职、一般中层提拔为副职的原则，而各学校的教导主任是非常关键的岗位，在此岗位历练过的教师，更有可能提拔为副职；从来源学校来看，C县多为跨校调任，而P县一般为原校提拔，L县则两者都有。

他们私下都称呼我为"老大"。全校 15 位老师，开个会一下就齐了，大家的工作氛围、感情都特别友好，这是我原来在镇小这样的大规模学校所不能感受到的，彼此之间若没有竞争关系和利益瓜葛，就好办事。老师们对我也非常信任，说实话，在这里，至少工作的心情是很舒畅的。

（浙江省 C 县 W 镇 Y 小学，王校长，2017 年 6 月 28 日）

（一）提拔与提名：乡村小规模学校校长的任命方式

从任命方式来看，地区差异较为明显。东部 C 县校长以教育局直接提拔任命为主，而 P 县和 L 县则以中心小学提名为主。在 C 县，除了 H 完全小学的汪校长以竞聘方式获得任职资格之外，其他校长基本由教育局直接提拔任命，被县教育局提拔任命的校长，其身份均为局管干部；而 P 县和 L 县下面各中心学校有较大的自主权，可以提名教师担任相应的各完小和教学点的校长，再由县教育局批复，正式任命。不过，也有例外，比如 L 县 M 镇的 C 小学吴校长和陕西省的冯校长的任命较为特殊，是由当时的乡政府或镇政府任命的。据 L 县 M 镇中心学校全校长的解释，因为当时还是三级办学时期，乡政府对所辖学校拥有人事权，校长是由政府直接管理。如今，人事权已经还给教育局。因此，从人事任命上即可看出，在 C 县，各小学基本以教育局的垂直管理为主，尽管名义上中心小学是本乡镇各个完小的法人代表；而在 P 县和 L 县，中心小学负责管理下面各完小和教学点，县教育局直接领导各乡镇的中心学校。

（二）阵痛与失落：不同任职年限乡村小规模学校校长心态

从年龄结构以及任职年限可以看出，大部分乡村小规模学校校长处于壮年期，有充足的精力带领学校发展，同时，由于任职年限不长，他们在新提拔为校长后，可以保持工作激情和新鲜感，对学校未来发展有许多设想。但在调研中也发现，不同任职年限以及学校偏远程度，或多或少影响着校长的工作心态，总体可以分为以下两类。

1. 提拔路上的"阵痛"

从笔者的实地调研来看，由学校中层提拔为学校副职之后，校长们表现出旺盛的生命力，多年的中层历练，使他们积累了一定的管理能力，对学校发展也有自己的思考，他们的脸上都洋溢着工作的热情和积极向上的激情。通过几年的打磨，他们对乡村小规模学校的优势、面临的挑战以及未来发展的重点，都有了系统的梳理和明确的定位。即便现在工作的学校比原来的学校要小、要偏远，他们依然把这些视为自己提升过程中的"阵痛"。

从 JK 乡 J 完小王校长侃侃而谈的言语中，可以感受到他对学校充满了期待和自信。

> 我们乡村孩子是寄宿制，我们要打造一个乐园。首先，对环境、对校园进行美化，要充满文化。其次，要培养孩子们的良好习惯、正确的理想和更多的爱好。我有这么一个理念：只要我在这里，我一定会为孩子们就就业业服务，全心全意将他们培养成才。给我一个孩子，我会这样培养；给我两个孩子，我也会这样培养。我们一定要让我们农村的孩子也能在家门口享受优质的教育。我觉得我们在乡下，实际享受了比别人更优质的生活——从自然环境上讲。所以我要让我们的农村孩子有幸福感，让他们"占便宜"，让他们感觉到"占便宜"，我要让孩子们在农村的生活不比城里的差。我们想给孩子们打造一个明礼善学的爱的摇篮，给老师们打造一个幸福、快乐的工作园地。
>
> （浙江省 C 县 JK 乡 J 完小，王校长，2017 年 5 月 15 日）

S 乡中心学校的方校长，由副职提拔为正职，第一次正式领导一所学校，尽管当时赴任的学校教学质量挂在全县的尾巴上，但他意气风发，交出了漂亮的成绩单。

> 因为 S 小学原校长突然辞职，所以临时把我从 W 镇镇小抽调过来做校长的。来的时候，也有不少人跟我说 S 小学积习难改，让我过来过渡一下即可。但我认为既然来了，就一定要做出成绩来。我向全校师生提了两个要求——积极主动、做事认真，我作为校长带头干，我像经营

家庭一样经营着我的学校。一年之后，学校面貌发生了巨大的变化。

（浙江省 C 县 S 乡中心小学，方校长，2017 年 8 月 2 日）

2. 发配边疆的"失落"

对于在学校副职担任时间过久，有的甚至长达 20 年，一直没有得到提拔的校长，随着年纪的增长，其工作激情出现了明显的减退。另外，有一部分校长在大型学校任副职，原本希望能调到县城去，却突然被调到更偏远的学校，因此，尚没有做好心理建设的这部分校长，多少有一点被发配边疆的"失落"之感。在调研中，笔者明显可以感受到一些校长对于学校未来的发展持悲观的态度，认为学校处于"风雨飘摇"之中，随时可能会被撤并，问及学校发展的规划和设想，其并没有做系统的思考。持这样较悲观态度的校长，笔者也能感受到整个学校的教师的精神面貌都较为消极，学校文化建设和整体的教学都弥漫着萧条的气息。由此可见，校长的精气神和带头作用对于学校的发展和建设至关重要。

四、压力与挑战：乡村小规模学校的学校管理

（一）多头、无序、繁重的各类上级管理

乡村小规模学校，麻雀虽小、五脏俱全，大规模学校该有的各种管理和各项规章制度，小规模学校也同样不能少。正如前文 J 乡中心小学的姜校长所说，学校是最弱势的部门，被上级的各种"婆婆"管理，各个部门的管理都各自为政，经常对学校发号施令，一个通知，就会让小规模学校忙好几天。整个管理体制呈现多头、无序且烦琐的状态。调研中，一位校长向笔者透露，全校就 2 名党员，党建材料却整整有 3 个档案盒。小规模学校整天忙于应付上级的各类大大小小的检查（见图 5-3），牵扯了大量的精力，严重影响了学校正常的教学。如何加强上级管理，提高管理水平，减少无效的、繁杂的多头管理，理顺乡村小规模学校与上级各部门的关系，应是乡村小规模学校标准化建设的内容之一。

图5-3 江西省P县G镇X小学为迎检而准备的各类材料

（二）事无巨细与压力并存的学生管理

1.贫困生管理

乡村小规模学校，尤其是在中西部地区，常常相伴而来的就是贫困生。在国家不断推进扶贫工作的同时，许多细致的统计和排查工作，就落到了乡村小规模学校的头上。尽管小规模学校人数不多，但贫困生的管理往往能攒出好几摞材料。

> 比如说扶贫工作，现在叫教育扶贫。我现在的学校服务的是周围的6个村，那么6个村里面只要有小孩上学的，相关信息都要我们去收集。特别是贫困户，我们都要了解，要统计。而且这些信息是不断变化的，每个学期都要更新一次。更新是很麻烦的，我们得家访，而且很多人不在家里，或者已经搬出去了，但是户口仍在这里。所以做这些工作的压力非常大，我们是7月5日放暑假，到现在20多天了，我几乎每天都有表格要填，非常多。
>
> （陕西省A市Y镇Y小学，丁副校长，2018年7月27日）

这种贫困生管理工作在西部L县也存在，因为乡村小学已经是最底层的单元，许多贫困生具体信息搜集和资料统计等工作无法再下派，原本政府应承担的工作被转嫁给了乡村教师，导致乡村教师承担了大量非本职的工作。

2.学生安全管理

在调研中，许多校长和教师反复向笔者提及学生安全是学校的头等大事，甚至在一定程度上超过了教育教学工作。这是因为乡村小规模学校地处偏乡，乡间水库、湖泊众多，环境不安全的因素较多，而家长往往把孩子送到学校之后，就全权托付给了学校，出了事情，把责任全部推给学校。在这样的压力之下，学生安全教育这根弦时刻紧绷着，一丝不得松懈。在 P 县，因地处湖区，防止学生溺水就像紧箍咒，校园里随处可见防止溺水的标语（见图5-4）。

图 5-4　江西省 P 县 R 街道 J 小学的防溺水标语

有时候，在这样的压力之下，学校不得不减少或取消一些正常的学生活动。

今年过六一儿童节的时候，西安有一个爱心机构，它愿意接我们学校的 10 个留守儿童，到西安去过六一，顺便在西安玩一天，而且是把车开到我们学校来接孩子们。然后我都和家长联系好了，名单也确定好了。我以为校长会同意，但他说太不安全了，硬是拒绝了对方。当时我心里很失落，这样的管理太过保守了，但这也是我们当地的普遍现象，就是为了安全、保安全，所以很多这类活动都要砍掉。

（陕西省 A 市 Y 镇 Y 小学，丁副校长，2018 年 7 月 27 日）

另外，学生上下学的交通安全管理，也是乡村小规模学校学生管理的重点。在东部 C 县，针对寄宿学生的上下学，都已经推广了校车服务，学生只需交非常低廉的费用，即可享受校车服务，费用由县财政承担。

去年开始，我们全县推广寄宿生的校车接送，车子是县长运公司派的。我们有 21 个孩子住校，每学期学生只要交 10 元钱，每周上下学坐校车，基本就是免费的。我们按学生的分布，规划了两条线路，两辆车接送，车会开到校门口，老师负责把学生送上车。此外，教育局还拨了1000 元钱给我们学校，下雨天，可以给学生买雨伞、雨衣之类的。

（浙江省 C 县 JK 乡 J 完小，吴老师，2017 年 6 月 28 日）

图 5-5　贵州省 L 县 M 镇通往 C 村的村道

但在 P 县和 L 县，学生多为走读生，离校距离相对较近，最远的也在 3 公里以内。加之村落分布较散，尤其是 L 县，不能形成较好的线路规划，同时村道狭窄（见图5-5），路况较差，安全隐患较多，再加上财政紧张，因此并没有推广校车接送。

我们 L 县太大了，地势复杂、恶劣，很难推广校车，没有办法施行，有安全隐患。即便我们推广校车，学生还是要走很长一段路。一方面，村道很窄，一般只有四五米宽，虽然"村村通"后路面已经硬化，但弯道很多，大的车子很难开进去；另一方面，村与村之间太分散了，车开进去就一个村，如果每个孩子都送到家，估计一天都送不完，所以校车接送在我们这里是不现实的。更何况，经费怎么来呢？一般的上下学交通安全，只能靠学校教育，家长负责接送。所以我们下面学校的撤并难度较大。

（贵州省 L 县科教局工程办，石主任，2018 年 12 月 23 日）

3. 学生健康管理

青少年的身体健康状况，关系着民族的未来。乡村孩子也是我国未来的重要建设者。笔者对三县的乡村小规模学校的学生健康管理进行了调研。

（1）卫生室配置及常规体检

从卫生室的设置以及药品配备情况来看，C县（见图5-6）和P县较为规范，基本的药品以及体重和身高测量仪、血压仪等设备都有配置；相对而言，L县的教学点均没有设置卫生室，也缺乏基本的药品配备。

当问及是否定期给学生进行体检时，地区差异较为明显：在C县，教育局委托各镇卫生室，每学期进校为学生进行健康检查，一般借助学校的卫生室的仪器，即可完成最基本的体检，诸如身高、体重、视力状况、口腔卫生、血压、常规的内外科检查等。

图5-6 浙江省C县Y小学卫生室

> 我们C县所有学生的体检，都是由镇卫生院派医生过来体检的。二年级时，还有一项"窝沟封闭"，防止学生长蛀牙。总体而言，学生的健康状况还可以，一般的小毛病，发热之类的，就通知家长，把孩子接回家。
>
> （浙江省C县W镇H完小，汪校长，2019年1月28日）

在P县，所有的学生体检，由教师在本校卫生室完成，但只能检查一些最基础的项目。

> 正规的像医院一样的检查，是没有的。我们也不可能送学生去医院体检，没有经费。P县教体局每年会发一份《学生体质测试报告》，要求我们填写，我们老师就在学校的卫生室给学生量身高、称体重、测视力，只能做这几项。卫生室里碘伏、酒精、创口贴、纱布等都有的。
>
> （江西省P县R街道J小学，林校长，2019年1月18日）

而在L县，学生的健康体检，学校会通知家长，要求家长送学生去医院进行体检。

可以看出，东部地区，学生在学校可以获得最基本的医药急救处理以及基本的常规体检；中部地区，学生也能在学校层级获得相应的伤口包扎、消毒等应急处理和基本的数据测量；在西部的乡村小规模学校，学生的医药卫生保健措施几乎为零，与标准化建设要求相去甚远。

（2）学生营养餐管理

邻国日本曾于二战后提出"一杯牛奶振兴一个民族"的"牛奶"计划，免费为中小学学生配送牛奶，此举显著提高了日本青少年的平均身高。显见，加强青少年营养管理，何其重要。幸运的是，2011年起，我国在中西部贫困地区亦推广了义务教育学生营养改善计划，每年惠及3700多万人[①]，从刚开始试点的每天补助3元，提高到了每天补助4元，所需费用全部由中央财政负担。

在东部C县，国家的营养改善计划虽没有惠及，但C县于2018年出台了《农村义务教育段学生资助"营养餐"实施细则》，为贫困学生提供资助，标准为每天5元，每学期按100天算。受惠学生分为两类：一类为低保家庭和残疾学生，二类为一般贫困家庭学生。其中一类学生可以直接认定，二类学生的申请，则需要通过教育局审核认定。受资助的学生总量不超过全县在读学生的13%。

> 我们学生的伙食费按每天15元收取，每餐的标准是早餐3元、中餐6元和晚餐6元，通校生交中餐6元就可以了。另外，我们学校70个学生，获得县教育局营养餐补助的学生有30个，他们不用交中餐费用，但他们补助的标准是5元一天，超出部分，我们也不能向他们收，都是由我们的公用经费贴的。
>
> （浙江省C县W镇H完小，汪校长，2019年1月28日）

中部P县，因是国家级贫困县，"营养改善"计划完全覆盖所有的乡村学校。但情况稍复杂一些，因有些乡村小规模学校设有食堂，国家补助的每人每天4元可以用来提供午餐，而没有条件设立食堂的学校，则以课间营养点心的形式发给学生（见图5-7）。

---

① 陈宝生. 中国教育：波澜壮阔四十年[N]. 人民日报，2018-12-17.

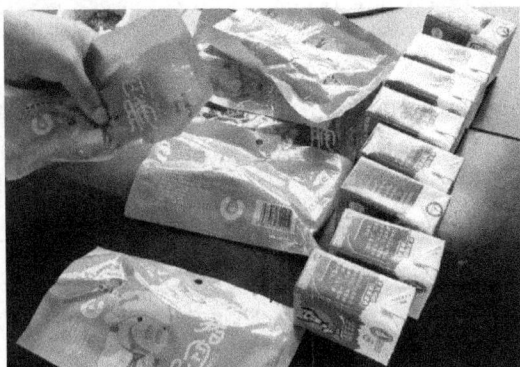

图 5-7 江西省 P 县 G 镇 X 小学学生的课间餐

国家给每个学籍在我校的学生，每人每天补助 4 元，食材都是由教体局营养办招投标后的公司配送的。但 4 元钱一天的标准还是不够的，毕竟还要买大米、支付水电费等，所以每个学期，我们向每个学生收取 200 元，这样基本可以维持食堂的运转。

（江西省 P 县 C 乡 NL 小学，吴校长，2019 年 1 月 28 日）

因为我们学校没有条件设食堂，国家的"营养餐计划"我们是通过课间餐的形式发给学生。每天一盒牛奶加饼干、面包或者其他的食品，牛奶是每天都有的，饼干或面包可能隔一天换一下。食品全部是由上面配送的，学生们都挺喜欢的。

（江西省 P 县 G 镇 X 小学，汪校长，2019 年 1 月 28 日）

在西部 L 县，国家的营养改善计划也实现了全覆盖。县科教局为此专门设立了营养改善计划办公室，负责全县所有乡村学校营养餐的管理，成立了"四统"公司（即统一配送大米、油、蔬菜和肉类），并出台了严格规范的食品安全保障机制。按照标准，通校生每人每天补助 4 元，寄宿学生每人每天补助 8 元。

我们要求学校加强把关验收以及加工监管，饭菜必须留样 48 小时，有倒查机制保障。县市场卫生管理局还会组织不定期抽查，县教育局设置营养办（学生营养改善计划办公室）进行专门管理和不定期抽查，确保食品安全。

（贵州省 L 县科教局工程办，石主任，2018 年 12 月 23 日）

在 M 镇，学生营养餐都是学校提前一周，把需要配送的食材告诉县营养办，再由"四统"公司配送。对于交通便利的中心小学或完全小学，"四统"公司可以做到每天配送，保证食材的新鲜，但对于 M 镇偏远的教学点，"四统"公司并不负责配送。

"四统"公司毕竟不是公益机构，它们负责每天送到教学点的话，也是要亏本的（笑）。所以，比如说像 C 小学这样偏远的教学点，都是要靠老师自己出来采购，再运回去，一般他们每周采购两次，还要做台账，非常辛苦。我们的营养餐基本上能做到两菜一汤，荤素搭配。学生的伙食条件不知道比家里好多少，因为家里是爷爷奶奶照顾，都是随便做的，就是咸菜、辣酱之类的，土豆里面炒点肉丝，就算是好菜了。我们 L 县还提出了"4+X"计划，即学生如果想加餐，可以再额外加一点钱，那么学校可以再给这个学生加餐，但没有一个家长愿意再掏钱。不过，4 元钱的标准，也已经足够了，学生们已经吃得很好了。国家的这个政策真是好，我们以前读书的时候，吃的哪有这么好。

（贵州省 L 县 M 镇中心小学，全校长，2018 年 12 月 22 日）

调研中，家长也普遍对学校的伙食表示满意。我们可以看看教学点 LF 小学的一周食谱（见表 5-2），菜的品种每天都不同，将 4 元钱用到了极致。

表 5-2　LF 小学第 17 周食堂菜谱

时　间	菜　名
星期一	豆腐炒猪肉　芹菜炒牛肉　南瓜汤
星期二	胡萝卜炒猪肉　小青椒炒鸡肉　肉丸汤
星期三	白萝卜炖猪脚　白菜炒猪肉　紫菜鸡蛋汤
星期四	韭菜炒鸡蛋　鲜木耳炒猪肉　南瓜汤
星期五	魔芋豆腐炒鸭肉　豇豆炒猪肉　肉丸汤

另外，从 L 县村完小 DM 小学在食堂橱窗公示的工作人员从业证（见图 5-8）即可知道，L 县对于乡村学校食堂人员的管理和准入条件设置，是非常规范的，保证了乡村学生的食品安全。

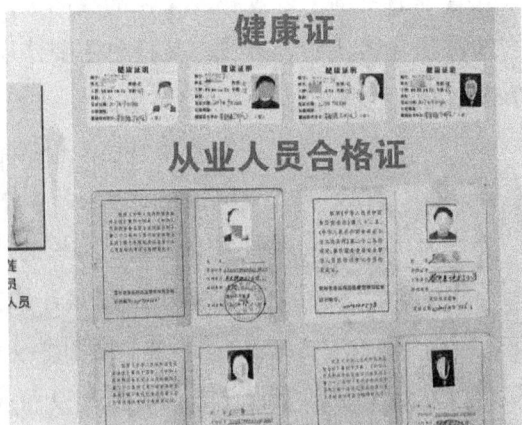

图 5-8　贵州省 L 县 M 镇 DM 小学食堂工作人员的
健康证和从业人员合格证

（3）学生心理健康管理

乡村小规模学校留守儿童居多，需要班主任或教师给予特别的关注。从调研情况来看，三县的乡村小规模学校普遍没有配置心理健康教师，也没有形成针对乡村儿童心理健康教育的制度。不过，也有个别学校的做法，起到很好的示范效果，比如 C 县 S 乡中心小学方校长所牵头的"认养孩子，关爱到家"活动。

> 我观察到班上有个孩子的成绩呈直线下降的趋势，后来了解到是孩子的家庭出现了变故。为了更好地关心这样的孩子，我提出了"认养孩子，关爱到家"活动。我自己认养了这个"干女儿"，在接下来的后半个学期，孩子的学习劲头和精神面貌发生了奇迹般的变化。上课开始炯炯有神了，回答问题主动积极了，语文成绩从全班倒数第二，迅速上升至全班第二名。这说明对孩子心理上的关注确实很重要。
>
> （浙江省 C 县 S 乡中心小学，方校长，2017 年 8 月 2 日）

（三）因地制宜、具有浓郁乡土特色的课程教学管理

乡村小规模学校扎根于乡村沃土，尽管在资源配置上遭遇诸多不利因素，但在半封闭、家庭式管理的氛围下以及在地文化的浸润下，因地制宜地形成了小规模学校特有的课程与教学管理方式。其特色主要体现在学校的校本课程和家庭式的教学管理方式上。

图5-9　浙江省C县JK乡J完小的学生在上茶艺展示课

1. 乡土特色浓郁的地方课程

调研中，三县不少的小规模学校都自主开发和设置了本校的地方课程，亦称之为拓展课程。比如C县JK乡两所小学的茶文化课程（见图5-9），从识茶、品茶到茶道学习，从种茶、摘茶到制茶，形成了一系列丰富而特色鲜明的校本课程，有效提升了学生的茶文化知识以及种茶、制茶的实践技能；再如S乡中心小学的民间"竹马舞"课程和J乡中心小学的竖笛及合唱课程等，具有鲜明的地域特色，丰富了学生的课余活动，培养了热爱家乡的情操；在中部P县，因地处湖区，湖泊众多，赛龙舟和舞龙表演是当地老百姓最喜欢的娱乐活动，因此C乡的NL小学就成立了舞龙队（见图5-10），业余时间进行排演，受到了学生的欢迎；而西部L县处于民族地区，教师也主要来自本民族，因此M镇的小规模学校开设了唱侗歌、演侗戏的课程（见图5-11），成立了腰鼓队等，体现了浓郁的民族特色。

图5-10　江西省P县C乡NL小学学生舞龙队道具

图5-11　贵州省L县M镇C小学学生侗歌表演民族服饰

2. 不同类型的教学质量考核形式

关于乡村小规模学校教学质量考核的管理，调研中发现，三县的考核形式各不相同。在 C 县，县教育局将小学分成城区小学、建制镇小学、乡镇中心小学和完全小学 4 种类型，教学质量按 4 种类型分别考核。一般来讲，一至三年级由各学校自行安排，从四年级起，所有学期期末考试，均由县教育局统一组织。在 P 县，县教体局并未对完全小学以上的小学做类型上的划分，教学质量考核则是对所有小学的六年级的毕业考试进行统一组织，其他年级则是以抽检的形式进行，比如今年是对全县所有小学的四年级进行抽检，那么明年可能是五年级，其教学质量排名也是对全县所有的小学进行排名。在 L 县，县科教局只对全县的城区小学及下面的中心小学进行考核和排名，而下面的完全小学和教学点，则由乡镇中心学校统一组织进行。调研中，还令人惊讶地发现，不少乡村小规模学校校长对本校的教学质量都相当自信。

> 我们的教学质量是很不错的，六年级毕业班的语、数、英、科成绩都远超县常模，在完小层级中排名靠前，除了县城的几所小学外，我们应该是下面最好的几所了。所以，家长还是很信任我们的。
>
> （浙江省 C 县 J 乡 T 完小，项校长，2018 年 1 月 18 日）

> 这几年，我们的教学质量稳步提高，去年我们六年级的教学质量排在整个街道的第一名，比中心小学要好，在全县 420 余所小学中，排进了前 60 名。
>
> （江西省 P 县 R 街道 J 小学，林校长，2019 年 1 月 18 日）

> 我们教学质量是可以的，可以叫板中心小学（笑）。我当了 20 多年的校长了，还没有把我换掉。
>
> （贵州省 L 县 M 镇 C 小学，吴校长，2018 年 12 月 24 日）

因此，也可以从侧面证明，乡村小规模学校并不意味着教学质量的低下，只要管理得当，校长和教师有责任心，即便是在各项资源不占优势的情况之下，其依然可以在逆境中发展壮大。

3. 家庭式的教学质量管理方式

在调研中笔者发现，师生精神面貌和教学质量俱佳的小规模学校校长都有共同的特质，即以身作则、敢挑重担。他们都会通过一定的激励机制和奖惩制度来影响教师，形成了自己特色鲜明的领导风格，尽管，有些方法和规定看起来有点"笨"、有点"土"，但在乡村小规模学校里确实能产生实实在在的效果。

抓教学质量是学校的首要任务，从学生角度来讲，你一进入学校之后，我就禁止你说侗语，必须全部使用普通话，否则，拼音和语文成绩就会受很大的影响，这是我多年来的经验。当然，我们每周五下午的校本课程时，学生学习侗歌和侗戏时，是允许孩子们使用民族语言的，其他时间则必须禁止。从教师角度来讲，我要求老师必须把每一堂的教学任务落实、做好，作业要全部认真批改，我都会抽检的。如果某个班的教学测验成绩在全镇排名比以前落后了，我就会罚这个老师扫地、冲厕所，你不情愿也得做，如果我教的班级成绩下滑了，我校长先做。所以学生看到教师在冲厕所时，就知道老师被罚了（笑）。当然，这样的情况很少见，我们的老师都尽职尽责。

（贵州省 L 县 M 镇 C 小学，吴校长，2018 年 12 月 24 日）

我亲自带毕业班和五年级的语文课，这两个年级都是要全县统测的。校长带毕业班的主科，这在下面的学校是不多见的。但为了改变教师的态度，我必须带头做。我还要求所有的老师每个学期都开公开课，"是骡子是马拉出来遛遛"，即使是临近退休的老师，也躲不掉。公开课也是我带头开，这样一来，全校老师的教学态度改变了很多，相互学习，相互研讨，氛围浓厚，教学质量开始触底反弹。

（浙江省 C 县 S 乡中心小学，方校长，2017 年 8 月 2 日）

4. 微班课堂为主的教学组织形式

随着班级人数越来越少，许多乡村小规模学校的班级从大班级逐渐小班化，再演变成了微小班。什么是微小班？学界并没有对此下过定论，不过从多数校长及教师的划分来看，班级人数在 10 人以下的，就可以称为微小班。这类 10 人以下的微小班，在乡村小规模学校比比皆是。这是一种无奈的现象，也是小规模学校无法改变的现状。但既然无法改变现状，就改变自己的观念。调研中，许多学校改变了课堂教学的组织形式，把以往"插秧式"的课桌摆放方式改为圆桌式，学生们围坐在一起，教师坐在中间（见图 5-12），通过这样的组织形式，师生之间的互动和课堂效果有了很大的提升，课堂氛围也快乐很多。

上课气氛和上课激情与以往的课堂肯定不能比的，但我们要主动转变观念，陪着孩子们一起成长。我们一直在探索微班课堂、微班文化，让学生更快乐地学、让教师更快乐地教是我们的目标。我们把班级的课桌改变为圆桌式以后，课堂的氛围就跟家里一样，特别快乐。

图 5-12　浙江省 C 县 L 乡 S 完全小学的微班教学课堂

师生之间上课用聊天的形式，我们强调人人过关，所有的课堂作业，当面完成，全面批改，老师的精力足够照顾到班上的每一个孩子。

（浙江省 C 县 L 乡 S 完小，蒋校长，2018 年 1 月 18 日）

与此同时，针对需要多人配合完成的科目，重新推进复式教学。比如音乐、体育、美术等课堂，人数多的课堂教学效果就要更好一些。因此，在这样的学科中推行复式教学是一种求变的行为，跟以往因师资缺乏而被动施行复式教学的情况完全不一样。

调研中，笔者发现在 P 县和 L 县，多数乡村小规模学校的课堂教学组织形式，尚没有进行调整和改革，仍然采用传统的班级授课形式。

（四）政策弱势与情感留人的师资队伍管理

1. 选调政策的弱势

除了前文提到师资队伍配置的"逐级衰弱"现象，即便是已经分配到乡村小规模学校的教师，依然会在县里的各种选调考试中被"掠夺走"。以 2018 年为例，C 县依据《关于 2018 年农村中小学幼儿园教师进城选调有关事项的通知》，共有 50 名优秀的乡村教师被选调进城；P 县的《2018 年城区县直学校选调公办教师考试公告》，则将 160 名乡村教师抽调补充进了城区的学校；在 L 县，依据《2018 年公开遴选县城中小学教师实施方案》，共有 107 名乡镇教师被遴选进城。公开选调，就政策本身而言，是对教师利益的保护，是公平的竞争机制，是对以往暗箱操作的摒弃。但政策客观上加剧了乡村小规模学校的弱势地位，形成了优秀教师进一步向城区学校聚集的效应。

2. 轮岗政策的弱势

为缓解这一现象，教育部、财政部、人力资源和社会保障部于 2014 年出台《关于推进县（区）域内义务教育学校校长教师交流轮岗的意见》，希望能落实"县管校聘"管理制度，鼓励城乡教师双向交流。然而这一良好初衷的政策在落地的过程中，演变为"适岗竞聘，末位交流"制度，造成了乡村小规模学校按规定腾出了交流名额，却无人来填补空位的尴尬情况。

> 规模再小的学校，也至少要拿出一个名额进行交流，说是交流，其实也不可能会让你交流到县城去，就是我们下面 F 镇片区 8 所小学内部进行轮岗交流。交流的名单，是老师自己投票产生的，总共就 12 个老师，其实大家都很不错，所以我们真的很为难，快要退休的教师又不用轮岗。后来大家觉得音乐老师平时做的学校工作相对少一点，就投给她了。她出去交流，我们的音乐老师岗位空出来之后，又没有人愿意过来，校长焦头烂额。我们为政策作出了牺牲。
>
> （浙江省 T 县 B 镇 D 小学，吴老师，2018 年 1 月 18 日）

3. 评聘分离管理制度的烦恼

在西部 L 县，乡村小规模学校的师资考核和评聘则全部由中心学校掌握。

但L县实行评聘分离制度，在教师处于同等水平的情况下，由谁降级聘任成了难题。

> 我觉得一个学校最重要的是和谐，评聘分离制度是在制造不和谐。其实同级别的教师水平相差不多，但班级学生构成会有所区别，尤其是教学点上的年级与年级差异有时候是很明显的。如果一个班级相对比较弱，你还让某个教师去教，就有点像让这个教师去"送死"，因为这个班很可能导致这个教师教学考核不合格，进而被降级聘任，这就很不公平。但每年必须有一定的指标，这个政策让我很头痛。
>
> （贵州省L县M镇中心小学，全校长，2018年12月22日）

4.学校内部的情感式管理

在乡村小规模学校内部的师资队伍管理上，校长面临的压力反而没有那么大。因为学校人数少，在生活和工作中，彼此都会主动关心和照应。校长一般也不用像大规模学校一样需要通过各办公室主任与教师间接交流，而是可以直接面对面沟通，一般在自己的办公室就可以组织全校教师的会议。其沟通的方式也可能更为民主和有效。对有困难的教师，校长也能及时予以帮助和支持。因此，在小规模学校里，同事之间的关系较和谐、工作气氛较好。另外，在调研中，大部分乡村小规模学校制定了本校教师管理制度和量化考核体系，主要从考勤、教研、教学质量、培训、后勤服务、加班统计等层面进行合理、公平的评定。可以认为，小规模学校校长通常用情感来留住老师。

（五）全封闭的校园安全管理

近年来，校园暴力事件频出，不法分子以残害最弱小的生命作为报复社会的手段，因此，校园安全问题也牵扯公众敏感的神经。校园安全必然也是乡村小规模学校标准化建设的重要方面。从调研来看，C县所有的乡村小规模学校都配备了门卫，2人轮班，24小时值班，人员多为45~55岁的本地中年男性，经费全部由县财政承担。保安室内的监控设备齐全，防暴设备都有配置，可以说标准化程度较高。在P县，乡村小规模学校既没有门卫，也没有安装电子监控探头，整个校园安全保卫层级较低，因此，P县的乡村小规模学校只能采用比较封闭的形式，学校大门紧锁。在 L 县的乡村小规模学校，也没有设门卫，但配置了数量不等的监控探头（见图 5-13），平时为了保证校园安全，也采取了全封闭的管理模式。另外，学校若是设在交通要道，在校门口设置禁鸣标志及缓行标识，亦是保障校园安全的措施，也是标准化建设的组成部分。从调研来看，西部 L 县做法较佳，即便是交通流量较小的村道，也设置了安全警示灯（见图 5-14）。

图 5-13 贵州省 L 县 M 镇 C 小学的校园监控探头

图 5-14 贵州省 L 县 M 镇 DM 小学
校门口的交通安全警示灯

五、现实与情怀：乡村小规模学校的学校文化

学校文化是一所学校的灵魂，是由全校师生在较长的教育实践活动过程中所创造的成果的总和。顾明远先生将学校文化分为四大块，主要包含物质文化（校园建设）、制度文化（学校的各种规章制度）、行为文化（师生的行为举止）和精神文化（价值观念、办学思想、教育理念、群体的心理意识等），而精神文化是学校文化的核心。[①]乡村小规模学校虽然规模较小，但其学校文化建设亦可以从上述四个方面展开。笔者主要从可直观感受的物质文化和办学理念、校训等精神文化两个层面进行了考察。

（一）倾注情怀与理念的物质文化

学校的物质文化建设是最为外显的、较易观察的学校文化。在调研中，

---

① 顾明远. 论学校文化建设[J]. 西南师范大学学报（人文社会科学版），2006（5）：67-70.

笔者惊喜地发现不少校长虽然身居偏远山乡，但依然为校园文化建设倾注自己的智慧。他们极具教育情怀，用心地规划学校建设的每一分钱，一点一滴地构筑乡村小规模学校的校园文化。

1. 校园建设

对于乡村小规模学校而言，不大可能进行大规模的校舍改建，其落脚点主要是对校园整体的软环境进行修葺和设计，使之注入学校文化的内容，形成和谐的校园文化。按王继华等学者的观点，亦可将其称为静态的环境系统，主要包含：楼宇文化、校门文化、校廊文化、雕塑文化、角域文化、橱窗文化和展室文化等。[①]C县不少乡村小规模学校的整体环境非常整洁、雅致，能较好地表达学校与当地资源特色的联结，比如JK乡中心小学的茶文化（见图5-15），也有对学校的厚重的历史表达追忆的展室文化（见图5-16），具有浓浓的教育情怀。

图5-15　浙江省C县JK乡中心小学"茶文化"主题围墙

图5-16　浙江省C县JK乡J完小一位退休教师使用过的自行车

年轻老师也笑我，怎么我们校长喜欢从垃圾堆里捡老物件（笑）。其实，他们不知道，经历过这些东西，就会有感情，丢了就再也找不回来了。这辆自行车，曾经载着我们的老师，驶过多少个村子，到访过多少学生家里啊。你看我专门用这个教室来展示我们曾经使用过的教具、算盘、刻试卷的钢板、当年的学生准考证等，还有我们以前农村用过的生活用品、劳动工具等，我都像宝贝一样珍藏着，我要告诉我们的学

---

① 王继华，徐超.学校文化建设标准的哲学思考[J].贵州大学学报（社会科学版），2014（1）：1-10.

生，当年爸爸妈妈的学习和生活是这样的。

（浙江省 C 县 JK 乡 J 完小，王校长，2017 年 5 月 15 日）

更多的乡村小规模学校的静态环境文化加入了许多时代的元素，比如社会主义核心价值观等。在西部 L 县，学校间校园文化建设的差异较大，其完小层级的学校文化建设要显著好于村教学点，M 镇的 3 所完全小学，在校园建设方面都能与当地的民族特色融为一体（见图 5-17、图 5-18），比如 M 镇 DM 小学的校舍风格，与周边侗寨建筑相得益彰。对此，中心学校的全校长说：

> 关于学校物质层面的文化建设，我们镇的 3 所完小已经做得不错了，但下面的教学点还基本为零。其实我在会上也是要求这 3 年内要搞成花园式的校园，多搞一些绿化。但是教学点上的校长觉得做这个太麻烦了，因为要整理的账目很复杂，不像原来花钱就可以，现在得做预算，还要拍前后对比的照片，写合同、弄发票，此外还得向中心学校申请，然后才能实施。很多校长嫌麻烦，就不太愿意做。

（贵州省 L 县 M 镇中心小学，全校长，2018 年 12 月 22 日）

图 5-17 贵州省 L 县 DM 小学
具有民族特色的主教学楼

图 5-18 贵州省 L 县 Z 小学
具有民族特色的校园文化墙

2. 形象标识

形象标识是学校整体形象的凝练和表达，主要可以分为校徽、校歌、校服、校网、校报等，在当前自媒体时代，还可以加入微信、微博等媒介。乡村小规模学校囿于自己力量的弱小，当然不可能做到面面俱到，但做与不做，效果会有很大的不同。调研中笔者发现，在形象设计方面三县呈现出不同的发展阶段。

从 C 县来看，多数乡村小规模学校设计了校徽，还有个别小规模学校申请了学校的微信公众号，每天精心地编辑文章，向外推送，图文并茂，真情动人，讲述和记录学校里的点点滴滴，收到了较好的效果；从 P 县来看，所有的乡村小规模学校都设计了校徽，采用自己的校名，但对于自媒体，多数学校还缺乏运营意识；从 L 县来看，乡村小规模学校均没有设计校徽，亦无自己的传播平台，整体的形象标识系统表达力较弱。调研中，笔者认为做得较好的有 C 县 S 乡中心小学的微信公众号"S 小之歌"（见图 5-19），P 县 R 街道 J 小学的校徽（见图 5-20）及其释义等。

图 5-19　浙江省 C 县 S 乡中心小学的微信公众号

图 5-20　江西省 P 县 R 街道 J 小学的校徽

我们的微信公众号由年轻的邵老师负责，每次都很用心，一张张图片精心挑选，一句一句地斟酌，哪怕做到再晚，也要及时推送。把我们学校 40 多个孩子生活的点点滴滴告诉外面。现在我们的公众号每天的点击量有四五千，应该是我们全县最有影响力的公众号之一了。希望社会和家长们能看到我们学校的温馨和细心，让我们的留守孩子得到更多的社会关注，让家长放心地把孩子交给我们。

（浙江省 C 县 S 乡中心小学，方校长，2017 年 8 月 2 日）

P 县 R 街道 J 小学的校徽，最显眼的即是两个 J 组成的图案，两个 J 为学校名称首字母，形似两只飞翔的小鸟，与学校的地域特征关联在一起（J 小学靠近湖区，为我国著名的候鸟聚集地），同时又好似两个人，代表教师和学生，一上一下紧跟着飞翔，比喻教师带领学生在知识的天空中越飞越高，在人生的天空中越来越自由。值得一提的是，J 小学的校徽由林校长与教师们集体创作，没有请广告公司，体现了教师的智慧以及他们对学校的感情。

（二）实事求是与底部生成的精神文化

学校的精神文化即学校的精神，是学校文化的核心，主要包括学校的核心理念、校训、校风、教风和学风等。学校的精神文化建设应遵循因地制宜、实事求是的原则，贵在从学校的实际出发，由底部生成。校长不能盲目、浮躁地提"高大上"和"时髦空洞"的口号，而是要沉下心，找准学校的发展定位，探寻契合实际的文化发展之路。在调研中，有想法、有能力的校长能较好提炼本校发展的核心理念，并与地域特征完美结合，收到了较好的效果。

在 C 县，在一大批有思想、有责任担当的校长的引领下，形成了不少独具特色的乡村小规模学校。S 乡中心小学提出了"扬长补短"的校训，校长认为，乡村孩子在资源上存在劣势，不能跟着城区的学校亦步亦趋，不能拿己之短比人之长，而是要发扬乡村小学自身的特色，以"努力，让改变发生"的态度，把自己的短板补上；J 乡中心小学，地处橘乡，整个学校即以橘文化为依托，提出了"励志、苦行"的学风和"秉德、无私"的教风；L 乡完全小学提出"人人做一个有心人"，以"孝心、爱心、诚心、专心和恒心"的五心教育为主题，落实到平时教育教学中，促进学生的全面发展。

人育文化、文化育人，教育就是把学生的"心"找回来，只有根植于心灵的教育，才能让学生开花结果，成为有心人。我们的办学理念就是：办走心的教育，做用心的老师，育有心的学生。

（浙江省 C 县 L 乡 S 完小，蒋校长，2018 年 1 月 18 日）

在 P 县，R 街道 J 小学提出"精诚所至，金石为开"的校训，希望通过全校师生持之以恒的努力，让学校克服眼前的困难，守得云开见月明，成为鄱阳湖畔一所优秀的乡村学校。在 G 镇，中心学校占副校长也对乡村小学的文化建设做了思考。

我要求我们 G 镇的小学在学校文化建设上不抄袭、不照搬，一定要适合自己。比如我们中心学校提出的"高文化"建设，以"高远的理想、高洁的品格、高效的教学、高雅的爱好"为校训。比如 LQ 小学，地处历史名人胡克家的家乡，小学的原址就是他家的祠堂，学校以"团结、奋进之家"和"留守儿童之家"为特色，建设"家文化"，收到了较好的效果。在学校文化的引领之下，我们的教学质量连续几年进入全县前 6 名。

（江西省 P 县 G 镇中心学校，占副校长，2018 年 5 月 17 日）

在 L 县，教学点层级的乡村小规模学校对于学校精神文化的理解和把握就比较欠缺了。对此，中心学校全校长如是说：

这几年我也接受了不少关于学校文化建设方面的培训，但可能是因为我教数学，知识层次不高，总觉得不能很好地提炼学校文化的主题。其实，我们 L 县的民族文化特征是很鲜明的，比如说鼓楼、花桥、侗歌等，但就是很难形成一个主题。我现在所能做的，只能是在物质文化层面引领师生，把学校的校园环境打理好。我觉得校长自己要有思想，要去好好琢磨。

（贵州省 L 县 M 镇中心小学，全校长，2018 年 12 月 22 日）

可以看出，乡村小规模学校的学校文化建设与校长的个人修养有很大关系。总体来讲，C 县的校长善思、肯做，拒绝照搬照抄，能结合学校的实际情形，提出办学理念。在办学理念落地的过程中，能邀请民间手工艺者进校园，传承本地的乡土文化，亦能制定规范、有力的规章制度，践行自己的办学理念。在 P 县，乡村小规模学校的学校文化建设粗具雏形，设计了校徽，但对于学校文化的整体凝练尚显不足，在落地的过程中，也没有较好引领学校师生的精神面貌。在 L 县，教学点层级的乡村小规模学校在学校文化建设方面整体处于空白的状态，校长嫌麻烦而不愿意开展以及缺乏较好的示范引领是其原因。因此，乡村小规模学校的学校文化标准化建设，除了制定相应的标准之外，还应提供一些思路分析和指引。

六、小结与反思

从生源构成来看，乡村小规模学校好似最后一道防线，守住了我国最弱势、最偏乡、最特殊学生的受教育的权利，承担着义务教育"兜底"工作。生源中留守、单亲和残障儿童比例较高，又因流失的为质优生，回流的是后进生，致使乡村小规模学校的教学质量难以保证。而当下大部分地区小规模学校的教学评价与大规模学校一刀切等做法，容易使乡村小规模学校的教学质量评估处于不利地位。此外，乡村小规模学校所能提供的教学环境对学生的成长既有积极的一面，又有明显的不足之处。为此，乡村小规模学校标准化建设应适度考虑生源的特点，单独设定教学质量的评价系统，以保护教师的教学积极性。同时，为适度稳定乡村生源，保证生源质量，应在国家更高层级出台相应的政策。

从教师情况来看，乡村小规模学校师资质量有了较大的提升。曾经普遍存在的代课教师现象大为改观，且国家在中西部地区实行的特岗教师制度，有效地缓解了乡村小规模学校师资缺口较大的问题，并减轻了地方财政供养的压力。在师资配置上，东部地区都能按标准配齐、配足，而中西部地区多以班师比1:1进行配置，导致中部地区的村级完小师资缺口仍然较大，学校只能自聘代课教师，西部的教学点的"包班制"使教师工作量过大。在师资学科结构上，全国乡村小规模学校普遍存在音、体、美、英等学科教师不足的问题。在物质收入方面，乡村教师待遇逐年提高，但整体收入仍偏低，而中部地区的乡村教师收入最为微薄。从专业发展来看，教科研意识薄弱以及培训机会不足、成效不佳，是教师职业发展的短板。因此，在乡村小规模学校标准化建设中，应探索乡村小规模学校师资的科学配置机制，完善教师培养机制，使之更贴近学校的实际需要；要保障教师收入，尤其要提高中部地区教师的收入，提高其社会地位与职业幸福度；应努力提升教师的教科研意识，完善职后培训机制，保证培训效果。

从校长情况来看，多数小规模学校校长正处于年富力强的生命阶段，中西部个别学校校长年龄老化。从校长的任命方式上来看，无论是教育局的提拔还是中心学校的提名，都有主观成分过大的问题。因此，办学标准应规定担任校长的相应资格，规范任命程序及相关考核机制，要加强竞聘上岗的管理，让更多有想法、有作为的青壮年教师能脱颖而出，发挥其聪明才智。同时，要保护校长的积极性，加强理论学习培训，以新的教育理念加以引导，并给予小规模学校校长以一定的自由空间。2013 年，教育部印发《义务教育学校校长专业标准》，提出校长是履行学校领导与管理工作职责的专业人员，彰显了校长工作的两大属性：第一，校长是专业人员，须严守相应的行业行为标准与职业伦理规范；第二，校长的主要任务是要做好学校领导与管理工作，引领全校教师的专业发展。[①] 对照而言，乡村小规模学校校长即便多数不是学校的法人代表，但依然要履行校长的职责，其首要任务是做好领导和管理工作，引领教师成长，从而提升教学质量。这一点是毋庸置疑的。

从学校管理来看，主要存在上级多头管理、过度检查、不考虑小规模学校实际困难的问题，甚至把许多具体、琐碎的日常排查和统计的管理工作，分摊给了弱势的乡村教师，让他们承担了大量的教学以外的工作。从标准化建设的角度来看，除了应当理顺乡村小规模学校与各级部门管理的关系，可以尝试从教育局层面设立专门的乡村小规模学校管理机构，协调各级政府部门对学校的管理，以减少无序、多头管理对小规模学校正常教学的干扰。在学生管理上，国家的营养改善计划极大地改善了中西部贫困地区乡村留守儿童的营养状况，是一项实实在在的惠民之举。不过，营养改善计划在客观上也增加了小规模学校的管理工作。另外，在学生的健康管理尤其是心理健康管理方面，中西部地区的小规模学校普遍较弱，标准化建设应当重视和加强这一方面的工作。在师资队伍管理上，进城选调工作加剧了乡村优秀师资的流失，而"轮岗交流"制度在一些地区又流于形式，使乡村小规模学校师资队伍呈现单向流失的状态。办学标准应当对如何稳定乡村优秀师资进行设计，使乡村教师"上得去也下得来"，保护好乡村教师切身利益和工作的积极性。在课程教学管理上，要鼓励小规模学校开发具有特色的校本课程，同时要对

---

① 张新平. 中小学校长角色的政策定性：领导与管理专业人员——从"校长是履行学校领导与管理工作职责的专业人员"说开去[J]. 中小学管理，2017（3）：34-36.

微班教学的课堂进行创新和探索。办学标准方面，单独制定小规模学校的课程与教学的质量考核标准。在校园安全管理方面，中西部地区尚待加强。

从学校文化建设来看，东部 C 县的乡村小规模学校都能自发地进行摸索和提炼，力争建设成为"小而优""小而美"的学校，校长们也能因地制宜，充分利用现有资源和乡土文化，走特色化发展之路。相较而言，中西部地区乡村小规模学校的校长在学校文化建设方面的考虑并不多。形塑乡村小规模学校的校园文化，一个有领导力的校长非常关键。校长领导力可以分为三个境界——事务管理、制度管理和使命管理，核心是使命管理。[1] 乡村小规模学校校长要通过敏锐的观察，组织全校师生的力量，将学校发展与师生个人的成长相结合，激发师生的潜能，在此过程中形成和凝练学校文化。办学标准应当在制度层面对乡村小规模学校加强学校文化建设予以引导，使各学校的校园文化呈现多姿多彩的气象，而非千篇一律、互相抄袭。

---

[1]　张爽.校长领导力：背景、内涵及实践[J].中国教育学刊，2007（9）：42-47.

第六章

乡村小规模学校办学标准
指标体系的构建

构建乡村小规模学校办学标准的指标体系，是乡村小规模学校标准化建设的学校设置、资源配置、各项事务的管理以及发展的基本条件和建设依据，也是本书的首要任务。在前文对乡村小规模学校办学标准的若干理论问题的思考、现实指标量化分析以及软件、硬件资源田野考察的基础上，本章将尝试从乡村小规模学校办学标准构建应遵循的原则、乡村小规模学校办学标准的框架、指标体系及其相关释义、标准化建设的路径保障四个层面展开论述。

一、乡村小规模学校办学标准制定的基本原则

乡村小规模学校办学标准的制定既是一个理论课题，亦是具有鲜明时代特征的实践课题。关于设立和建设学校的原则，古往今来，一直有之，对于原则的理解也是众说纷纭，各执一词。不过总体来看，无外乎从国情地情、社会发展水平、教育教学需要等几个维度展开。张新平等认为，义务教育优质学校的建设标准应遵循合法性、适中性、现实性和统一性四个原则；办学标准的制定应符合政策法规，指标体系不能过繁或过简，既要照顾理想性，更需考虑其可能性，同时还要实现城乡统一以及学校发展各环节的统一。[①]2018年出台的《国务院办公厅关于全面加强乡村小规模学校和乡镇寄宿制学校建设的指导意见》提出，要以"实用、够用、安全、节俭"的原则制定办学标准，同时要以"缺什么、补什么"的原则，推进标准化建设。国家的文件为乡村小规模学校标准化建设的具体实践提供了强有力的指导，笔者通过对国家相关文件的表述以及有关学者观点的解读，认为乡村小规模学校办学标准的制定

---

① 张新平，等.义务教育优质学校办学标准研究[M].北京：科学出版社，2015：218.

应当遵循如下六个原则：经济性原则、可复制性原则、动态性原则、系统性原则、发展性原则和欣赏性原则。

（一）经济性原则

乡村小规模学校办学标准必须力求精简、实用、节约，必须以学生实际需求、提高教育质量为旨归，实事求是地确定项目和标准，用好标准化建设的每一分钱。标准化学校建设绝不是豪华型学校建设，更不能以此为名，骗取国家相关资助。当前，我国乡村小规模学校数量占全国小规模学校总数的比例已逼近五成，若各地都超标准建设，不切实际地乱上项目，极易造成铺张浪费，也会给国家财政带来极大的压力。为此，2018年出台的《国务院办公厅关于全面加强乡村小规模学校和乡镇寄宿制学校建设的指导意见》明确指出，标准化建设"要精打细算，避免浪费，坚决防止建设豪华学校"。乡村小规模办学标准的制定要始终紧扣经济性原则，结合当地的实际情况和财政预算，合理利用原有的基础设施，补充不足或缺失部分的设施，保障学生充分享有义务教育应当提供的各项资源，改善师生相应的办公和生活条件。同时，要加强技术指导和相关培训，让乡村小规模学校的师生能真正上手操作各类教学设备，物尽其用，避免因缺乏实操训练而使教学设备成为摆设等情况。总之，经济、实用是制定乡村小规模学校办学标准的重要原则。

（二）可复制性原则

可复制性原则是指在办学标准制定中，各地应当发现和提炼小规模学校共同存在的问题，从而探讨和制定可复制的解决此类问题的方案和规则，达到促进乡村小规模学校优化发展的目的。可复制性原则是标准化建设的内在要求，乡村小规模学校的建设也应践行这一原则。但需要指出的是，可复制性原则并不是无条件地照搬照抄，可复制性或将随着行政地域层级的上升而受到削弱。我国幅员辽阔，各地区差异较大，尤其是东、西部发展极不平衡，自然不能用一种发展模式、一套标准体系施诸全国所有乡村小规模学校，而是应在一个区域内，至少在县域内，政府、教育行政管理机构与学校主体共同去探索、发掘和提炼适合本地区的标准化建设的发展样板，从而推广至区域内的其他乡村小规模学校。可复制性原则的意义在于让其他地区的小规模学校在处理相似的问题时，尤其是在诸如师资、管理、学校文化建设等软性标准建设时，能获得可借鉴和参考的依据，以使全国的乡村小规模学校在标准化建设过程中少走弯路，提升品质，打上中国乡村教育的底色。

（三）动态性原则

动态性原则是指办学标准的制定并非一蹴而就，也不会一劳永逸，它是循序渐进、不断调整和深化的过程。这是由标准化建设的内涵所决定的，从标准的制定、实施到更新，是一个静态与动态相统一的过程。受政治、经济、文化、人口等多重因素的影响，人们对学生成长和教育质量有着不一样的期许，这些对学生培养质量的要求，最终将投射到学校教育中来，而学校标准的更新就是对周遭环境对学生培养要求作出的反应。此外，教学手段、教学设备、建筑材料和标准不断推陈出新，若干年前符合标准的教学设备和校舍建筑，也许在当下变得不合时宜，已经不能满足师生的教学要求。还有，在移动互联时代，信息技术深刻地影响着学生的学习方式和信息来源，如何创新教学方法、创造性地运用教材，都对师资标准提出了更高的要求。这些来自学校内部和外部的变化和要求，都意味着不能用静止的观点来审视办学标准。当然，动态性原则不是要求乡村小规模学校的办学标准要天天变、日日新，这必然导致因标准的不固定，实践者无所适从；而是应处理好静态与动态的关系，在相对较长的时间内保持学校办学标准的一致性和固定性，同时要对新形势、新条件下的小规模学校办学标准进行探索和论证，适时更新标准，从而推动小规模学校的标准化建设螺旋式上升。

（四）系统性原则

系统性原则是指乡村小规模学校的办学标准的制定应当基于中国转型发展的时代大背景，要以整体的系统观来审视和处理办学标准制定所涉及的各项关系。首先，从办学标准的学校外部条件来看，乡村小规模学校生存和发展与国家政策导向、社会发展有着千丝万缕的联系。乡村小规模学校在城市化进程中被边缘化，又在社会追求公平正义的价值诉求和国家乡村振兴战略背景下被置于焦点，这充分说明乡村小规模学校的形成和发展是时代的产物，其办学标准也必然要紧跟时代步伐，为国家的战略服务。其次，从乡村小规模学校办学标准内部要素来看，虽然做了分类，但各项要素之间本身就彼此交叉、相互渗透、互为前提，是一个相对完整的系统。办学标准的几类要素不能彼此割裂，更不能孤立发展，应处理好各类要素之间的关系，使之形成最大的合力，提升乡村小规模学校标准化建设的质量。

（五）发展性原则

乡村小规模学校办学标准制定之根本目的还在于为乡村儿童提供公平的教育资源，促进儿童的发展。为此，办学标准也应牢牢把握"发展"二字。从发展的层次上来看，首先，办学标准应促进小规模学校学生的身心发展。从建筑布局到校园建设，从教学设备到师资配置和经费保障，都应充分考虑学生的实际需求和发展需要，为学生未来发展提供公平、有质量的教育。其次，办学标准要着力于提升乡村教师的专业发展，增进乡村教师的工作幸福感。发展不仅体现在学生层面，也体现在教师层面，应该为乡村教师提供先进的教学工具，并有针对性地提供职后培训，从而使乡村教师也能掌握现代教育技术，提升教学专业能力，更好地服务乡村教育；同时，办学标准还应在制度上保障乡村教师有发展和晋升的空间，以提升乡村教师的社会地位，使乡村教师成为有吸引力的职业。最后，办学标准还体现在促进学校的发展上。办学标准既要满足学校当下的教育教学需求，同时也要为学校未来发展做适度的超前配套。乡村小规模学校的标准化建设绝不是临时性、过渡性的行为，而是有近期规划与远期规划相呼应，从长计议的政府行为。

（六）欣赏性原则

乡村小规模学校办学标准还应当突出小规模学校的相对优势，尊重乡村学校主体探索的在地经验。张新平等提出，将欣赏型探究作为义务教育优质学校建设的路径。所谓欣赏型探究，是指重在发现组织已有的长处和优势，进而引导组织成员共同大胆地追求梦想和实现梦想，从而推动组织管理的积极变革和发展。[①] 在笔者看来，乡村小规模学校办学标准也应当遵循欣赏性原则，大致可以从两个层面来解读。首先，从小规模学校本身来看，要欣赏、肯定和强化小规模学校本身所具有的优势。办学标准要围绕乡村小规模学校接近自然、接近乡土文化的特点做文章，体现小班小校能关照到每个孩子的课堂教学优势，突出小规模学校灵活性强、扁平化的管理优势，使办学标准能更契合小规模学校的特点。其次，办学标准要欣赏、尊重并吸取乡村小规模学校师生的在地经验，尤其是校长在学校建设过程中的智慧和首创精神，形成小规模学校标准化建设自下而上的可行路径。乡村小规模学校的办学标准归根结底在于提升学校的教育质量，服务乡村学生，标准化建设好不好、行不行，最有发言权的当然是小规模学校的师生们。因此，吸取乡村小规模学校优秀校长的办学经验，是制定办学标准的重要参考，也是欣赏性原则的具体体现。

二、乡村小规模学校办学标准"六维度三阶段"的构想

（一）乡村小规模学校办学标准的"六维度"

在第三章，笔者对乡村小规模学校办学标准的要素进行了分类，指出设置标准、硬件标准、师资标准、经费标准、管理标准、学校文化标准以及外部支持标准等几个方面是其构成要素，主要从办学条件、办学经费、人员条件、学校管理、学校文化以及外部支持六个维度进行了论述和田野考察。因而在指标体系构建时，笔者也将对应并围绕这六个维度展开。这六个维度的含义已在前文论述，本章不再赘述。

（二）乡村小规模学校办学标准的"三阶段"

关于学校发展的不同阶段，王敏勤曾提出，标准化、特色化和品牌化是学校发展的三个阶段，并认为学校发展的标准化阶段是学校发展的求同表现。这一判断固然有其合理的一面，即标准化是义务教育阶段所有学校都应当满

---

① 张新平，等. 义务教育优质学校办学标准研究[M]. 北京：科学出版社，2015：263.

足的办学基本条件，但若据此就将标准化定义为学校发展的初始阶段，则还是用静态发展的眼光来审视标准化，标准化是一个过程，是一个动态的、循序渐进的过程。标准化建设也是遵循由低到高不断推进的动态过程。为此，笔者根据标准化过程中所处的不同发展水平，拟将乡村小规模学校办学标准划分为三个不同的阶段，即办学标准的"够用阶段""公平阶段"和"发展阶段"。"三阶段"的划分既是标准化本身作为过程性存在的必然规律，也是对我国地区差异以及不同类型小规模学校标准化建设的现实观照。

1. 阶段一：以满足"够用"为基础的办学标准

在这一阶段，乡村小规模学校针对各类资源短缺情况，尤其是硬件资源的短缺，进行及时补充，以满足正常的教学需要。从调研的情况来看，阶段一的办学标准主要满足学校配套的生活功能用房，尤其是中西部地区的乡村小规模学校的标准化厕所、学生食堂和餐厅，及时配置关键年级和重要教室的"班班通"及多功能教室，同时要改善教工的办公条件和寝室条件，提升住校教师的生活质量；另外，要提供及时够用的公用经费，并逐步提高公用经费额度，中部地区则要加大中央财政的支持力度，以保证学校正常的运转不受影响；要配置合格、符合教学需要的师资，保证国家课程的开齐开足；总之，以"人员、物资和经费"为资源核心要素，为乡村小规模学校标准化建设提供"够用"的资源，从而保证乡村小规模学校正常完成教育教学工作。此阶段是当前尤其是中西部地区乡村小规模学校着力要解决的，也即我们现在通常所指的，狭义上的乡村小规模学校办学标准。

2. 阶段二：以保障"公平"为诉求的办学标准

这一阶段是以城区以及大规模学校为参照，在第一阶段办学标准的基础上，对资源配置要求从量到质提升的阶段，是乡村小规模学校标准化建设未来努力的方向，到达此阶段也是相当艰难的。从笔者调研的情况来看，阶段二在硬件资源的配置上要体现公平性，比如，每个教学班都必须配置"班班通"，提供能展开正常体育教学的运动场所等；在软件配置上，能配置学科结构完整的师资队伍，尤其是专业性较强的音、体、美、英等师资要配齐、配足，在师资配置的次序上，不能"先城后乡"，而是应当按需求配置，体现学生接受义务教育的公平性；在经费保障环节，应增加教师专业发展有质量的培训，提升教师专业发展的水平；在学校管理上，学生健康、营养、安全等管理工作更加有保障；在课程教学管理上，能体现乡村小规模学校微班教学的特色，在考核中予以鼓励；在学校文化建设上，能形成一定特色和制度规范的学校文化；等等。总之，在这一阶段的办学标准要体现平等与公平，使大部分乡村小规模学校标准化建设的层级进一步提高，保障义务教育乡村学生能接受公平而有质量的学校教育。

3. 阶段三：以优先"发展"为核心的办学标准

在前两个阶段建设的基础之上，应鼓励有条件的地区，对乡村小规模学校的办学标准做进一步的拓展和延伸，形成以学生为中心，着眼优先"发展"为核心的阶段。在此阶段，办学标准不再以城市学校的标准作为样板，而应当积极探索我国尤其是东部发达地区乡村小学的未来走向，构建以符合乡村学生的特点、需求和发展为中心的标准化建设逻辑，形成我国城乡和不同地区各具特色的标准化学校类型。在乡村振兴战略背景下，在以优先发展农业、农村建设的政策引领之下，在我国东部地区，经济条件保障力度较强乡镇的中心小学，是可以做这样的探索和建设的。比如，浙江省C县F乡中心小学是学生数仅为118人的小规模学校，2018年，C县教育局与北京的一家民间智库签署协议，计划用5年时间，将F小学打造成为"办学整体水平达到全县领先水平，增加10%以上本地生源，为中国农村'小而美'乡村学校发展建立标准和样本"。为此，学校在硬件和软件上面进行了整体的设计（见图6-1），教学楼进行了重新设计和改造，如同童话世界一般，比如音乐、科学、美术等功能教室，都是根据乡村学生教学和学生需求量身改造，彻底打破传统教室的风格，在装修上，突出了学生的心智发展特点，别具一格。需要指出的是，阶段三是鼓励性、探索性的办学标准，是乡村小规模学校标准化建设在部分地区的有益探索，而不是不切实际的盲目推进和硬性要求。

图6-1　浙江省C县F乡中心小学别具一格的学校建筑

（三）乡村小规模学校的分类及标准化建设的阶段划分

1. 乡村小规模学校形态分类

在对乡村小规模学校办学标准进行阶段性划分之后，接下来就是确定乡村小规模学校的不同类型，并确定不同标准化阶段的分类发展。本书曾在第四章对乡村小规模学校的形成原因进行过分类，但仅用形成原因进行分类，尚不足以说明当前乡村小规模学校的各种形态和类别。因为，尽管本书在绪论中对乡村小规模学校下了定义，认为是农村和非建制镇地区的规模在100人以下乡村小学，不过从实际调研的情况来看，符合这一定义的乡村小规模学校形态和类型依然千差万别：依据性质不同可以分为中心小学、完全小学和非完全小学（教学点）；依据法人资格不同可以分为具有法人资格小学和非法人资格小学；依据东西差异可以分为东部、中部和西部乡村小规模学校；依据学生人数的规模不同，笔者还可以将其分为"临界型"小规模学校（学生人数为80~100人）、"中间型"小规模学校（学生人数为40~79人）以及"极小型"小规模学校（人数在39人及以下）；另外，根据前人的研究，还可以根据学校的办学历史悠久程度、教学质量满意度、生源流失情况、服务半径的大小、邻校是否可接收、教师责任心以及交通便利程度等情况，将其分为撤并型、过渡型和保留型。[①] 笔者以为，无论乡村小规模学校属于何种类型，即便

---

① 张雪艳.农村小规模学校发展政策研究[D].武汉：华中师范大学，2012. 邬志辉. 中国农村学校布局调整标准问题探讨[J]. 东北师大学报（哲学社会科学版），2010（5）：140-149.

是面临撤并压力的学校，政府和教育行政主管部门还是要多一点信任、多一点宽容、多一点爱护，因为学校未来的发展，依然存有各种可能和变数，濒临撤并的学校"逆袭"成为当地乡村名校的案例也时有发生。[①]只要是依旧行使义务教育阶段职责、发挥教育教学功能的乡村小规模学校，都应当纳入标准化建设的范畴，为乡村儿童接受义务教育提供最基本的保障。

2. 乡村小规模学校标准化建设阶段的划分

笔者依据地区保障的层级、学校性质的层级、学生规模的层级以及学校留存可能的层级，简单地将不同类型的乡村小规模学校标准化建设做如下阶段的划分（见图6-2），并将是否具有法人资格排除在外，这是因为是否具备法人资格，并不是村民对学校的需求以及学校教学质量优劣的充要条件；并且笔者在前文中已经论述，应当赋予乡村小规模学校，至少是完全小学层级以上的小学以法人资格，从而保障其生存和发展的权利。依笔者的理解，阶段一是所有只要在发挥教育教学功能的乡村小规模学校，其标准化建设都应当达到的阶段；阶段三的条件较为苛刻，一般是东部地区、生源稳定、保障条件较好且要长期保留的中心小学可以作标准化建设的探索和拓展；而阶段二则是各类乡村小规模学校在达到标准化建设第一阶段，经过自然淘汰和发展之后，要努力实现的阶段，保障乡村学生获得公平且有质量的教育。

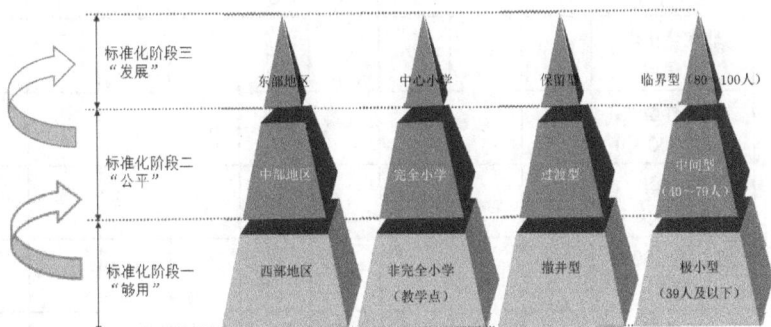

图6-2　乡村小规模学校标准化建设阶段的划分

① 揭明玥.坚守大别山深处十一载，他让濒临撤并的学校涅槃重生[N].楚天都市报，2017-08-11.

当然，在以上的阶段划分中，笔者只是从简单的四个角度进行考量，排除了现实中其他众多影响因素，乡村小规模学校的实际情况显然要更为复杂多变，其标准化建设的阶段划分，只能是作为参考。就笔者从浙江省 C 县、江西省 P 县以及贵州省 L 县各学校现有的基本数据、办学条件的统计年报以及对三县的实地调研来判断，中西部的地区差异并不如想象中的大，在经费保障环节上，中部地区最弱，甚至呈现 M 型结构，因而实际的标准化建设的阶段划分可能更符合表 6-1 所列。

当然，笔者作这样的判断和划分，并不绝对。因为各地差异太大，学校之间的差异也大，乡村小规模学校的标准化建设，还是要因校而宜，因需而建，扎扎实实地稳步推进。更何况学校类型的不同分类，完全存在交叉的可能，比如需长期保留的教学点，究竟应当推进到哪一个阶段？笔者认为，同一所学校，因分类依据不同，而出现标准化建设阶段冲突时，应首先完成第一阶段"够用"的标准化建设，然后逐步推进到第二阶段"公平"的标准化建设，即应就高标准建设。

表 6-1 不同类型乡村小规模学校标准化建设阶段分类

分类依据	学校类型	阶段一			阶段二			阶段三		
		东部	中部	西部	东部	中部	西部	东部	中部	西部
学校性质	中心小学					√	√	√		
	完全小学				√	√	√			
	非完全小学（教学点）	√	√		√					
学生人数	临界型（80~100人）					√	√	√		
	中间型（40~79人）				√	√	√			
	超小型（39人及以下）	√	√		√					
是否撤并	撤并型	√	√	√						
	过渡型		√	√	√					
	保留型					√	√	√		

注：除阶段三需满足所有的条件外，其他阶段如果一所学校的标准化阶段分类有冲突，应就高阶段标准建设。

（四）乡村小规模学校办学标准"六维度三阶段"划分之意义

对乡村小规模学校办学标准三个阶段的划分，既是对我国当前各地区乡村小规模学校已有标准化建设的水平、经济发展水平以及不同类型乡村小规模学校客观情况的必要体现，同时也是对学界关于学校标准化建设的各种疑虑的某种回应。长期以来，学界对标准化建设持有争论，认为标准化建设是对学校特色化发展的一种制约，容易造成义务教育学校千校一面。这是对学校标准化建设的一种片面的理解，标准化建设绝不排斥学校的特色化发展，而是对学校特色化发展的一种"邀请"，特色化是标准化建设在不同阶段的表现，特色化必须是标准化建设的组成部分，而标准化是学校特色化的基础和条件保障。另外还有一种声音，即"标准之下"和"标准之上"的争论，二者是不同地区、不同学校在主客观条件的限制之下，标准化建设水平的不同表现。对于"标准之下"的学校，在标准化建设过程中，应当积极予以支持，以使其能达到和满足最基本的办学条件。而对于"标准之上"的学校，则当然不是要拉低其建设标准，而是要鼓励、保护和支持对于标准化建设进行更深层级的探索和尝试。乡村小规模学校的标准化建设要着力解决和回答好标准的"底线＋弹性"的问题，可以说，阶段一是乡村小规模学校标准化建设的底线，是当前中西部地区的小规模学校要加快达成的阶段。阶段二是乡村小规模学校标准化建设要努力实现的阶段，是让每一个乡村儿童获得公平且有质量的学校教育的阶段，也是乡村小规模学校标准化建设及研究的重要方向。阶段三则是乡村小规模学校标准化建设未来理想的状态，是部分地区"弹性化"建设的表现。

总之，三阶段划分既是对我国现阶段各地区乡村小规模学校发展现状所做的判断，也是对标准化建设争论在某种程度上的消解。对待乡村小规模学校的标准化建设，人们应当用更包容、开放、多元的态度来理解和支持，而不应拘泥于概念的辨析和纠缠。

三、乡村小规模学校办学标准"六维度三阶段"的指标体系

本小节笔者主要依据实际调研的乡村小规模学校的具体情况，结合《农村普通中小学校建设标准》[①]，对乡村小规模学校办学标准的六个维度的关键指标进行梳理和说明。本办学标准指标体系主要针对4个班级规模的非完全小学和6个班级规模的完全小学（包括东部省份局部地区出现的6个班级规模的中心小学）。

（一）乡村小规模学校办学标准的"物质标准"维度

1. 学校设置与规模

乡村小规模学校的设置，主要以满足偏远地区乡村儿童就近上学为目的。依笔者调研的情况来看，其服务半径以走读生不超过2.5公里为宜；依学龄儿童占学区总人数的10%来计算，当行政村人口达到600人以上时，且生源流失不多的情况下，在交通不便的偏远山区，宜设置一所非完全小学，当服务的行政村人口达到2000人以上时，宜设置一所完全小学，以保障学龄儿童就近上学的权利。从学校选址来看，应选在安全、便利、平坦、开阔、阳光充足之地且靠近人口聚集区，远离对学生身心健康发展不利之场所。在乡村小规模学校标准化建设过程中，要进行排查、摸底，对于有洪水、山体滑坡、泥石流等自然灾害风险地区的学校，要进行易地重建或加固修缮，坚决消灭安全隐患。乡村小规模学校的班级规模，一般以实际接收的学生人数为主，规模都不会很大，非完全小学宜设置4个班，每班不超过30人，完全小学宜设置6个班，每班不超过45人。

2. 学校建设用地与校舍建筑标准

乡村小规模学校的建设用地与校舍建筑，大多数已经成型、成熟，其标准化第一阶段的建设主要在于对其功能性的改善和结构性的加固。考虑到校园建设用地和校舍建筑用地面积涉及内容过广，笔者拟就乡村小规模学校需要的关键用房加以说明，见表6-2。在这里，笔者摒弃了以生均标准作为标

---

① 2008年版的国家标准明确指出：考虑到全国各地情况差异很大，在具体执行时要实事求是，根据环境条件的实际情况，因地制宜，合理规范和设计，不要不顾条件硬性追求达标。

准制定的依据。从笔者对中西部的乡村小规模学校调研情况来看，普通教室基本按 36m² 来建设，但一般拥有多个机动用房，而且因为班级人数少，并没有出现拥挤、不够用等情况。为此，在满足"够用"为基础的标准化建设的第一阶段，在教学及辅助教学用房的指标上，笔者主要以 36~40m² 为基准，使学校能对机动的普通教室进行功能性的改造，以使其达到标准化，重点针对中西部学校缺乏的功能性教室和计算机机房进行标准的制定。另外，在办公用房中，小规模学校的办学标准应重点关注卫生保健室；在学校生活用房中，要重点配套和建设符合标准的学校食堂，随着国家营养改善计划的成熟和普及，学生在学校享受营养餐，将会落实落细。同时，要重视教工宿舍的建造，满足偏远地区外地教师住宿的需求，办学标准应以非完全小学全部师资的 30% 配置教工寝室，完全小学则以全部师资的 50% 配置教工寝室，同时，要对厕所进行师生分置。在保障"公平"为诉求的阶段，笔者主要采用《农村普通中小学校建设标准》所定之标准，使标准化建设水平能上一个层级，符合公平的原则，也可作为今后乡村小规模学校改建、翻建之重要参照。而阶段三是在国家标准的基础上做了一定的拓展，供东部发达地区的乡村小规模学校在建设时参照。

表 6-2　乡村小规模学校体育运动场地及校舍建筑用房各阶段标准

一级指标	二级指标	学校类型	具体指标		
			阶段一	阶段二	阶段三
体育运动场地用地	跑道和操场	非完全小学	60米直跑道和平坦的操场	60米直跑道和一个篮球场	—
		完全小学	60米直跑道和一个篮球场	100米直跑道和一个篮球场	100米直跑道和250米环形跑道
教学及教学辅助用房	普通教室	非完全小学	36m²×4间	40m²×5间	—
		完全小学	40m²×7间	54m²×9间	54m²×12间
	多功能教室（兼多媒体教室）	非完全小学	54m²×1间	60m²×1间	—
		完全小学	60m²×1间	80m²×1间	107m²×1间
	图书室（兼阅览室）	非完全小学	36m²×1间	40m²×1间	—
		完全小学	40m²×1间	54m²×1间	80m²×1间

续表

一级指标	二级指标	学校类型	具体指标		
			阶段一	阶段二	阶段三
教学及教学辅助用房	体育器材室	非完全小学	18m² × 1间	20m² × 1间	—
		完全小学	20m² × 1间	27m² × 1间	30m² × 1间
	音乐教室	非完全小学	—	40m² × 1间	—
		完全小学	—	54m² × 1间	80m² × 1间
	美术教室	非完全小学	—	40m² × 1间	—
		完全小学	—	54m² × 1间	80m² × 1间
	科学教室	非完全小学	—	40m² × 1间	—
		完全小学	—	54m² × 1间	80m² × 1间
	计算机教室	非完全小学	36m² × 1间	40m² × 1间	—
		完全小学	40m² × 1间	54m² × 1间	80m² × 1间
办公用房	教师办公用房	非完全小学	36m² × 1间	40m² × 1间	—
		完全小学	40m² × 1间	54m² × 1间	54m² × 2间
	卫生保健室	非完全小学	18m² × 1间	20m² × 1间	—
		完全小学	20m² × 1间	27m² × 1间	30m² × 1间
	门卫传达室	非完全小学	—	16m² × 1间	—
		完全小学	16m² × 1间	18m² × 1间	20m² × 1间
生活用房	教工宿舍	非完全小学	16m² × 3间	20m² × 4间	—
		完全小学	16m² × 6间	20m² × 8间	20m² × 12间
	学生宿舍	非完全小学	—	—	—
		完全小学	—	20m² × 8间	20m² × 10间
	食堂	非完全小学	72m² × 1间	80m² × 1间	—
		完全小学	80m² × 1间	158m² × 1间	200m² × 1间
	教工厕所	非完全小学	4m² × 1间	8m² × 1间	—
		完全小学	8m² × 1间	8m² × 2间	每间8m²，各楼层因需而设
	学生厕所	非完全小学	20m² × 1间	16m² × 2间	—
		完全小学	16m² × 2间	17m² × 3间	每间17m²，各楼层因需而设

3. 教育技术装备

笔者根据三省的办学标准的要求，结合乡村小规模学校已有的配置水平，尝试提出乡村小规模学校教育技术装备建设的办学标准，同样地，笔者并没有采用生均资源作为标准，见表6-3。笔者主要从图书室藏书、"班班通"和计算机配置等方面进行了建构，认为如果单纯满足于生均拥有量，则多数小规模学校标准化建设已经达成，但如果没有一定数量的图书室，没有一个可以满足计算机教学的机房，那么无论生均比和生机比达到何种程度，都不能算达到了标准化。另外，在中西部地区的多数乡村小规模学校，应及时配置"班班通"；在学科教学设备上，要重视学科专业的教学设备的配置，比如，音、体、美等专业性较强的教学仪器，应当配齐，满足正常的教育教学需求，这是在标准化建设阶段一中，要尽力实现的。

表6-3　乡村小规模学校教育技术装备各阶段标准

一级指标	二级指标	学校类型	具体指标		
			阶段一	阶段二	阶段三
教育技术装备	图书室藏书	非完全小学	2000册	3000册	—
		完全小学	3000册	4000册	4000册及以上
	"班班通"	非完全小学	2间	4间	—
		完全小学	6间	9间	12间
	计算机	非完全小学	20台	20台	—
		完全小学	30台	30台	按学生需求配置
	通用教学设备	非完全小学	满足教育教学需求	满足教育教学需求	—
		完全小学	满足教育教学需求	满足教育教学需求	按学生需求配置
	学科专用教学设备（音、体、美）	非完全小学	满足教育教学需求	满足教育教学需求	—
		完全小学	满足教育教学需求	满足教育教学需求	按学生需求配置

（二）乡村小规模学校办学标准的"经费标准"维度

在田野考察阶段，笔者主要就乡村小规模学校的公用经费和乡村教师工作补贴两类经费进行了调研，基本上认为，我国乡村小规模学校公用经费正在逐年递增，不到 100 人按 100 人拨付的规定，中心学校基本上都能遵守，但因为开支多、自主权过低等，公用经费的保障力度仍不够，在中部地区尤其明显，需要在标准制定上提高。另外，乡村教师的生活补贴在中西部地区不够明显。因此，本部分中，笔者将从这两个层面对乡村小规模学校的经费标准指标体系予以构建。

1. 公用经费标准

我国公用经费经过多年的改革，终于在 2016 年实现了城乡统一，在教育公平的道路上迈出了关键的一步，在中央和地方分担比例上，设置基本合理。当前，小学阶段，东部地区为每生每年 650 元，中西部地区为每生每年 600 元。从整体实行的效果来看，东部 C 县的公用经费采用"公用经费 + 小规模学校专项补助"的办法，确实能有效地缓解乡村小规模学校运转经费紧张的困境。事实上，对小规模学校进行公用经费的专项补助是国际上通行的做法。比如，澳大利亚于 2017 年施行的公用经费改革"优质学校计划"，也对公用经费的拨款采取"基础性经费 + 各类专项补助"的办法，各类专项补助包括：残疾学生补助、低水平英语补助、原住民及托雷斯海峡海岛学生补助、社会教育处境不利阶层学生补助、边远地区学校补助以及小规模学校补助等（见表6-4）。因此，笔者认为，我国公用经费的拨款，也可以采取"基础性经费 + 各类专项补助"的办法（见表6-5），以切实满足乡村小规模学校的经费需求。

调研中笔者曾提出，制约乡村小规模学校进一步发展的是许多非完全小学不具备独立的法人资格，致使其不能获得独立的财权，但当下就中西部地区的教学点而言，一是人力不够，二是财务管理方面的培训欠缺，尚不具备赋予其独立财权的条件，但应当在中心学校的管理之下，扩大其财务的自主权。不过，就完全小学而言，笔者认为应当赋予其独立的财权和账号，以减少中间环节的干扰，保证国家公用经费的准确到位，同时，也能使完全小学行使自己的权利，经营好学校的发展；在基础性公用经费上，由国家和地方各级政府承担，并按一定的比例，随着经济发展水平的提升而增长；在各类专项补助上，在第一阶段应当借鉴东部 C 县和国外先进国家之做法，给予小规模学校专项补助，在后面的标准化建设阶段中，再逐步建立和完善其他类型的各类专项补助，以使乡村小规模学校能健康运行。

表6-4　澳大利亚"优质学校计划"公用经费构成情况

学校资源标准（SRS）成分类型	具体说明	占比/%（以2018年为基准）
基础性经费	以连续3年全校80%的学生达到国家学业水平测试项目（National Assessment Program—Literacy and Numeracy，NAPLAN）的最低标准为参照，计算出每位学生所需要的经费	75.9
其中社区"贡献能力"减扣（公立学校不适用）	对于多数教会和私立学校来讲，基础性经费会因为学校所在社区能提供一定的学校运营经费而有所打折，这种社区的"贡献能力"（capacity to contribute）评估以所在学校的"社会经济地位得分"[socio economic status（SES）score]而定。SES得分是根据澳大利亚统计局和人口与住房普查所提供的数据和社会经济发展指数来确定，某地区学校的SES得分越高，那么基础性经费打折就越多。但SES得分打折不适用于公立学校以及教会和私立学校所设的特殊教育学校、原住民学校及边远离岛地区的学校	
残疾学生补助	以"国家统一收集残疾学生数据"（Nationally Consistent Collection of Data on School Students with Disability）为依据，学校和教师作出判断，为残疾学生在入学和课堂学习中提供不同水平的帮助和服务，残疾学生依据所需要的帮助水平分为四类：广泛的（extensive）、实质的（substantial）、辅助的（supplementary）和差异教学支持的（support provided within quality differentiated teaching practice）。其中前三类将获得补助，最后一类因为残疾程度较轻可以接受标准的教学，而不能获得补助。残疾学生所需要的帮助水平越高，补助力度就越大	8.9
低水平英语补助	对来自非英语为母语的家庭，且双亲中有一方受教育程度在9年及以下的学生提供补助；这部分学生可能是新移民或难民	10.0

续表

学校资源标准（SRS） 成分类型	具体说明	占比/% （以2018年为基准）
原住民及托雷斯海峡海岛学生补助	这部分补助按原住民学生在学校中所占的比例决定：如果只有一名原住民学生，可以获得基础经费20%的补助；全部是原住民学生，可以获得基础经费120%的补助。其计算公式可以理解为：20%+原住民学生占比＝补助比例	1.7
社会教育处境不利阶层学生补助	由澳大利亚课程评估报告机构所开发的社会教育优势评估（Socio Educational Advantage, SEA）体系，用于衡量学生父母的职业和文化程度。对父母职业或文化程度处在后50%的学生进行补助。补助的额度依学校这部分处境不利学生所占的比例而定，最高的补助额度可达基础经费的50%	9.3
边远地区学校补助	这部分补助依学校的可获得指数和边远指数得分（Accessibility/Remoteness Index of Australia, ARIA）而定	2.3
小规模学校补助	这部分补助不再以某种比例来计算补助经费，而是依据学校的规模直接拨付相应的金额。学校规模为300人以下的小学和700人以下的中学，可以获得相应的小规模学校补助	1.6

资料来源：Australian government department of education and training：What is the schooling resource standard and how does it work? [EB/OL]. (2018-06-25) [2018-12-30].https://docs.education.gov.au/system/files/doc/other/1._what_is_the_quality_schools_package_and_what_does_it_mean_for_my_school_.pdf.

表6-5　乡村小规模学校公用经费各阶段标准

一级 指标	二级指标	学校 类型	具体指标		
			阶段一	阶段二	阶段三
公用 经费	经费独立账户	非完全小学	不独立，由中心学校负责管理监督，需加大财务的自主权	独立账户	—
		完全小学	独立账户	独立账户	独立账户
	基础性公用经费	非完全小学	由中央和各地方政府按相应比例承担，各级部门不得截留，不足100人按100人拨款	由中央和各地方政府按相应比例承担，并按一定比例逐年提高	—
		完全小学	由中央和各地方政府按相应比例承担，各级部门不得截留，不足100人按100人拨款	由中央和各地方政府按相应比例承担，并按一定比例逐年提高	主要由所在地乡镇财政，对国家公用经费之外的项目进一步补充

续表

一级指标	二级指标	学校类型	具体指标		
			阶段一	阶段二	阶段三
公用经费	各类专项补助	非完全小学	小规模学校专项补助：东部5万元、中部3万元、西部2万元。由省级和县级财政按比例承担	在阶段一的基础上，形成和完善各种类型的专项补助：残疾学生补助、少数民族补助、留守儿童补助、贫困生补助、"营养改善计划"食堂经费补助	—
		完全小学	小规模学校专项补助：东部5万元、中部3万元、西部2万元。由省级和县级财政按比例承担	在阶段一的基础上，形成和完善各种类型的专项补助：残疾学生补助、少数民族补助、留守儿童补助、贫困生补助、"营养改善计划"食堂经费补助	主要由所在地乡镇财政，对国家公用经费各类专项补助之外的项目进一步补充

2. 乡村教师生活补贴

借鉴我国当前公用经费的拨款办法，改变当前以"地方自主实施、中央综合奖补"为原则的实施办法，从而改变各地乡村教师生活补标准不一、差异较大的现状。首先，中央财政应承担起相应的责任，按当前公用经费东部5∶5、中部6∶4和西部8∶2的比例，与各地方政府相应承担的比例，对乡村地区工作的教师进行基础性的生活补贴。笔者认为，乡村教师生活每月补贴可以参照当前生均公用经费的50%作为标准，即东部地区每人每月325元，中西部地区每人每月300元，这是作为基础补贴，以工资的组成部分按月打入教师的工资卡。另外再设立专项生活补贴，比如：按乡村教育服务实际年限分档补贴、乡村学校距离县城的边远程度分档补贴、乡村教师职称分档补贴。到了第二阶段，按家庭需要程度，设立特殊补贴，比如针对赡养父母、接受义务教育阶段的子女等情况的分类补贴，见表6-6。

表 6-6　乡村小规模学校教师生活补贴各阶段标准

一级指标	二级指标	学校类型	具体指标		
			阶段一	阶段二	阶段三
生活补贴	基础性生活补贴	非完全小学	由中央和各地方政府按相应比例承担，每月补贴标准按生均公用经费的50%足额发放	由中央和各地方政府按相应比例承担，并按一定比例逐年提高	— 主要由所在地乡镇财政，对国家乡村教师生活补贴之外的项目进一步补充
		完全小学			
	各类专项生活补贴	非完全小学	各类专项生活补贴：1.乡村教龄，5年为一档，每档分别以基础性补贴的10%累加；2.偏远程度，按各地乡镇距离县城偏远指数，分为3档，每档分别以基础性补贴的20%累加；3.职称补贴，按初级、中级和高级分为3档，每档分别以基础性补贴的20%累加；4.教学点补贴，中西部偏远和艰苦地区的教学点，再增加基础性补贴的20%。资金由中央专项和省级、县级财政按比例承担	在阶段一的基础上，形成和完善各种类型的特殊生活补贴：1.义务教育子女补贴，每一子女按基础性补贴的20%发放。2.赡养老人补贴：每一名直系父母按基础性补贴的20%发放。夫妻双方若都是乡村教师，则不同时享受。资金由县级财政承担	—
生活补贴	各类专项生活补贴	完全小学	各类专项生活补贴：1.乡村教龄，5年为一档，每档分别以基础性补贴的10%累加；2.偏远程度，按各地乡镇距离县城偏远指数，分为3档，每档分别以基础性补贴的20%累加；3.职称补贴，按初级、中级和高级分为3档，每档分别以基础性补贴的20%累加。资金由中央专项和省级、县级财政按比例承担		主要由所在地乡镇财政，对国家乡村教师生活补贴之外的项目进一步补充

按表 6-6 的标准，我们以一名在西部 L 县工作的乡村小规模学校教师为例，假设 A 老师在乡村学校工作已满 8 年，其职称为中级，所在学校为 L 县

最偏远的乡镇下面的教学点，那么其每月的生活补贴计算方法为：基础性补贴300元 + 乡村教龄补贴300元 ×20%+ 边远地区补贴300元 ×60%+ 职称补贴300元 ×40%+ 教学点补贴300元 ×20%=720元。显然，这比当前 L 县的补贴标准要高出一大截，可以有效增强乡村教师岗位的吸引力。总之，乡村教师生活补贴要发挥经济杠杆作用，必须向边远艰苦地区、服务时间长的教师倾斜，体现公平、公正原则，使乡村教师能真正感受到政府的关怀和生命的尊严。当然，对于东部已经高于此标准补贴的地区，应当继续鼓励，可以按生均公用经费的 50%~100% 作为基础性的补贴标准，但不得低于 50%。到了第二阶段，还要考虑乡村教师个人的家庭需求，可以参照当前我国个税改革的制度，把赡养父母、抚养义务教育阶段孩子等需要加入，使乡村教师在作出选择时，能综合考量，以提升乡村教师的留住率。第三阶段，主要由发达地区根据本乡镇的财政情况，在符合国家的各项法规的前提下，给予乡村教师额外的生活和工作补贴。对于中西部欠发达地区，由于县级财政十分困难，中央财政要通过专项资金的形式予以保障。

（三）乡村小规模学校办学标准的"人员标准"维度

当前乡村小规模学校，尤其是中西部地区的乡村小规模学校，饱受师资短缺之苦。在传统的生师比和教学点"包班制"模式下，教师承担了大量的教育教学工作，以及本职工作之外的事务性工作。从我国义务教育阶段师资配置标准来看，小学阶段生师比城乡均为 1:19，若一个班级按标准的 45 名学生来看，一个班级大概可以配置 2.37 名教师，但如果一个班级的学生人数在19 人以内，那么连一个教师都配不到。因此，如何对乡村小规模学校进行科学的师资配置是办学标准构建的一大重点。从邻国日本的做法来看，教师的配置以班级为依据，以一定数量的班级乘以不同的系数，从而得出某所学校应该配置的教师数量。其系数从 1~1.292 不等，学校规模越小，系数就越高，因此，小规模学校的教师配置都能得到较好的保障。[①] 另外，从简单的工作量推算来看，在乡村小规模学校里，一个教师在一个班级中的工作以半天上课，

---

① 刘善槐.农村学校布局调整决策的科学化、民主化与道义化研究[D].长春：东北师范大学，2012.

半天作为备课和批改作业之用较为合理，那么，其班师比就要达到1:2，考虑到小学阶段活动课较多，还需要特殊学科师资的配置，为此理想状态的班师比应从1:2到正常班级的1:2.37不等，不过，从现有的条件以及中西部地区财政压力来看，乡村小规模学校班师比要达到1:2.37是有很大难度的，且确实会出现师资极度浪费甚至人浮于事等状况。从实际调研的情况来看，笔者认为中西部教学点班师比采用1:1.5加1个机动指标较为合理，1个机动指标是指特殊师资，主要以音、体、美师资为主，可以由所在片区的教学点共用。以4个年级的非完全小学为例，如果要保证教学工作的顺利进行，教师工作强度不至于那么大的情况之下，宜配置6~7名教师，在中西部地区，财政压力很大的情况下，第7名教师可以由多个教学点共同使用。而完全小学，因到了小学高段，随着英语、科学等课程的出现，对师资的需求就会增多，因此，宜按班师比1:2配置。另外，笔者还就校长的任职资格、选拔方式等做了思考，校长是学校发展的关键人物，其教育信念和发展思路对学校的走向起着引领的作用；此外，笔者还就后勤保障人员的资格和条件做了梳理，见表6-7。

表6-7　乡村小规模学校教师队伍以及后勤保障人员各阶段标准

一级指标	二级指标	学校类型	具体指标		
			阶段一	阶段二	阶段三
师资队伍	师资配置	非完全小学	以班师比1:1.5加1个机动指标配置	以班师比1:2加1个机动指标配置	—
		完全小学	以班师比1:2配置	以班师比1:2.37配置	按学生需求配置
	任职资格	非完全小学	必须取得相应教师资格证，大学专科学历教师不少于90%，通过县统一招聘考试后进入	必须取得相应教师资格证，大学专科以上学历，通过县统一招聘考试后进入	—
		完全小学			必须取得相应教师资格证，大学本科以上学历，通过县统一招聘考试后进入

续表

一级 指标	二级 指标	学校 类型	具体指标		
			阶段一	阶段二	阶段三
师资 队伍	校长 任职 资格	非完全小学	必须取得相应教师资格证，具有5年以上乡村教育工作经历，大专以上学历，中级以上职称	必须取得相应教师资格证，具有5年以上乡村教育工作经历，大专以上学历，中级以上职称，具有突出的教育教学和领导管理能力	—
师资 队伍	校长 任职 资格	完全小学	必须取得相应教师资格证，具有5年以上乡村教育工作经历，大专以上学历，中级以上职称，具有突出的教育教学和管理能力	必须取得相应教师资格证，具有10年以上乡村教育工作经历，大专以上学历，中级以上职称，具有突出的教育教学和领导管理能力，并经过一定的校长专业培训后，取得任职资格。以提拔任命和竞聘上岗相结合	高级职称，本科以上学历，具有丰富的教育教学能力和出色的学校领导与管理能力，年富力强。县域内符合条件的教师，竞聘上岗为主
后勤保障 工作人员	食堂 工作 人员	非完全小学	取得健康证和从业资格证，小学学历，勤劳肯吃苦，年龄55岁以下，本村人为宜，配2名。人员经费由县财政承担	—	
		完全小学		取得健康证和任职资格，小学学历，勤劳肯吃苦，年龄55岁以下，本村人为宜，配2名。人员经费由县财政承担	取得健康证和任职资格，初中学历，勤劳肯吃苦，年龄55岁以下，本村人为宜，按需配置。人员经费由县财政和乡镇财政共同承担

续表

一级指标	二级指标	学校类型	具体指标		
			阶段一	阶段二	阶段三
后勤保障工作人员	门卫	非完全小学	—	取得健康证和保安上岗证，身体素质良好，工作责任心强，年龄55岁以下，本村人为宜，配1名。人员经费由县财政承担	—
		完全小学	取得健康证和保安上岗证，身体素质良好，工作责任心强，年龄55岁以下，本村人为宜，配1名。人员经费由县财政承担	取得健康证和保安上岗证，身体素质良好，工作责任心强，初中以上学历，年龄55岁以下，本村人为宜，配1名。人员经费由县财政承担	取得健康证和保安上岗证，身体素质良好，工作责任心强，初中以上学历，年龄55岁以下，本村人为宜，配2名。人员经费由县财政和乡镇财政共同承担

（四）乡村小规模学校办学标准的"管理标准"维度

关于学校管理，教育部曾于2014年出台《义务教育学校管理标准（试行）》，该标准以"育人为本、全面发展；促进公平、提高质量；安全和谐、充满活力；依法办学、科学治理"为基本理念，从平等对待学生、促进学生全面发展、引领教师专业发展、提升教育教学质量、营造和谐安全环境和建设现代学校制度的六大维度，对义务教育学校管理提出了92条具体的管理标准。笔者认为，乡村小规模学校学校管理标准的构建，除必须符合国家的管理标准之外，还有其特殊之处。笔者在实地调研阶段，就乡村小规模学校与上级管理之间的关系、学生管理、课程与教学管理、师资队伍管理、校园安全管理等几个层面进行了考察。因此，笔者也将回应调研中总结的成效和问题，按此五大层面，对乡村小规模学校管理的标准进行建构，见表6-8。在上级管理层面，设想在教育局层面成立乡村小规模学校统一管理机构，协调安排各级部门对小规模学校的管理；在学生管理上，主要对学生的健康、心理健康管理做了一些设想；在课程与教学管理方面，主要对校本课程和教学质量管理等环节进行了构思；在师资队伍管理方面，主要对师资考核以及培训提出了一些标准，以提升乡村教师科研意识以及自身发展的能力；另外，针对校园安全管理也提出建设的标准。

表 6-8　乡村小规模学校学校管理的各阶段标准

一级指标	二级指标	学校类型	具体指标		
			阶段一	阶段二	阶段三
上级管理	管理机制	非完全小学	1.在县教育局层面成立乡村小规模学校管理机构，统筹协调其他部门对学校的管理，减少无序、多头管理，减轻学校管理压力； 2.理顺教学点、完小与中心小学的关系，中心小学以业务指导为主，不能大包大揽乡村小规模学校与教育局及其他外界交流的机会； 3.形成日常规范的档案和电子文档管理，采用信息一体化管理，减少信息的重复收集和报送		
		完全小学			
学生管理	学生事务管理	非完全小学	1.按国家标准和上级部门的要求，做好学生日常事务性管理工作，关爱学生、尊重学生； 2.做好留守儿童、贫困学生的信息统计以及补助发放等管理工作； 3.开展不同形式的课外活动，丰富乡村学生的生活，尤其是寄宿制学生的学校生活等		
		完全小学			
学生管理	学生安全管理	非完全小学	1.加强生命安全教育，开展日常急救演习等； 2.加强上下学日常安全教育		—
		完全小学	1.加强生命安全教育，开展日常急救演习等； 2.加强上下学日常安全教育，有条件地区配备校车接送，由县财政承担		1.加强生命安全教育，开展日常急救演习等； 2.加强上下学日常安全教育，配备校车接送，费用由县财政承担
	学生健康管理	非完全小学	1.设置卫生保健室，配备基本药品； 2.由乡镇卫生院派人定期给学生做健康体检； 3.制定规范细致的"营养餐"管理制度，确保食品安全； 4.关心乡村学生尤其是留守儿童心理健康； 5.加强日常健康教育，使学生养成良好的饮食、作息习惯，不吃不健康零食，阳光生活，快乐成长		—
		完全小学			1.完善的健康管理制度； 2.均衡的膳食管理； 3.完备的身体检查和心理咨询制度与人员保障
课程与教学管理	拓展（校本）课程	非完全小学	开发至少1门具有本地区特色的校本课程	开发若干门形式丰富、学生喜爱的校本课程	—
		完全小学	开发若干门形式丰富、内容多样、学生喜爱的校本课程	发挥教师特长，开发以主题为单元的系列校本课程	发挥教师特长，开发以主题为单元的系列校本课程，也可以"请进来"，传授本地区非物质文化和手工技艺，培养乡土情怀

续表

一级指标	二级指标	学校类型	具体指标		
			阶段一	阶段二	阶段三
课程与教学管理	教学质量管理	非完全小学	1.落实课堂管理，完成教学任务；2.加强作业反馈，做到精选、先做、全批；3.个别辅导及时到位，补差效果佳；4.定期组织公开课，加强教师间的学习与交流	1.探索教学组织形式，鼓励开展微班课堂教学研讨，提高教学质量，体现小规模学校的教学优势；2.制定乡村小规模学校教学质量单独考核机制，加强乡村小规模学校间的互动与交流，形成学习联盟	—
		完全小学			1.成立"乡村名师工作室"，发挥名师教学的带头作用；2.增加与其他优质学校交流的机会
师资队伍管理	教师管理考核	非完全小学	1.形成规范、合理、公平、科学的学校教师内部考核管理机制，与绩效挂钩，增加教师工作动力；2.加强对乡村教师，尤其是外地教师生活上的关心，让乡村教师能安心工作	1.完善教师交流机制，使乡村教师"上得去也下得来"；2.乡村教师的职称晋升和聘任工作在上级的指导下进行，要让小规模学校有更大的自主权	—
		完全小学			赋能教师的工作，提高教师工作积极性，提升乡村教师的职业幸福感
师资队伍管理	教师培训	非完全小学	1.每年按公用经费的10%提取教师培训经费，保证教师3年内轮到一次培训机会；2.定期组织集体备课、说课、评课等活动，提升教师的基本功；3.因地制宜，定期组织去片区内的小学交流，组织观看优质的在线网络课程，向名师学习，提升教师的信息技术能力	1.加强对教师科研意识和能力的培养，加快教师的专业发展；2.强化对教师职后培训的效果监督与反馈，使培训能真正起作用	—
		完全小学			采用"走出去""请进来"的方式，学习先进的教育教学理念和方法
校园安全管理	安全制度和措施	非完全小学	1.建立建全校园安全管理的规章制度；2.加强校园安全巡逻，排除安全隐患；3.加固校园大门和围墙，安装覆盖校园的监控探头	1.设置门卫，加强安保；2.配备必要的防暴装置	—
		完全小学			校园安全网络与乡镇派出所联网，加强校园安全应急机制

（五）乡村小规模学校办学标准的"文化标准"维度

在前文中，笔者对乡村小规模学校的物质文化和精神文化进行了考察，而制度文化和行为文化，因难以直接体认和观察而没有展开分析。本部分，笔者将根据顾明远先生对学校文化的定义和分类，结合对乡村小规模学校的学校文化建设的实地考察，参考浙江省等关于加强中小学校园文化建设等通知的要求，提出了乡村小规模学校的学校文化建设的相关标准，见表6-9。因制度与行为紧密结合，因此，笔者将制度文化与行为文化合二为一，以使标准的制定更简洁明了。

表6-9　乡村小规模学校的学校文化建设的各阶段标准

一级指标	二级指标	学校类型	具体指标		
			阶段一	阶段二	阶段三
学校文化	物质文化	非完全小学	1.学校大门大方、坚固，校名醒目、字体美观；2.保持校园干净、整洁；3.种植适应本地区气候的植物，美化校园；4.设计合适、美观的字体，将"社会主义核心价值观"和核心办学理念上墙；5.楼宇外墙整洁，标识清晰；6.设置橱窗宣传栏，展示学校师生的成长；7.打造校园围墙文化，把本地区的文化、习俗用学生喜闻乐见的形象呈现，也可以将本校的"一训三风"①上墙	1.教室外墙、楼梯转角等处，悬挂中外名人或名言警句，设置阅览椅，以激励师生工作和学习，勇攀高峰；2.辟出专门的空间，展示学校的历史以及校友、教师等的物件，激发学生知校、爱校的热情	—
		完全小学		提炼形成特色鲜明的学校文化主题，以醒目的设计形象或雕塑置于师生必经之处，与来者进行对话	经专门的设计团队量身打造，学校布局合理，环境优美，整体形象统一、和谐、特色鲜明

267

续表

一级指标	二级指标	学校类型	具体指标		
			阶段一	阶段二	阶段三
学校文化	制度行为文化	非完全小学	1.制定科学、公正、操作性强的校纪、校规，并严格执行，以达到褒扬先进、鞭策落后的目的；2.以学生发展为中心，制定彰显人文关怀、品德养成的各项管理和服务工作制度，使学生养成良好的行为习惯和思想品德	1.加强教师文化建设，树立良好的师德品行，从而影响学生，带动校风；2.加强班级文化管理和制度建设，用教室内角和黑板报等形式塑造良好的学习氛围，以良好的班风带动学风，形成良性竞争环境	—
		完全小学		加强校长的学习和领导力培训，形成以身作则、品德表率的校长文化，以校长的实际行动影响师生、引领学校的发展	经过较长时间的强化管理，使各项制度能自觉地转化为师生的行为，内化于心
	精神文化	非完全小学	1.提炼契合本校师生特点的核心办学理念，不照搬，不抄袭，切实可行；2.设计形象生动、简洁、美观、意涵深远、表达精准的学校校徽；3.统一校服，将校徽及办学理念呈现在校服上，代表学校之形象；4.凝练通俗易懂、文雅上口的"一训三风"①，形成学校之精神和品格	运营学校的自媒体，利用官方微博、微信等平台，呈现学校的文化建设点滴	—
		完全小学		1.建立官方网站，展示学校的文化与发展面貌、办学成效，与外界做更好的互动；2.设计校歌、校报，以更易于传播的方式，宣传学校的精神文化	学校的精神文化深植师生内心，其形象标识可做进一步的物化延伸和拓展，浸润于学校的每一个角落；同时，学校的办学名气有较大的提升

① "一训三风"是指一所学校的校训、校风、教风和学风。

　　当然，笔者对学校文化建设标准的定性分析立足于当下我国东部、中部和西部局部县区的乡村小规模学校学校文化建设的考察，其阶段划分和指标建构是基于笔者对现有条件的基本判断。学校文化建设是全校师生共同努力和创造的，尤其强调校长智慧和实践，乡村小规模学校在学校文化建设的过程中，完全可以多个标准同时推进，以使乡村小规模学校的物质环境、规章制度、师生行为和精神面貌产生可喜的变化，实现健康发展。

（六）乡村小规模学校办学标准的"外部支持条件"维度

在田野考察阶段，笔者主要就乡村小规模学校与家长、村庄、中心小学、乡政府、县教育局以及民间公益组织和个人等层面的外部支持与互动情况进行了调研。这些外部主体和资源支持有些表现得较为绵密，有些则表现得较疏离。中西部地区多数小规模学校不具有法人资格以及校长能力、态度上的差异，使小规模学校在获得外部资源支持方面，整体呈现出较大的差异。为此，笔者在建构"外部支持条件"的标准化维度时，力图强化其与外部的绵密关系。当然，乡村小规模学校所应发挥的社会功能，决定了标准化建设中要重点培养校长与外界沟通的能力和个人领导力，以使乡村小规模学校有更高的社会关注度。笔者构建了乡村小规模学校的外部资源主体支持的标准，见表6-10。

表6-10　乡村小规模学校外部资源主体支持的各阶段标准

一级指标	二级指标	学校类型	具体指标		
			阶段一	阶段二	阶段三
外部支持条件	家长	非完全小学	1.定期开展家访活动，及时将学生在校情况与家长沟通，掌握学生家长的背景信息、联系方式和思想动态；	1.设立家长开放日，邀请家长参观校园以及参加日常听课活动，参与学校的重大活动（比如六一儿童节、学校运动会等）；在学校召开的表彰会上，邀请家长与学生同台领奖，分享孩子成长进步的喜悦；	—
		完全小学	2.定期组织家长会，由班主任及各任课教师作情况介绍，让家长了解学情；3.借助现代媒介，建立班级QQ群、微信群等，将学校、班级、学生的活动和情况及时告诉家长；4.主动与家长进行一对一地交流。尤其是针对留守儿童、残疾学生、学困生等学生在心理层面的问题，要及时与家长交流，配合做好沟通工作	2.成立家长委员会，协助班主任做好班级事务的组织和管理工作；3.成立家长学校，向家长和村民传播现代文化知识和教育理念，协助学校教育好学生	1.在学校层面成立家长协会，邀请组织和管理能力强、热心学校发展的家长担任会长，共同参与学校的管理和决策工作；2.设立困难家庭补助基金，对低保户、残疾户等困难家庭，给予关心和支持，达到互帮互助之目的

续 表

一级指标	二级指标	学校类型	具体指标		
			阶段一	阶段二	阶段三
外部支持条件	村庄（社区）	非完全小学	1.建立村、校定期沟通的渠道和交流机制； 2.设立村庄活动日，邀请村民参与学校的各类重大活动，增进村、校和睦； 3.村级基层组织要主动关心学校的建设，提供力所能及的帮助，比如修建学校道路、提供少量资金资助等	1.学校要主动为村庄的文化生活（村民阅览室、村民运动会、村民大舞台、村民音乐会等）提供服务，充分发挥村小作为村庄文化中心的作用； 2.乡村教师要为村庄的发展提供智力支持，发挥教育工作者应有的作用； 3.学校教育的拓展课程可以走进村庄，使乡村教育源于生活、归于生活，增进学生对家乡的热爱之情	—
		完全小学			形成村、校融合发展的长效机制，树立典范，促进乡村振兴和学校发展
	中心学校	非完全小学	1.加强中心学校的业务指导能力，发挥示范引领作用； 2.中心学校不干涉学校具体的内部事务管理和教师考核，赋予村小和教学点自主权，发挥村小和教学点的主观能动性； 3.中心学校应公平、公正地分配各项资源以及利益，保障村小和教学点的基本权益； 4.中心学校应组织各类教研活动，加强教师的培训和与外界的联系，开阔教师尤其是校长的视野，提高其业务能力，提升教育质量； 5.中心学校应保障村小和教学点正常需求的满足和表达诉求的权利	—	
		完全小学		—	
	各级政府及教育行政主管部门	非完全小学	1.乡级政府应与所辖所有的学校建立民主交流会机制，倾听各村小和教学点的声音，定期举办与乡政府、学校、卫生院等其他单位的联谊会等，增加学校与基层政府和部门联系的机会； 2.乡政府应主动关心村小和教学点的生存状态，提供力所能及的支持和帮助； 3.县教育局应加强与村小和教学点直接联系的机会或制度化的沟通渠道，把政策和文件及时准确地下达教学点，比如可以召开全县完小、教学点校长工作会议，加强工作的垂直领导	—	
		完全小学			县教育局和政府应鼓励乡村小规模学校的创新性发展，给予更为宽松的制度环境

续表

一级指标	二级指标	学校类型	具体指标		
			阶段一	阶段二	阶段三
外部支持条件	社会力量	非完全小学	1.学校尤其是校长，应积极主动与社会各类力量，尤其是加强与知名校友的联系和沟通，发挥主体作用，体现自己的领导力； 2.各级政府以及教育局等层面要掌握全县小规模学校的整体情况，设立专门的接受社会力量捐助的资金账号，按学校的短板及需要程度加以分配，同时要提高资金使用的监管力度，防止资金被滥用和侵占； 3.各类社会力量应认清自己的作用边界，不干涉学校的教育教学，不以捐资为目的夹杂私利，更不能将不正确的思想和观念强加于学校	—	与社会公益组织形成长期的交往机制，使社会民间资源能得到妥善、高效的利用，同时积极回报社会，获得良好的社会效益
		完全小学			

　　加强乡村小规模学校外部资源主体的支持，关键还在于理顺学校与政府、社会之间的互动关系，其核心在于建立现代学校制度。现代学校制度的建立与完善，主要包括两个层面：一是建立和完善有利于学校组织发展的外部环境；二是建立有利于学校组织发展的内部组织机制。[①] 而现代学校制度仰赖于学校的法人制度、产权制度等核心要素的构建，这对大部分的乡村小规模学校而言，似乎又走入了一个死胡同，即不具备法人资格的学校，甚至被排除在了现代学校制度的建设外，又何以谈理顺与外部的关系，加强联系呢？乡村小规模学校似夹缝中生存的小草，被各种体制阻碍了畅快的呼吸和"阳光雨露"的滋养。于是，问题又回到了原点：现阶段乡村小规模学校的标准化建设，要赋予学校（至少完小层级的学校）法人地位，以保障其生存的权利。

四、乡村小规模学校标准化建设的路径保障

（一）"危机化解"：乡村小规模学校的标准化建设的生存路径

　　当前，随着村民维权意识的强化、社会舆论压力的牵制以及撤并程序的规范，单纯以行政命令的方式，已经不大容易让乡村小规模学校消亡，且国

---

① 范国睿.政府·社会·学校：基于校本管理理念的现代学校制度设计[J].教育发展研究，2005（1）：12-17.

家对乡村小规模学校的建设和发展趋于重视，对待撤并问题也更为审慎。为此，乡村小规模学校来自外部的生存危机已然有化解趋势，然而，其自然消亡的阴影依然巨大。缓解其自然消亡的压力，要回答好两个问题：首先，生源的流失是否能得到稳定？其次，优秀师资能否下得来、留得住、教得好？这两个问题的解决当然也是乡村小规模学校标准化建设的保障。

1. 稳定乡村生源需要政策性的支持

乡村生源的持续减少，一方面对乡村小学的生存和发展带来前所未有的压力；另一方面，随迁子女的持续流入，也让城市学校面临扩容的压力，引发经费、土地、师资等教育资源供给出现城乡结构性的矛盾和困境。2016年国务院出台的《关于统筹推进县域内城乡义务教育一体化改革发展的若干意见》提出：要大力提高乡村教育质量，适度稳定乡村生源。国家首次把稳定乡村生源，上升到了发展乡村教育的战略高度。义务教育均衡发展绝不是义务教育城市化，但若没有了乡村生源，则实际上就变成了城市化。笔者认为，稳定乡村生源，吸引乡村生源回流，需要各级政府在政策上予以支持。

（1）扩大"两免一补"的覆盖率，给乡村留守儿童更好的照顾

2008年起，国家对义务教育阶段学生全面免除学杂费，对农村义务教育阶段学生免费提供教科书，对农村家庭经济困难寄宿生补助生活费，简称"两免一补"。"两免一补"为农村尤其是边远贫困地区的乡村孩子提供了极大的支持，减少了辍学率。笔者认为，吸引和稳定乡村生源，有条件的地区，今后可以逐步提高"两免一补"中"补"的覆盖率，对乡村学生的生活补助不再局限于困难家庭，而是覆盖到所有的乡村孩子，为更多的乡村孩子提供更有质量的关爱。同时，对于选择让孩子留在乡村小学就读的家庭也予以一定形式的奖励或补助，充分发挥经济杠杆对生源的调节作用，减少不顾条件把孩子送进城市学校的非理性举动。

（2）给予乡村生源在升学比例上倾斜，提高乡村小学的吸引力

根据罗尔素正义论的补偿原则，应当对出身和天赋的不平等进行补偿，只有符合地位最不利的人的最大利益才是正义的。乡村生源在家庭文化资本以及学习资源获得上处于劣势，从某种意义上来说也是不利的群体。若给予乡村生源在中考、高考升学比例上倾斜作为补偿，则可以大大提升乡村学校

的吸引力。试想，同样的分数在乡村学校更有机会被心仪的学校录取时，家长还会殚精竭虑将孩子送进城里的学校吗？可见，在政策上提高乡村生源的升学率不仅是正义的，同时也能成为吸引乡村生源回流的利器。

2. 留住乡村教师需要政策性的关怀

稳定乡村生源的根本途径还在于提高乡村教育的质量，而高水平的乡村教师队伍则是提高乡村教育质量的根本保证。乡村教师作为重要的人力资源，是乡村小规模学校生存和发展的重要条件，乡村教师的配置与留住是全球性的难题。马云曾说过，人们离职有两个原因：要么钱给少了，要么心受伤了。这句大白话道出了许多人力资源频繁流动的原因。笔者在访谈一位马云乡村教师奖获得者时，她曾非常动容地说："我感到我作为乡村教师，获得了前所未有的尊重。"这一幕深深触动了笔者。让乡村教师感受到公平、关怀和尊严，是留住乡村教师的重要心理建设。笔者认为，要留住乡村教师，尤其是优秀的乡村教师，在政策上要做到三点：一是让教师感受城乡学校差异补偿的公平性；二是要揭掉乡村教师"无能"的标签，让教师获得"进村"工作的尊严感；三是要定向培养乡村小规模学校师资，完善师资配置机制。

（1）落实差异补偿，提升发展空间

提高乡村教师待遇有利于吸引优秀师资扎根乡村，这也是其他国家留住乡村教师的通行做法。比如，美国密西西比州为乡村教师提供免息房贷，以提高乡村教师的吸引力。[①] 当前，我国各地实施的乡村教师生活补贴制度也是城乡学校差异化的补偿措施，使乡村教师感受到了政府的关怀。在笔者看来，除了在收入上体现补偿机制外，还应对乡村教师的职称晋升以及专业成长方面提供相应的补偿机制。一方面，在闭塞的环境中，教师可参照、学习和模仿的优秀教师较少，外出培训的机会也不多；另一方面，小规模学校生源和微小班教学的方式，确有不同之处，若在考核机制和晋升机制上采用一刀切的做法，对乡村教师的专业发展十分不利。因此，要尊重乡村教师在小规模班级教学上的特点和能力以及为此付出的心血和探索，应当拿出专门的职称晋升指标和专门的教学考核办法，向乡村教师倾斜，以此来保护乡村教育以及

---

① Monk D H. Recruiting and retaining high-quality teachers in rural areas[J]. Future of Children，2007（1）： 155-174.

乡村教师的工作积极性。①

（2）揭掉"无能"标签，尝试优秀师资"进村"考试

如前文所述，当前我国大部分县教育局每年会组织一次乡村教师"进城"考试，在乡村地区工作过多年，并获得过一定荣誉的教师才有资格报考。政策为想调到城里的乡村教师提供了一个公平的竞争机会，但也在客观上加剧了优秀师资向城区学校聚集，并且还给没能"进城"的乡村教师贴上"无能"的标签。要揭掉乡村教师"无能"的标签，就必须改变教师单向往城里流动的局面，各地应当尝试组织与之相对应的"进村"考试。比如，县教育局每年拿出部分指标面向全县的教师招考，凡能获得"进村"资格的，其工资收入将远高于城区同级别的老师，而且去越边远的地区，其收入就越高。同时，还可以对获得"进村"资格的教师在职称评定、子女入学等方面予以照顾。在社会上传递这样的信息："进村"做乡村教师不仅不是无能的表现，反而是一种荣誉、一种尊严，是有能力的表现。这必将极大地激发广大乡村教师自我提升的积极性。唯有"进城"与"进村"双向流动，才能有效促进县域内师资的均衡化发展，从而消除当前"轮岗交流"形式化的尴尬。

（3）定向培养师资，完善师资配置机制

在当前师资配置"逐级衰弱"的情况下，乡村小规模学校的发展处于不利的地位，要补充优秀的师资，就必须完善当前的配置机制，而定向培养本地生源的师资，不失为一种好方法。当年，一批优秀的农村初中毕业生，考取为中师生后，有力地补充了我国农村教育的师资，成为我国乡村教育最坚实的基石。如今，这批乡村教师已经成长为中坚力量，发挥着重要的作用。在笔者看来，当年的中师生之所以能适应乡村教育，有两个重要的原因：一是在地化。中师生分配遵循"从哪里来，回哪里去"的原则，毕业生回到原来熟悉的环境，有一种天然的归属感。二是全科教学能力。中师生有着扎实的师范基本功，除了英语学科之外，几乎能胜任所有小学阶段的学科。这两个特点契合了乡村教育的环境和要求。为此，定向培养乡村小规模学校师资，可以"复制"当年的中师模式，牢牢抓住"在地化"和"全科性"两个特征，选拔

---

① 秦玉友.农村小规模学校发展的基本判断与治理思路[J].教育研究，2018（12）：81-86.

优秀的高中生或初中生，作为定向培养的师资。当然，定向培养并非要将其牢牢地绑在乡村，其职后的培训、学历的进修等，都需要有完善的配套机制，才能使定向生安心从教，服务乡村小规模学校。

（二）"底部生成"：乡村小规模学校标准化建设的内涵式发展路径

乡村小规模学校标准化建设的最终目的还在于通过标准化建设，促进小规模学校内涵式发展。所谓学校的内涵式发展，即遵从学校教育教学的内部规律、实现内在目的、受自身需要支配的学校教育发展。^① 因此，标准化建设应着眼于小规模学校的发展规律和特点，促进小规模学校自身机体的健康完善，充分发挥其自身的比较优势，尽力补齐和规避小规模学校的自身劣势，为乡村学生提供最适切的教育。增进和推动小规模学校由下而上，从底部自然生成的内涵式发展，既是标准化建设的必然目的，也是标准化建设的内容，同时是标准化建设的路径保障，它们之间相辅相成。

1. 挖掘比较优势，发挥主观能动性

乡村小规模学校标准化建设，要充分挖掘小规模学校的潜能和优势，充分发挥师生主观能动性，形成特色鲜明的学校文化，为乡村生源提供适切和优质的乡村教育。

（1）充分发挥乡村小规模学校自身优势

国外的研究充分说明：学校规模小，有利于低年级和来自低阶层家庭子女的学习。小规模学校的教师对学生的学习更负责，学生和教师的关系更亲密，这种亲密的师生关系对学生的学习起了重要的作用，也是乡村小规模学校自身优势的突出表现。首先，学生获得教师个别化指导的时间较多。因为班额不大，教师有更多的精力照顾每一个学生，学生与教师之间的情感更深厚。不少教师表示因为作业批改量不大，在课堂上就可以及时反馈给学生，在学生的作业辅导和学生管理方面，几乎可以人盯人，真正做到了细致入微。其次，在学校管理上，乡村小规模学校因教师人数少而没有复杂的科层制管理，更趋向于扁平化管理，学校气氛较为轻松自由，师生在学习和工作中，

---

① 刘振天. 从外延式发展到内涵式发展：转型时代中国高等教育价值革命[J]. 高等教育研究，2014（9）：1-7.

不会感受到过多的紧张和压力。学生往往没有城市学生的各种课外辅导班、兴趣班，没有额外的学习压力和负担，可以更加恣意、自由地成长。一位乡村教师这样说："我们平时对学生的关爱、督促，所花的时间绝不比他们的父母少。我们对那些随父母去城里上学的孩子的情况也了解，说实话，还真不如留在我们乡村学校。"

（2）利用乡土资源，传播乡土文化，记得住"乡愁"

乡村小规模学校扎根于乡村，它周遭的乡野沃土，是学生们天然广阔的第二课堂，学生有更多亲近自然的机会。体验农作物的栽培，感受大自然的生命力，这些生活经历是城市学校所没有的。小规模学校要充分利用乡土资源，让更多的乡村孩子认识脚下这片土地，了解并热爱家乡的文化。党的十九大提出了乡村振兴战略，为我国农村的未来发展描绘了新的蓝图。没有乡村的振兴就没有中国的振兴，而一个繁荣、现代的乡村离不开重振乡村教育、复兴乡土文化。习近平总书记在云南考察时强调："乡村建设要注意乡土味道，保留乡村风貌，留得住青山绿水，记得住乡愁。"[①] 乡愁的是一种蕴含血缘、亲缘和地缘的情愫与依恋，一种基于伦理认同或道德认同的独特的伦理归属感。[②] 让乡村学生记住乡愁，就是让乡村学生认同和喜爱自己的乡土文化，这也是乡村小规模学校所能发挥的优势。在我国，广袤的农村有着丰富多样的乡土文化，县与县、镇与镇、乡与乡，甚至村与村之间都会呈现出其特有的文化元素。乡村小规模学校是乡土文化传承的重要载体，小规模学校要想在市场中找到"缝隙"，就必须立足本乡本土做文章，开设多门与乡土文化有关的拓展性课程，邀请民间工匠、民间艺人走进校园。比如，学生学习如何制作茶叶、如何制作竹艺、学跳民间舞蹈等。通过学习乡土文化，培养了学生们的爱乡热情，丰富了学校生活，也可以使散落乡间的各种非物质文化通过乡村小规模学校而得到传承和学习。调查中也发现，乡村小学与村庄的联结依然很深很紧密，有些乡村小学的食堂也是村民的大礼堂，乡里的不少群众活动都选择在学校里进行，乡村小学在传播乡土文化、承担农村社区

---

① 习近平谈乡愁 [EB/OL][2019-02-06]. http：//news.cntv.cn/special/xddtxc/.
② 万俊人.政治与美德[M].北京：北京师范大学出版社，2017：72.

活动中发挥着不可替代的作用。孩提时代对家乡所建立起的情感联结最为持久和稳定，这种对家乡的眷恋和情愫将伴随人的一生。很难想象一个从小就远离家乡的孩子，会对故乡有深厚的感情，因此，建设好乡村小规模学校可以让更多的孩子建立起热爱家乡的情怀，并投身家乡的建设。

（3）提升宣传力度，创新宣传手段

要改变乡村小规模学校在招生过程中的被动地位，应主动出击，多方面、多渠道地向家长和社会做宣传和展示。乡村小规模学校应当做好家访、家长会、校园开放日等活动，用真诚的沟通去换取家长的信任。浙江省 C 县 S 乡中心小学的邵老师说："我做微信推送，不仅是为了宣传学校，更多的是希望家长能看到我们对孩子们的用心，看到孩子们在学校里的开心成长，放心地把孩子交给我们。"经过两年的用心耕耘，邵老师负责的微信公众号成了全县最有影响力的学校公众号之一，每天都有可观的点击量。也正是在她的努力下，学校获得了社会各界广泛的关注，招生人数也有触底反弹的迹象，新生人数有所回升，形成了良性循环。由此可见，乡村学校要主动向家长展示优势，同时做到宣传手段上的多样和创新，增加家长的信任感。

2. 欣赏型探究，激发学校潜能

欣赏型探究具有五个特征：一是以优势为本，假定组织和个人都有独特的优势；二是智慧探究，即发现组织具有什么样的优势，其优势有哪些演变可能；三是协作的关系，即发现组织的优势是组织成员协作努力的结果；四是对他人的包容，即发现他者的优势，也就意味着接纳别人不同的声音；五是不断地生成，组织所构想的未来在组织成员的对话、合作中生成。[①] 这一组织管理思想和特点，为资源匮乏，竞争力弱的乡村小规模学校的发展带来了重要的启示。乡村小规模学校的标准化建设，也应当基于小规模学校组织内部的欣赏型探究变革方式，促进学校内生性发展。所谓内生性发展，是指强调以提升区域内部自我发展能力为目的，以当地人为发展主体，通过对本地区资源

---

① 张新平，等. 义务教育优质学校办学标准研究[M]. 北京：科学出版社，2015：264.

的开发和利用，激发、培育和提升本地区内部发展能力。① 乡村小规模学校的发展绝不能事事都指望上级部门扶持和给予，而是要充分信任现有教师的聪明才智，用欣赏的眼光去挖掘他们的潜能，提升教师的积极性。以笔者看来，用欣赏型探究激发学校的潜能，可以主要从两个层面来解读。

（1）培养校长欣赏型探究的意识和能力

乡村小规模学校校长虽然领导的教师非常有限，且在中西部的教学点上甚至仅仅被称为教学点负责人，连校长的头衔都没有，不过，这丝毫不影响其实质作为一个学校负责人的角色，且其能力和领导风格深刻影响着一所学校的精神面貌。在田野调查中，笔者了解到，许多小规模学校校长对于学校存在的问题，都能有很强的倾诉欲，比如指责教师积极性不够，"民转公"师资素质堪忧，抱怨家长不配合、生源素质较差、学校经费少等，鲜有校长对学校的优势、教师特长等方面进行全面的梳理。不难看出，多数校长的角色定位是学校问题的解决者，其工作重心在于发现问题、诊断问题。针对这一现象，张新平教授提出，校长应当从"问题的解决者"转变为"欣赏型领导者"，应当树立积极的世界观，推崇"关系性领导"和"生成性对话"，并着重提高发现和欣赏学校师生优势的能力，提高与人共事的合作能力，培育与人积极沟通的能力。② 笔者认为，这三种能力之于小规模学校的校长也同样适用。首先，校长应当避免过分关注师生存在的不足和缺点，转换视角，去发现和欣赏师生的闪光之处，哪怕是一丁点的进步，也需予以正面的、积极的强化。乡村教师长期坚守在我国边远地区，其形成的意志品质以及特殊、有效的针对乡村地区的教学技能，值得被尊重和欣赏。欣赏型领导要关注力量和美德等人性中的积极方面，致力于使生活更加富有意义。③ 而这需要校长具备敏锐的观察力和高明的传播能力。比如前文提到 C 县 S 乡中心小学的方校长用敏锐的镜头捕捉到了 3 名师生在校园内主动捡拾垃圾的场景，把拍摄的照片冲洗出来并装裱起来，大张旗鼓地在校园的橱窗里进行表彰，意在向全校师生

① Andrea R. Teaching and learning in small rural primary schools in Austria and Switzerland: Opportunities and challenges from teachers' and students' perspectives[J]. International Journal of Educational Research，2015（3）：127-135.

② 张新平. 校长：问题解决者与欣赏型领导者[J]. 教育研究，2014（5）：65-70.

③ 李金珍，王文忠，施建农. 积极心理学：一种新的研究方向[J]. 心理科学进展，2003（3）：321-327.

强化他的治校理念——"践行美丽、习惯显形",通过这样的正面强化,S小学的校园环境和学生习惯改变了很多。其次,校长应当加强与教师的沟通和交流,以情动人。小规模学校教师人数虽少,关系也不复杂,但所谓的"帮派现象",在调研中也有校长向笔者提起,因此,校长需要加强与教师之间的沟通,倾听教师的诉求,化解教师之间的坚冰,从而使整个团队凝聚在一起,发挥最大的合力。

（2）培养班主任欣赏型探究的意识和能力

如果说校长的欣赏型领导能力更多影响的是老师,那么班级作为一个微型的组织,则更需要班主任具备欣赏型探究能力,从而影响更多的学生。乡村学生的生活经验和禀赋、思想与表达、爱好与特长,跟城区学校的学生会有差异,教师应当尊重学生的生活经验,不能拿城市学校的标准来衡量学生的行为和思想。通常来讲,乡村学生会表现得更为腼腆,班主任要对每一个孩子的个性、禀赋有深入的了解,发现他们身上的闪光点,并予以积极反馈。在班主任的影响和带领之下,班集体形成和谐、积极、懂得欣赏他人的班级文化,学生能与他人积极合作、善于沟通。

总之,一个和谐、积极、向善的学校组织是学校标准化建设的重要内容,也是其顺利推进的重要保障。

（三）"机制先导"：乡村小规模学校标准化建设的创新发展路径

乡村小规模学校的标准化建设,是城乡均衡化发展、教育公平的本质要求,也是切实提高乡村教育质量、缩小城乡差距的现实要求。要想实现乡村教育的振兴,甚至让部分小规模学校"弯道超车"成为可能,就必须走创新发展的路径,在管理机制、发展机制上予以突破和先行。

1. 专门管理：成立乡村小规模学校标准化建设的管理机构

为推动乡村小规模学校的标准化建设顺利进行,各地应当在县教育局层面设置小规模学校标准化建设领导办公室或管理部门,专门负责统筹和协调小规模学校标准化的经费管理、建设推进以及其他相关事务的管理。

（1）分类分批认定学校法人资格,建立现代学校制度

在专门管理部门的指导下,首先在县级层面,对乡村小规模学校进行全

面的排查和摸底、了解情况，并统一建册。对于生源相对稳定、教学质量佳、社会有需求、群众口碑好、学校结构完整的完全小学，先进行法人资格的认证，以使小规模学校取得合法的"身份认证"，摆脱原有体制强加的不公平"枷锁"，插上乡村小规模学校发展的"翅膀"。要加强县教育局对乡村小规模学校的垂直领导，尊重学校作为独立个体的存在。今后，要明确中心学校主要发挥业务指导的作用和功能，不能对小规模学校具体的管理和教学事务大包大揽。在推进标准化建设的过程中，分类分批进行，要建成一批、认证一批，也可以边认证边建设，使承担义务教育职责的学校，最后都能建立起现代学校制度，独立行使自己的发展权利，履行相应的义务。

（2）制定小规模学校标准化建设时间表，合理安排建设进度

小规模学校标准化建设的专门管理机构要本着"先急后缓、先易后难、先点后面"原则，确定全县小规模学校标准化建设的科学进程。首先，要把标准化建设的物资和经费先配置到最需要的教学点或完小，切实改善最艰困、物资最匮乏的乡村小规模学校的办学条件。其次，标准化建设要将最易推进、最易调配、教学效果最易彰显的资源先进行配置，尤其要重视师资、学校管理和学校文化等"软件"资源的建设，再进行难度较大、成本较高、条件较苛刻的标准化建设（比如校园整体的布局、校舍的整体翻建等层面，实施成本和经费较高）。当然，出现危房时必须特事特办。总之，要让乡村小规模学校的标准化建设能尽快达到"够用"阶段，保障正常的教育教学顺利进行。最后，标准化建设应重视示范和引领的作用，以达到可复制的要求，各地要注意抓典型、树样板，对不同类型的乡村小规模学校进行标准化建设试点工作，以人员、物资、经费、管理、文化以及外部支持六大维度进行评估和考核，确定经济效益好、师生评价高、群众满意高的乡村小规模学校为标准化建设的样板学校，从而将好的做法和经验推广到其他小规模学校，以点带面，加快乡村小规模学校标准化建设的进程。

（3）单独制定乡村小规模学校教学管理办法和考核机制

当前，各地对乡村小规模学校的教学管理和考核，无论是"一刀切"还是全然不管，都是不科学的行为。在对待乡村小规模学校的教学管理和质量考核上，既要加强管理，又要特殊对待，要"严中有爱，宽中有度"。县教育局

层面的小规模学校标准化建设管理办公室，要单独制定小规模学校的教学管理标准和教学质量考核办法，以加强更有针对性的管理。可根据小规模学校生源的构成情况，出台科学的质量评价机制或加权赋分办法，防止小规模学校因个别学生的"特殊"或变动，而使整个班级的成绩忽上忽下。总的指导思想应当是：理解和包容乡村小规模学校特殊的教学环境和生源构成，给予乡村小规模学校相对宽松而富有弹性的教学质量考核机制，保护好教师的工作积极性；同时，要鼓励小规模学校对教学组织形式和教学方式方法进行创新，比如开展微班教学研讨、微班教学展示等活动，以切实提高乡村小规模学校的教学质量。

2. 智库引领：依靠乡村小规模学校标准化建设的研究团队

在推进乡村小规模学校标准化建设的同时，要注意依靠社会以及民间研究团队的力量，注意倾听乡村小规模学校主体尤其是校长的创新创举、意见和经验，群策群力，使整个推进过程民主科学。乡村小规模学校的标准化建设作为"一块难啃的骨头"和一场"攻击战"，其涉及面非常广，是每个环节都紧密相连的系统。系统虽有相对独立性，但每个环节的实施与进展，都必须注意开放性和生成性，倾听利益相关者，尤其是弱小、底层民众的诉求，尊重和信任社会民间力量的智力支持。笔者在这里不妨将这种社会民间的智力称为"智库"，教育智库又称为教育咨询组织，是由专家学者组成的研究机构，往往能及时捕捉到社会或学校组织在运行中的现实问题，并能对其未来的发展作出相对科学的判断，从而为教育政策制定提供科学的依据，在教育治理中发挥着重要的作用。[①] 就国外发达国家而言，类似于这样的教育智库非常成熟，对各国的教育政策的推动起了关键的作用，比如：法国的教师工会组织和美国各类型的第三方资格认证等组织。近年来，随着乡村小学的日益小规模化，小规模学校的生存和发展、乡村教师的生命与价值，也越来越多地引起了一些民间教育研究机构和咨询机构的关注和重视，比如 21 世纪教育研究院、马云公益基金会等组织，它们的声音和活动，也日益引起了社会各界和教育部门的关注。据笔者了解，每年的马云乡村教师奖的颁奖典礼，教育

---

① 褚宏启，贾继娥.教育治理中的多元主体及其作用互补[J].教育发展研究，2014（19）：1-7.

部会发电文祝贺，表达对民间组织关注乡村教育的肯定。因此，笔者认为乡村小规模学校标准化建设也应该发挥民间智库的智慧和引领作用，不能仅是简单的行政行为，而是两者能在战略上进行合作，在机制上予以保障，在制度上予以创新。民间智库的引领作用可以由以下两个层面展开。

（1）设计引领

在校舍的建造及室内设计上，智库专家团队可以根据乡村小规模学校的地理特点、民族建筑风格等元素，进行量身打造，通过极少的经费，获得最大的效益，使乡村小学与周围的建筑风格融为一体。比如，笔者在贵州省L县调研时，其中一所小学的阅览室就是由上海同济大学的公益团队设计，被改造成了当地谷仓的形象。公益团队利用原有的校舍，不大动干戈，就使其焕发了生机，成为校园最美的风景，犹如神来之笔。因此，乡村小规模学校的标准化建设，其设计也应当利用原有的资源，经过设计和改造，花费最少的经费，使其功能完善，外观更具地方特色。

（2）理念引领

标准化建设更在于理念的引领。不少校长向笔者表达，随着人们生活水平的提升，乡村小规模学校的生存和发展中，对于物质层面的需求，并不是很迫切，关键是校长的办学理念、教师的教学理念的适时更新以及学生良好的生活与学习习惯的养成。智库更应在这个方面发挥作用，引导校长领悟应当如何办学，师生如何学习和互动。前文提到的C县F乡中心小学，在智库的引领之下，学校要求教师开了20多门课外拓展课程，刚开始没有一个老师愿意配合，但随着孩子们一个一个地出现可喜的改变，教师也变得积极主动起来，现在都愿意配合校长，跟着学习各种教学实践的创新，彻底改变了个别教师原来只想混日子的状态，使师生呈现出教学相长的和谐景象。因此，由智库带来的思想和理念上的引领，是乡村小规模学校标准化建设重要的智力支持。

3. 信息技术支持：让乡村小规模学校标准化建设"后发先至"成为可能

乡村小规模学校的标准化建设的创新发展路径，还体现在对现代信息技术的设计与使用上。当前，许多国家和地区运用先进的信息技术和手段，使社会和经济发展实现了"后发先至"，反而超越了先发展的国家和地区。比如我国的移动支付、高铁等技术世界领先，并广泛走入寻常人家，极大地便利了老百姓的工作和生活。"后发先至"原为军事用语，形容虽然起步比对方晚，但先于对方抵达目的地的一种策略。而当今，在社会生活和经济领域，后发先至的案例也是屡见不鲜。乡村小规模学校的标准化建设，尽管起步晚，但也没有太多技术和资源上的历史包袱与思维惯性，若能抓住现代核心的教育信息技术，通过整体的设计和优化，加强对教师运用信息技术能力的培训，使乡村小规模学校复制"后发先至"的案例，也不是没有可能。笔者认为，加强乡村小规模学校的信息技术建设，主要应做到以下几点。

（1）开发适应乡村小规模学校特点的信息技术，打造"数字校园"

从"农远工程"到"校校通"再到"班班通"，国家对于农村教育信息技术的提升和改造，一直不遗余力、扎实推进，极大提升了乡村学校的信息化水平。不过，就乡村小规模学校层面来讲，尚未形成专门的针对性强、适应性好的教育信息技术体系。为此，针对乡村小规模学校规模小、灵活性高的特点，中央和地方以及县教育局等层面，应尽快组织专门的研究团队，开发乡村小规模学校的教育信息技术系统，要求操作性强、上手快、简单易懂、灵活性强，能适应学生个性化学习等，形成具有乡村特色的"数字校园"。所谓"数字校园"，是指政府供给义务教育阶段学校的公共产品，旨在为学生提供优质的教学资源和服务，包括基础设施、数字教育资源、教师的信息技术应用能力等。[1] 而乡村小规模学校的标准化建设亦可以从这三个维度构建信息技术，且落脚点要重点放在信息技术的基础设备与乡村小规模学校环境之间的融合上，使之能发挥最大的效应。

（2）加强乡村教师自主开发数字资源以及信息技术的应用能力培养

当前，教育数字资源的各类平台课程层出不穷，微课、慕课、网络课程、开放课程、精品课程等，不一而足，但这些课程的主角都为城市重点学校的各级名师，乡村教师鲜有登台亮相的机会。为此，在小规模学校的标准化建设过程中，应鼓励乡村教师在积极学习各类名师课堂的同时，努力开发出本地、本校的乡村名师课堂，加强教师自主开发教育数字资源的能力，以此来推动教师

---

[1]　黄娅. "数字学校"支持乡村小规模学校的路径研究[D]. 成都：西南大学，2017.

的信息技术应用能力的提高。小规模学校可以发现和推选自己的本土教师，以现有的生源和设备来制作课程视频，用"鲇鱼效应"来激活整个学校教师的生态和潜力。也许乡村小规模学校教师所制作的课程视频不够精美，也不够"高大上"，但它接地气，以乡村小规模学校师生所熟悉的场景和资源进行授课，更能促使乡村教师反思：在课堂上还可以用这样一种方式进行教学。或许这也是乡村教师开发教育资源迈出的第一步。当然，针对乡村教师信息技术应用能力的培训，也是必不可少的，可以采用专题培训、专题研讨等形式进行，还可以与教师的绩效考核、职称评聘等环节相结合。[1]

---

① 曾新，高臻一. 赋权与赋能：乡村振兴背景下农村小规模学校教师队伍建设之路——基于中西部6省12县《乡村教师支持计划》实施情况的调查[J]. 华中师范大学学报（人文社会科学版），2018（1）：174-187.

结 语

　　"后撤并"时代下的乡村小学，呈现出规模日益缩小、重心不断上移、数量越来越多，并将在可预见的未来长期存在的局面。[①] 全面加强保留下来的乡村小规模学校的建设，对于促进义务教育均衡发展、保障乡村儿童就近入学之权利、传承乡土文化、实现乡村振兴战略有着重要的意义。因而，对乡村小规模学校进行标准化建设即是重要举措之一，然而现实困惑在于，当下各省出台的义务教育学校办学标准，都以"生均资源"占比为逻辑起点，学生人数越多，资源配置就越多，而乡村小规模学校因人数上的劣势以及在配置层级上的末端性，在标准化建设中处于不利的地位。为此，单独研究制定乡村小规模学校办学标准，保障其公平的生存和发展权，就成了本书研究的初衷。

　　那么，制定乡村小规模学校办学标准的学理依据和现实依据是什么？我国乡村小规模学校在标准化建设中的现实图景又是怎么样的？取得了哪些成效？又有哪些短板和问题？原因是什么？对于未来发展，乡村小规模学校的办学标准的指标体系应包含哪些维度？本书在前人研究的基础上，对这些研究问题进行了理论梳理和思考，同时对我国东部浙江省 C 县、中部江西省 P 县和西部贵州省 L 县的乡村小规模学校进行深入的调研，以期能最大限度地呈现我国乡村小规模学校的整体样貌，在理论审视和现实考察的基础上，提出我国乡村小规模学校办学标准的指标体系以及建设原则和路径保障。本书的主要发现和研究结论如下。

　　第一，乡村小规模学校办学标准研究既是一个理论问题，也是一个实践

---

① 秦玉友. 农村小规模学校发展的基本判断与治理思路[J]. 教育研究，2018（12）：81-86.

问题；是义务教育学校标准化建设理论体系不断完善和延伸之客观要求，也是我国当前各项政策和发展战略的现实观照。从学理上来看，逆城市化理论和现象为乡村小规模学校标准化建设带来了复兴的动能；罗尔斯的正义论使乡村小规模学校的标准化建经得起伦理的拷问；市场缝隙理论则为乡村小规模学校的标准化建设所能提供的多样价值带来了启示。"全面二孩""乡村振兴战略""教育均衡发展"等政策环境则是乡村小规模学校标准化建设具有现实可行性的重要依据。

第二，乡村小规模学校标准化建设在各地的推进过程中，呈现"整体达成"、局部"结构性失衡"和少部分指标出现"背离"的特征。浙江、江西、贵州三省的义务教育学校办学标准制定和政策推进，既受国家相关文件的影响，又受本省经济发展水平的制约，还受一定偶发事件的影响，其在地化是一个不断妥协、调适的过程。从指标量化考察来看，各地乡村小规模学校标准化建设的水平，整体呈现东部显著高于中西部地区，而中部略高于西部的状态。

第三，从对乡村小规模学校硬件和软件资源的田野考察来看，乡村小规模学校硬件条件有了较大的改善，但其短板和制约因素依然不同程度存在。不具备法人资格是制约多数乡村小规模学校发展的最关键因素。从办学条件来看，功能性教室不足和生活配套设施条件不完备是中西部乡村小规模学校标准化建设的短板；在办学经费上，整体呈现"M型结构"，即中部地区的办学经费最为紧张，公用经费使用范围之外的开支较多；在外部资源获取和支持上，层级越高就越疏离，又因校长能力和态度的不同而差异较大；在人员条件上，师资素质有了较大提高，但中西部地区的师资缺口及结构性短缺普遍存在；在学校管理上，作为社会层级最末端的组织，其承担了大量具体而烦琐的事务性工作，整体压力较大；在学校文化建设上，地区差异较大，东部相对重视，中西部认识不足，因而标准化程度较低。

第四，在理论审视和现实考察的基础上，本书对乡村小规模学校办学标准的指标体系进行了建构，提出"六维度三阶段"的指标框架体系，以物质、经费、人员、管理、文化以及外部支持为六大维度，依据地区保障的层级、学校性质的层级、学生规模的层级以及学校留存可能的层级，对不同类型的乡村小规模学校办学标准进行了三个阶段的划分，即满足"够用"阶段、保障"公平"阶段、优先"发展"阶段。"六维度三阶段"既是对我国现阶段各地区乡村小规模学校发展现状所作的判断，也是对学界对义务教育学校标准化建设"标准化与特色化""标准之上还是标准之下"的争论在某种程度上的消解；另外，本书提出了以经济性、可复制性、动态性、系统性、发展性、欣赏性为办学标准的构建原则；在标准化建设的路径保障上，从如何"化解危机"的生存路径、"底部生成"的内涵式发展路径以及"机制先导"的创新发展路径三个方面进行了阐述和构思。

乡村小规模学校的形成、撤并、保留抑或发展，是社会、政治、经济、文化、人口、政策等多重因素影响和作用下的产物，乡村小规模学校虽小，但它的变迁折射着社会大时代和大背景的变迁，其牵涉面甚广。同样地，其办学标准的构建要考虑的因素也非常多，若说本书有什么价值，那么主要体现在：一是本书首次聚焦乡村小规模学校的办学标准，系统梳理了乡村小规模学校标准化建设的学理和现实可行性依据以及建设标准的维度和价值取向；二是深入分析和考察了我国东部、中部和西部地区不同类型的乡村小规模学校在标准化建设语境下的生存样态；三是对乡村小规模学校办学标准提出了"六维度三阶段"划分并构建了各阶段的指标体系，丰富了我国义务教育学校办学标准研究的理论体系，对乡村小规模学校的标准化建设实践具有一定指导意义。

囿于笔者的能力以及时间和精力的不足，许多问题并没有进行深入的分析和探讨，而研究样本和研究视角也存有一定的局限性。正如一位小规模学校校长所言："有些种子还没有播下，而播下的也会遭遇狂风暴雨……"于笔者而言，乡村小规模学校的办学标准研究是一项非常艰巨的挑战，研究也留有不少遗憾和不足之处。比如，在研究对象上，以浙江省、江西省和贵州省的局地小规模学校为主，三省均位于南方，而北方的小规模学校相对不足，使样本的代表性与说服力稍弱；在研究方法上，本书主要以实地研究和访谈法为主，虽然在访谈前，笔者尽力与访谈对象做较好的沟通和心理建设，但仍不排除一些重要的信息被访谈对象有意隐去；在访谈主体上，一方面因家长外出打工居多，在调研的时间段内较难碰到，另一方面因学生表达能力有限，信息同质化程度较高，因而放弃，这客观上也导致笔者主要以校长、普通教师为主要访谈对象，缺乏对学生以及家长的观照；在乡村小规模学校办学标准指标体系框架的构建上，需要有极强的理论功底以及敏感的实践驾驭能力，以笔者现有的学术能力以及实践经验来看，还有一定的差距，因此，笔者提出的"六维度三阶段"指标框架体系，在理论的阐述上还有所欠缺。这些遗憾，笔者希望能在未来通过深入研究予以弥补。

看到小的力量，相信小的伟大。笔者曾在一篇文章中看到这样一组数据：世界上99%的人认为自己是平凡的人，97%的企业是小规模企业，95%的运动员不被人所知，92%的国家，人们叫不出名字……世界上的事物有大必有小，而且正是千千万万的小小的个体构成了世界最真实的一面。乡村小规模学校处于我国义务教育学校体系的最末端，好似我国整个教育机体的毛细血管，真实地存在，细小却有其独特的力量和价值。乡村小规模学校的标准化建设正是对这种小的力量的尊重和彰显，也是对长期扎根偏远地区、默默无闻的小人物——乡村教师的致敬！

参考文献

[1] Andrea R. Teaching and learning in small rural primary schools in Austria and Switzerland : Opportunities and challenges from teachers' and students' perspectives[J]. International Journal of Educational Research, 2015 (3): 127-135.

[2] Australian government department of education and training : What is the schooling resource standard and how does it work? [EB/OL]. (2018-06-25) [2018-12-30].https : //docs.education.gov.au/system/files/

[3] Bracey G W.Research-small schools, great strides[J].Phi Delta Kappan, 2001 (5): 413-415.

[4] Brenner D.Rural educator policy brief : Rural education and The Every Student Succeeds Act[J].Rural Educator, 2016 (37): 23-27.

[5] Buchanan B.What mandated consolidation could mean for your district[J]. American School Board Journal, 2004 (7): 15-18.

[6] Byker E J. The one laptop school : Equipping rural elementary schools in South India through public private partnerships[J]. Global Education Review, 2015 (4): 126-143.

[7] Canales M T, Tejeda-Delgado C, Slate J R. Leadership behaviors of superintendent/principals in small, rural school districts in Texas[J]. Rural Educator, 2008 (1): 1-7.

[8] Clarke S, Stevens E. Sustainable leadership in small rural schools : Selected Australian vignettes[J]. Journal of Educational Change, 2009 (4): 277-293.

[9] Coldarci T.Do smaller schools really reduce the "power rating"of poverty?[J]. Rural Educator, 2006（1）: 1-8.

[10] Cooley D, Floyd K. Small school district consolidation in Texas : An analysis of its impact on costs and student achievement[J]. Administrative Issues Journal Education Practice and Research, 2013（3）: 45-63.

[11] Corbett M. What We know and don't know about small schools[J]. Our Schools, 2013（1）: 38-52.

[12] Cruzeiro P A, Boone M. Rural and small school principal candidates : Perspectives of hiring superintendents[J]. Rural Educator, 2009（1）: 1-9.

[13] Cuervo H. Problematizing the relationship between rural small schools and communities : Implications for youth lives[J]. Alberta Journal of Educational Research, 2014（4）: 643-655.

[14] Farmer T W, Leung M C, Banks J B, et al. Adequate yearly progress in small rural schools and rural low-income schools[J]. Rural Educator, 2006（3）: 1-7.

[15] Halsey R J.Small schools, big future [J].Australian Journal of Education, 2011（1）: 5-13.

[16] Hitka M A, Stachová K B, Balážová Z A, et al. Differences in employee motivation at Slovak Primary Schools in rural and urban areas[J]. International Education Studies, 2015（5）: 33-42.

[17] Huysman J T.Rural teacher satisfaction : An analysis of beliefs and attitudes of rural teachers' job satisfaction[J].Rural Educator, 2008（4）: 31-38.

[18] Irvin M J, Hannum W W, Farmer T W, et al. Supporting online learning for advanced placement students in small rural schools : Conceptual foundations and intervention components of the facilitator preparation program[J]. Rural Educator, 2009（1）: 29-38.

[19] Jimerson L.Special challenges of the "No Child Left Behind"Act for rural schools and districts[J].Rural Educator, 2005（3）: 1-4.

[20] Jimerson L.The hobbit effect：Why small works in public schools[J].Rural School and Community Trust，2006（8）：5-23.

[21] Karlberg-Granlund G.Coping with the threat of closure in a small finish village schools[J].Australian Journal of Education，2011（1）:62-72.

[22] Katane I.Sustainable development of the modern rural school as a system of educational environment under the conditions of globalisation and various contradictions in Latvia[J].Acta Paedagogica Vilnensia，2006（16）：27-39.

[23] Laferrière T，Barma S，Gervais F，et al.Teaching，learning，and knowledge building：The case of the remote networked school initiative[J].Problems of Education in The 21st Century，2012（40）：96-113.

[24] LEEE.A theory of migration[J].Demography，1996（1）：47-57.

[25] Living Away From Home Allowances Scheme，Queensland State Government[EB/OL].[2017-08-20].https：//www.qld.gov.au/education/schools/financial/ruralremote/pages/lafhas.

[26] Lowe J M. Rural education：Attracting and retaining teachers in small schools[J]. Rural Educator, 2006（2）：28-32.

[27] Maurice G，Linda H，Comber C.Classroom practice and the national curriculum in small rural primary schools[J].British Educational Research Journal，1998（1）：43-62.

[28] Monk D H. Recruiting and retaining high-quality teachers in rural areas[J]. Future of Children，2007（1）：155-174.

[29] Morton C，Harmon H L.Challenges and sustainability practices of frontier schools in Montana[J].Rural Educator，2011（3）：1-14.

[30] Raggl A.Teaching and learning in small rural primary schools in Austria and Switzerland：Opportunities and challenges from teachers' and students' perspectives[J].International Journal of Educational Research，2015（3）：127-135.

[31] Renihan P，Noonan B. Principals as assessment leaders in rural schools[J]. Rural Educator，2012（1）：1-8.

[32] Rottier J.Teacher burnout : Small and rural school style[J].Education，2001
（1）: 72-79.

[33] Saiti A. The staffing of small rural primary schools in Greece[J]. Management
in Education, 2005（4）: 32-36.

[34] Starr K, White S.The small rural school principalship : Key challenges and
cross-school response[J].Journal of Research in Rural Education,2008（5）:
1-12.

[35] Stewart C，Matthews J. The lone ranger in rural education : The small rural
school principal and professional development[J]. Rural Educator,2015（2）:
49-60.

[36] Susan Galletti.School size counts [J].Education Digest，1999（9）: 15.

[37] Tinkham J.We're small enough to close but big enough to divide : The com-
plexities of the Nova Scotia School Review Process[J].Alberta Journal of
Educational Research，2014（4）: 726-730.

[38] Varre C de la，Keane J，Irvin M J.Enhancing online distance education in
small rural US schools : A hybird，learner-centered model [J].Journal of
Asynchronous Learning Networks，2010（4）: 35-46.

[39] Vigo AB，Soriano B J. Family involvement in creative teaching practices
for all in small rural schools[J]. Ethnography & Education，2015（3）: 325-
339.

[40] Walker M. Choice，cost and community : The hidden complexities of the
rural primary school market[J]. Educational Management Administration &
Leadership，2010（6）: 712-727.

[41] Wallin D C，Newton P. Teaching principals in small rural schools : "My cup
overfloweth"[J]. Alberta Journal of Educational Research，2014（4）: 708-
725.

[42] 蔡翔，宋瑞敏，蒋志兵.微型企业的内涵及其理论基础 [J].当代财经，
2005（12）: 85-87.

[43]　曹长德，汪洋．"村小去留"：乡村教育之困与政策选择 [J]．教育发展研究，2017（6）：20-26．

[44]　陈宝生．中国教育：波澜壮阔四十年 [N]．人民日报，2018-12-17．

[45]　陈伯君．"逆城市化"趋势下中国村镇的发展机遇：兼论城市化的可持续发展 [J]．社会科学研究，2007（3）：53-57．

[46]　陈飞．农村小规模学校校本课程开发研究 [D]．长春：东北师范大学，2018．

[47]　陈国华，袁桂林．学校联盟：农村小规模学校发展的新探索 [J]．中国教育学刊，2016（6）：54-57．

[48]　陈红爱．"逆城市化"问题研究综述 [J]．中共山西省委党校学报，2018（4）：49-54．

[49]　陈惠慈．日本小规模学校的复式教学 [J]．教育导刊，1994（Z2）：68．

[50]　陈娟．澳大利亚教师教育标准化探究 [J]．中国成人教育，2017（4）：116-118．

[51]　陈良玉．浅析农村小规模学校的教育信息化之路：以浙江省丽水市为例 [J]．中国教育信息化，2015（5）：63-66．

[52]　陈鹏．城镇化发展中的教育问题不可忽视 [N]．光明日报，2016-12-27．

[53]　陈学军．有关中小学办学标准几个基本问题的思考 [J]．教育科学研究，2009（11）：27-30．

[54]　储朝晖．重振农村小规模学校需走简政之道 [J]．中国农村教育，2016（3）：14．

[55]　崔东植，邬志辉．韩国农村小规模学校合并政策评析 [J]．教育发展研究，2010（10）：58-63．

[56]　邓丹．澳大利亚教师教育标准化的新发展："职前教师教育课程国家认证系统"的构建 [J]．比较教育研究，2011（8）：45-49．

[57]　董碧水，管婷婷．杭州：流动人口随迁子女持居住证即可入学 [N]．中国青年报，2017-08-07．

[58]　范国睿．政府·社会·学校：基于校本管理理念的现代学校制度设计 [J]．教育发展研究，2005（1）：12-17．

[59] 范先佐.农村学校布局调整与教育的均衡发展 [J]. 教育发展研究，2008（7）：55-60.

[60] 方彤，王东杰.英国宜人教育的学校规模观及其实践：兼谈对我国小规模学校合并的启示 [J]. 国外中小学教育，2013（7）：37-41.

[61] 方祝发.淳安县召开整体提升农村小规模学校办学品质动员会议 [J]. 浙江教育科学，2016（5）：64.

[62] 冯建军.生命教育与生命统整 [J]. 教育理论与实践，2009（8）：8-11.

[63] 伏金祥.小班，变的不仅是人数 [N]. 中国教育报，2018-09-18.

[64] 付卫东，曹世华.当前美国支持小规模学校的重要举措及对我国的启示 [J]. 国外中小学教育，2011（7）：40-43.

[65] 高原.美国当代标准化测试的命运与教育权利的转移：从《不让一个孩子掉队法案》到《每一个学生成功法案》[J]. 课程·教材·教法，2016（9）：121-127.

[66] 高政，刘胡权.农村小规模学校教师队伍现状与改进对策 [J]. 中国教育学刊，2014（8）：18-23.

[67] 葛红林.从农村标准化学校建设看政府公共服务供给 [J]. 中国行政管理，2010（11）：121-122.

[68] 顾明远.论学校文化建设 [J]. 西南师范大学学报（人文社会科学版），2006（5）：67-70.

[69] 郭煦.如何填满乡村学校 [J]. 小康，2018（16）：62-65.

[70] 韩春花，孙启林.韩国农村小规模学校合并政策实施效果及对策研究 [J]. 外国教育研究，2010（11）：10-15.

[71] 和学新，杨静.新世纪以来加拿大基础教育课程改革及其启示 [J]. 当代教育与文化，2013（6）：36-45.

[72] 黄娅."数字学校"支持乡村小规模学校的路径研究 [D]. 成都：西南大学，2017.

[73] 贾建国.美国农村小规模学校运动及其对我国的启示 [J]. 外国教育研究，2010（4）：74-78.

[74] 贾月明.义务教育阶段农村标准化学校建设模式的研究 [D].长春：东北师范大学，2008.

[75] 揭明玥.坚守大别山深处十一载，他让濒临撤并的学校涅槃重生 [N].楚天都市报，2017-08-11.

[76] 孔令君，景艳.贵州毕节 5 名闷死男童背后：钻垃圾箱的童年 [EB/OL].（2012-11-26）[2018-12-30].http：//society.people.com.cn/n/2012/1126/c136657-19698139.html.

[77] 雷万鹏，张艳雪.农村小规模学校的资源配置与运行机制调查 [J].人民教育，2014（6）：29-32.

[78] 雷万鹏.城镇化进程中农村小规模学校发展 [J].全球教育展望，2014(2)：115-120.

[79] 雷万鹏.高度重视农村小规模学校的发展 [J].教育发展研究，2013(18)：1.

[80] 雷万鹏.家庭教育需求的差异化与学校布局调整政策转型 [J].华中师范大学学报（人文社会科学版），2016（11）：147-152.

[81] 李虎林.加快推进乡村小规模学校办学标准的制定 [N].中国教育报，2018-11-27.

[82] 李介.西北连片特困区小规模学校内生性发展的路径 [J].现代中小学教育，2015（10）：5-7.

[83] 李金珍，王文忠，施建农.积极心理学：一种新的研究方向 [J].心理科学进展，2003（3）：321-327.

[84] 李玲，杨顺光."全面二孩"政策与义务教育战略规划：基于未来20年义务教育学龄人口的预测 [J].教育研究，2016（7）：22-31.

[85] 李明，张治平.浅谈"后发先至"军事战略：对习近平"后发先至"经济战略思想的军事解读 [J].今日中国论坛，2013（1）：182-183.

[86] 李鹏，朱德全.义务教育学校标准化建设：进程、问题与反思——基于2010年—2014年全国义务教育办学条件数据的测度分析 [J].清华大学教育研究，2016（1）：110-117.

[87] 李萍.底部攻坚：农村小规模校如何突围 [N].中国教育报，2016-01-06.

[88] 李森，汪建华.我国乡村教育发展的历史脉络与现代启示[J].西南大学学院（社会科学版），2017（1）：61-69.

[89] 李祥云，张聪聪.国外中小学规模作用研究述评[J].外国教育研究，2012（11）：49-57.

[90] 廖申白.《正义论》对古典自由主义的修正[J].中国社会科学，2003（5）：126-137，208.

[91] 林云.民族地区农村小规模学校教师队伍建设：问题与对策[J].教育与经济，2016（6）：84-90.

[92] 刘方林.标准化学校：城乡义务教育均衡发展的应然选择[J].基础教育研究，2013（14）：5-6.

[93] 刘冠生.城市、城镇、农村、乡村概念的理解与使用问题[J].山东理工大学学报（社会科学版），2005（1）：54-57.

[94] 刘胡权.后"撤点并校"时代如何振兴农村小规模学校[J].中国党政干部论坛，2014（2）：50-52.

[95] 刘健儿.教育公正刍议[J].北京大学教育评论，2005（1）：102-106.

[96] 刘俊仁.台湾地区小规模学校发展特色学校的基本策略[J].教育评论，2017（3）：49-53.

[97] 刘琳.缝隙理论下的纸媒比较优势重塑[J].新闻战线，2014（3）：88-90.

[98] 刘莎.简论农村小规模学校的发展[J].教学与管理，2016（12）：8-11.

[99] 刘善槐，史宁中.农村小规模学校学生学业成绩问题研究：以西南某县为例[J].中国教育学刊，2011（4）：17-20.

[100] 刘善槐.农村学校布局调整决策的科学化、民主化与道义化研究[D].长春：东北师范大学，2012.

[101] 刘武.公共服务接受者满意度指数模型研究[D].沈阳：东北大学，2009.

[102] 刘振天.从外延式发展到内涵式发展：转型时代中国高等教育价值革命[J].高等教育研究，2014（9）：1-7.

[103] 刘正伟，郑园园，龚晓丹，等.美国中小学英语国家课程标准建构[J].课程·教材·教法，2015（3）：121-127.

[104] 刘志波，齐媛.班班通：从校园信息化建设走向课堂信息化应用 [J].中国电化教育，2010（8）：64-68.

[105] 娄立志，吴欣娟.农村小规模学校"撤点并校"的代价与补偿 [J].教育研究与实验，2016（2）：47-51.

[106] 卢同庆，范先佐.农村小规模学校自主发展策略研究：基于资源依赖理论和实践经验的视角 [J].湖南师范大学教育科学学报，2016（6）：33-37.

[107] 罗雪琳.加拿大学校行政、课程、考试制度的考察及启示 [J].成人教育，2011（9）：123-125.

[108] 马跃.基于逆城市化视角的乡村振兴实现路径研究 [J].淮北师范大学学报（哲学社会科学版），2018（3）：10-14.

[109] 莫衡，等.当代汉语词典 [Z].上海：上海辞书出版社，2001.

[110] 潘海平，孙彬，李荣，等.长三角："逆城市化"时代呼之欲出 [J].信息导刊，2005（13）：6-7.

[111] 彭艳.农村小规模学校音体美教育化难 [J].人民教育，2016（12）：37-39.

[112] 亓昕，姚晓迅.边缘化的农村小微学校：现状与反思 [J].南京农业大学学报（社会科学版），2015（5）：47-54.

[113] 秦玉友.课程政策的文本趋同与文化反思：20世纪八九十年代英美两国课程政策研究 [J].外国教育研究，2006（7）：31-35.

[114] 秦玉友.农村小规模学校发展的基本判断与治理思路 [J].教育研究，2018（12）：81-86.

[115] 秦玉友.农村小规模学校教育质量困境与破解思路 [J].中国教育学刊，2010（3）：1-4.

[116] 冉新义.农村小规模学校"互联网＋同步课堂"教学模式研究 [J].教育探索，2016（11）：35-39.

[117] 任春荣.乡村小规模学校办学标准需加快制定 [N].中国教育报，2018-09-25.

[118] 任一菲.法国乡村小规模学校建设情况研究 [J].基础教育，2017（3）：41-43.

[119] 沈东，张方旭.从"农转非"到"非转农"：大学生逆城市化流动的个案研究 [J].中国青年研究，2017（2）：28-33.

[120] 沈东.逆城市化：一个概念辨析 [J].中国名城，2018（4）：11-18.

[121] 沈锡阳.湖北宜都：在标准化办学中实现乡村教育内涵发展 [J].中小学管理，2017（4）：21-23.

[122] 苏德，袁梅，罗正鹏.教育均衡发展背景下民族地区"小微学校"建设 [J].教育研究，2016（11）：87-91.

[123] 孙群郎.20世纪70年代美国的"逆城市化"现象及其实质 [J].世界历史，2005（1）：19-27.

[124] 孙艳霞.国外小规模学校创新发展特征与启示 [J].当代教育科学，2017（1）：45-49.

[125] 孙颖.试析农村小规模学校撤留博弈 [J].中国教育学刊，2013（4）：11-13.

[126] 唐任伍，肖彦博.基于ROXY指数的中国"逆城市化" [J].经济与管理研究，2017（3）：36-42.

[127] 唐一鹏，2012英国教师标准改革述评 [J].全球教育展望，2012（9）：77-82.

[128] 田静.教育与乡村建设：云南一个贫困民族乡的教育发展人类学探究 [D].上海：华东师范大学，2013.

[129] 田祖荫，杨宇，胡成玉，等.韩国、日本义务教育学校标准化建设情况调研报告 [J].教育研究，2015（10）：136-141.

[130] 万俊人.政治与美德 [M].北京：北京师范大学出版社，2017.

[131] 王继华，徐超.学校文化建设标准的哲学思考 [J].贵州大学学报（社会科学版），2014（1）：1-10.

[132] 王建梁，帅晓静.威尔士农村小规模学校布局调整的创新及启示 [J].国外中小学教育，2012（3）：37-42.

[133] 王丽君.特色办学解困农村小规模学校：八里小学书法特色办学个案研究 [J].中国校外教育，2017（2）：48-49.

[134] 王路芳，张旭．"后撤点并校"时代农村小规模学校教师队伍建设研究：基于对 46 个国家级贫困县的调查 [J]. 上海教育科研，2015（7）：10–14.

[135] 王敏勤．标准化、特色化、品牌化是学校发展的三个阶段 [J]. 天津教育，2010（3）：7–8.

[136] 王霆．教师研究共同体：小规模学校发展的文化路径 [J]. 教育科学论坛，2011（1）：30–32.

[137] 韦妙．农村小规模学校信息化发展的生态学思考 [J]. 教育科学，2015（6）：54–59.

[138] 魏峰．如何促进乡村小规模学校标准化 [N]. 中国教育报，2018–04–19.

[139] 魏峰．义务教育学校标准的制定：内涵、目标与方法论 [J]. 教育发展研究，2017（18）：15–21.

[140] 邬志辉，史宁中．农村学校布局调整的十年走势与政策议题 [J]. 教育研究，2011（7）：22–30.

[141] 邬志辉．中国农村学校布局调整标准问题探讨 [J]. 东北师大学报（哲学社会科学版），2010（5）：140–149.

[142] 吴宏超．农村教学点的未来走向：国外的经验与启示 [J]. 外国教育研究，2008（6）：74–78.

[143] 吴丽萍，陈时见．英国农村小规模学校合作发展的有益经验 [J]. 国外中小学教育，2012（10）：5–9.

[144] 肖明胜．经济欠发达县学校标准化建设路径探析 [J]. 人民教育，2010（3）：64–66.

[145] 熊丙奇．"逆城市化"与大学的非教育功能剥离 [J]. 教师博览，2010（12）：5–6.

[146] 徐迪．城镇化过程中乡村小规模学校发展困境研究：基于河南省 L 县的调查分析 [J]. 现代教育论丛，2016（6）：24–28.

[147] 徐文娜，王晓卉．单独制定农村小规模学校资源配置标准：基于辽宁省农村小规模学校资源配置基础数据的分析 [J]. 现代教育管理，2017（11）：42–46.

[148] 亚瑟·K.埃利斯.美国基础教育标准化运动分析 [J].张文军，编译.教育发展研究，2008（2）：52–56.

[149] 严金波，林正范.英国新教师入职教育及其启示：基于《新教师入职教育指南》的释义 [J].教育研究，2016（6）：148–155.

[150] 严平.均衡发展视野下的日本义务教育学校标准化研究 [J].比较教育研究，2013（4）：66–70.

[151] 杨东平.鼓励有抱负的老师创办小微学校 [J].中国农村教育，2016（3）：12.

[152] 杨东平.建设小而优、小而美的农村小规模学校 [J].人民教育，2016（2）：36–38.

[153] 杨国珠.农村小规模学校社团建设的瓶颈与突破 [J].文学教育，2017（15）：145.

[154] 杨兰，张业强."后撤点并校"时代小规模学校的复兴 [J].教育发展研究，2014（6）：68–72.

[155] 杨小敏.小规模学校是乡村教育发展重点 [N].中国教育报，2018–04–17.

[156] 杨兆山，金金.建设"标准化学校"搭建义务教育均衡发展的操作平台 [J].东北师大学报（哲学社会科学版），2005（5）：36–41.

[157] 杨兆山，金金.义务教育阶段农村师资队伍建设标准初探 [J].教育理论与实践，2008（1）：45–48.

[158] 杨兆山，张海波.标准化学校：教育均衡发展视角下农村义务教育的发展路径 [J].东北师大学报（哲学社会科学版），2008（1）：24–29.

[159] 叶庆娜.学校规模对教育公平、成本效益的影响：国外学校规模影响研究综述及启示 [J].教育与经济，2016（3）：69–74.

[160] 于海英，秦玉友.城乡教育一体化视域下农村小规模学校问题研究 [J].现代教育管理，2012（11）：24–28.

[161] 约翰·罗尔斯.正义论 [M].何怀宏，等译.北京：中国社会科学出版社，2001.

[162] 约翰·罗尔斯.作为公平的正义：正义新论 [M].姚大志，译.上海：上海三联书店，2002.

[163] 曾国华，吕超.农村中小学布局调整十年考 [J].中小学管理，2013（2）：14-16.

[164] 曾水兵，万文涛.农村"小微学校"面临的困境和出路 [J].教育发展研究，2015（24）：24-29.

[165] 曾文婧，秦玉友.乡村小规模学校办学条件问题分析与建设思路 [J].教育科学研究，2018（8）：24-29.

[166] 曾新，付卫东.内生发展视域下农村小规模学校教师队伍建设 [J].教育发展研究，2014（6）：73-79.

[167] 曾新，高臻一.赋权与赋能：乡村振兴背景下农村小规模学校教师队伍建设之路——基于中西部 6 省 12 县《乡村教师支持计划》实施情况的调查 [J].华中师范大学学报（人文社会科学版），2018（1）：174-187.

[168] 张东娇.论学校文化的双重属性 [J].中国教育学刊，2016（2）：37-42.

[169] 张爽.校长领导力：背景、内涵及实践 [J].中国教育学刊，2007（9）：42-47.

[170] 张献伟.培养乡村全科教师须重拾并创新复式教学 [J].中国民族教育，2017（9）：38-39.

[171] 张小林.乡村概念辨析 [J].地理学报，1998（4）：365-371.

[172] 张新平，等.义务教育优质学校办学标准研究 [M].北京：科学出版社，2015.

[173] 张新平.标准化建设能否拯救乡村学校？ [N].中国教育报，2015-11-20.

[174] 张新平.教育管理学的方法体系 [M].北京：科学出版社，2012.

[175] 张新平.控大保小：让农村学校大小得当 [N].中国教育报，2018-09-05.

[176] 张新平.校长：问题解决者与欣赏型领导者 [J].教育研究，2014（5）：65-70.

[177] 张新平.义务教育优质学校办学标准研究 [M].北京：科学出版社，2015.

[178] 张新平.中小学校长角色的政策定性：领导与管理专业人员——从"校长是履行学校领导与管理工作职责的专业人员"说开去 [J].中小学管理，2017（3）：34-36.

[179] 张旭 . 农村小规模学校教师发展路径探析 [J]. 当代教师教育，2014（4）：72–76.

[180] 张雪艳 . 农村小规模学校发展政策研究 [D]. 武汉：华中师范大学，2012.

[181] 赵丹，梁先佐 . 促进教育机会均等：澳大利亚农村小规模学校发展策略及启示 [J]. 现代教育管理，2014（3）：115–119.

[182] 赵丹，吴宏超 . 全球视域下农村小规模学校作用的重新审视 [J]. 教育发展研究，2012（3）：29–34.

[183] 赵丹 . 农村小规模学校公用经费投入体制研究 [J]. 中国教育学刊，2017（8）：15–19.

[184] 赵华，周艳伟 . 西北地区农村小规模学校发展现状及对策研究：以甘肃省天水市 L 县为例 [J]. 教育导刊，2017（8）：25–27.

[185] 赵野田，潘月游 . 论生命价值的道德支撑 [J]. 东北师大学报（哲学社会科学版），2010（2）：10–14.

[186] 赵忠平，秦玉友 . 农村小规模学校的师资建设困境与治理思路 [J]. 教师教育研究，2015（6）：34–38.

[187] 褚宏启，贾继娥 . 教育治理中的多元主体及其作用互补 [J]. 教育发展研究，2014（19）：1–7.

[188] 钟景迅，曾荣光 . 从分配正义到关系正义：西方教育公平探讨的新视角 [J]. 清华大学教育研究，2009（5）：14–21.

[189] 周德昌 . 简明教育辞典 [Z]. 广州：广东高等教育出版社，1992.

[190] 周芬芬 . 农村中小学布局调整对教育公平的损伤及补偿策略 [J]. 教育理论与实践，2008（19）：31–34.

[191] 周晔 . 农村小规模学校教师队伍专业水平结构的问题与对策：基于甘肃省 X 县的调研 [J]. 教育研究，2017（3）：147–153.

[192] 周永兰 . 浅谈农村小规模学校财务队伍建设的策略 [J]. 现代经济信息，2004（4）：256.

[193] 周兆海，邬志辉 . 工作量视角下义务教育教师编制标准研究：以农村小规模学校为例 [J]. 中国教育学刊，2014（9）：1–6.

[194]　朱欣欣，陈凡.美国新任教师教学知识和能力考试体系的分析及启示 [J].教师教育研究，2006（6）：77-80.

[195]　朱秀艳.美国小规模学校经济价值分析 [J].外国教育研究，2004（5）：20-23.

[196]　朱旭东，周钧.教师专业发展研究述评 [J].中国教育学刊，2007（1）：68-73.

[197]　朱雪妍.义务教育阶段农村标准化学校建设原则研究 [D].长春：东北师范大学，2008.

附 录

附录 I：访谈对象相关情况

序号	学校（单位）	访谈对象	访谈时间
1	浙江省C县教育局	信息技术中心周主任	2017年7月28日
2	浙江省C县J乡中心小学	姜校长	2018年1月19日
3	浙江省C县J乡中心小学	邵老师	2018年1月19日
4	浙江省C县J乡中心小学	王老师	2018年1月18日
5	浙江省C县J乡中心小学	占老师	2018年1月19日
6	浙江省C县J乡T完小	项校长	2018年1月18日
7	浙江省C县J乡T完小	余老师	2018年1月18日
8	浙江省C县JK乡中心小学	方老师	2017年5月14日
9	浙江省C县JK乡中心小学	夏老师	2017年5月14日
10	浙江省C县JK乡J完小	王校长	2017年5月15日
11	浙江省C县JK乡J完小	吴老师	2017年6月28日
12	浙江省C县L乡中心小学	汪校长	2018年1月18日
13	浙江省C县L乡中心小学	徐副校长	2018年1月18日
14	浙江省C县L乡中心小学	陈副校长	2018年1月18日
15	浙江省C县L乡中心小学	刘老师	2018年1月18日
16	浙江省C县L乡S完小	蒋校长	2018年1月18日
17	浙江省C县L乡S完小	鲍老师	2018年1月18日
18	浙江省C县L乡S完小	余老师	2018年1月18日
19	浙江省C县L乡S完小	唐老师	2018年1月18日
20	浙江省C县S乡中心小学	方校长	2017年8月2日
21	浙江省C县W镇F完小	徐校长	2017年6月27日 2017年6月29日

序号	学校（单位）	访谈对象	访谈时间
22	浙江省C县W镇F完小	胡老师	2017年6月28日
23	浙江省C县W镇H完小	汪校长	2017年6月28日 2019年1月28日
24	浙江省C县W镇H完小	洪老师	2017年6月28日
25	浙江省C县W镇H完小	徐老师（老）	2017年6月28日
26	浙江省C县W镇H完小	唐老师	2017年6月28日
27	浙江省C县W镇H完小	徐老师（小）	2017年6月28日
28	浙江省C县W镇Y小学	王校长	2017年6月28日 2019年1月28日
29	浙江省C县W镇Y小学	徐副校长	2017年6月28日 2018年12月28日 2019年2月8日
30	浙江省C县W镇Y小学	王老师	2017年6月28日
31	浙江省T县B镇D小学	徐校长	2017年5月14日 2018年12月28日
32	浙江省T县B镇D小学	办公室主任吴老师	2017年5月14日
33	浙江省T县B镇D小学	吴老师	2017年5月14日 2017年5月17日 2018年1月18日
34	浙江省T县B镇D小学	金老师	2017年5月14日
35	浙江省T县B镇D小学	程老师（老）	2017年5月14日
36	浙江省T县B镇D小学	程老师（小）	2017年5月14日
37	江西省P县G镇中心学校	吴校长	2018年5月18日
38	江西省P县G镇中心学校	占副校长	2018年5月17日
39	江西省P县C乡NL小学	吴校长	2018年5月17日 2019年1月28日
40	江西省P县G镇N小学	高校长	2018年5月18日
41	江西省P县G镇N小学	程老师	2018年5月18日
42	江西省P县G镇N小学	董老师	2018年5月18日
43	江西省P县G镇X小学	汪校长	2018年5月17日 2019年1月28日
44	江西省P县G镇X小学	赵老师	2018年5月17日
45	江西省P县R街道J小学	林校长	2018年5月19日 2019年1月18日
46	江西省P县R街道W中心小学	李副校长	2018年5月19日

续表

序号	学校（单位）	访谈对象	访谈时间
47	贵州省L县科教局工程办	石主任	2018年12月23日
48	贵州省L县M镇中心小学	全校长	2018年12月22日 2018年12月24日 2019年1月28日 2019年2月9日
49	贵州省L县M镇中心小学	王副校长	2018年12月24日
50	贵州省L县M镇C小学	吴校长	2018年12月24日
51	贵州省L县M镇DM小学	吴老师	2018年12月23日
52	贵州省L县M镇LF小学	吴校长	2018年12月23日
53	陕西省A市Y镇Y小学	丁副校长	2018年7月27日
54	陕西省B市M镇R小学	冯校长	2018年7月27日
55	陕西省X县XH镇M完小	易校长	2018年7月28日
56	陕西省Y市B区Q镇Q小学	高校长	2018年7月28日
以下访谈资料未直接使用			
1	浙江省C县教育局人事科	程老师	2017年5月14日
2	浙江省C县W镇F完小	方老师	2017年6月28日
3	浙江省C县W镇F完小	钱老师	2017年6月28日
4	浙江省C县J乡中心小学	苏老师	2017年1月18日
5	浙江省C县JK乡中心小学	黄老师	2017年5月14日
6	浙江省C县J乡T完小	章老师	2018年1月18日
7	浙江省C县L乡中心小学	占老师	2018年1月18日
8	浙江省C县L乡中心小学	姜老师	2018年1月18日
9	浙江省C县L乡S完小	王老师	2018年1月18日
10	浙江省C县W镇Y小学	李老师	2017年6月28日
11	江西省P县C乡中心小学	余校长	2018年5月19日
12	贵州省L县科教局工程办	杨老师	2018年12月22日
13	贵州省L县M镇DM小学	吴校长	2018年12月23日
14	贵州省L县M镇Z小学	杨校长	2018年12月22日
15	贵州省L县M镇Z小学	吴副校长	2018年12月22日
16	贵州省L县M镇Z小学	吴老师	2018年12月22日
17	青海省HB州G县R寄宿学校	冬老师	2018年7月29日
18	青海省G州M县H镇ZW中心寄宿小学	德玛老师	2018年7月29日
19	青海省H县D乡中心小学	胡老师	2018年7月29日

附录 II：访谈提纲

（一）校长访谈提纲

基本情况

性别：　　　　　年龄：　　　　教龄：

担任本校校长年限：　　　学历：　　　　　　职称：

1. 贵校类型_____

①中心小学　②完全小学　③非完全小学（教学点）

2. 贵校本学期在校生人数：____人，共有____个班，有寄宿学生____人，最远的距离学校____公里。

3. 贵校现有教职工人数：_____人，其中行政教辅人员_____人，食堂人员____人。

4. 贵校总面积_____m²，其中：教学用房面积_____m²，辅助用房面积_____m²，办公用房面积_____m²，生活用房面积_____m²，运动场面积_____m²。

5. 您能谈谈咱们这样的小规模学校整体具有什么样的特点？有没有什么优势？

6. 您能谈谈咱们学校制约因素有哪些？当前的主要短板有哪些？您如何看待这些因素和短板？对学校未来的发展，您有什么打算？

人员情况

7. 您能谈一谈咱们学校的教师队伍情况吗？

8. 您担任校长之后，对于咱们学校的师资队伍的建设，采取了哪些措施？取得的效果主要有哪些？

9. 您是怎么成为这所学校的校长的？作为校长，您觉得担任乡村小规模学校的校长有没有特别之处？您觉得具备什么样的特点才是一名优秀的乡村学校的校长？

经费情况

10. 您能否谈谈咱们学校的公用经费的额度以及使用情况？主要的开支是什么？使用经费的时候，程序和要求多吗？

11. 若公用经费不够，您是怎么解决的？您觉得大概每个学生拨多少人头费比较合理？

12. 咱们学校有没有乡村教师生活补贴？您怎么看待实施的效果？

校园建设及教学仪器设备情况

13. 刚才您向我们介绍了学校的校舍建筑的面积，您能否进一步谈谈学校规划、建筑质量等情况？您对学校校舍建筑、功能分布和建筑质量满意吗？如果有不足的地方，主要是在哪一块？

14. 您可以谈谈咱们学校的教学仪器设备情况吗？音、体、美等学科的教学是怎么开展的？

学校管理

15. 您可以谈谈咱们学校的学校管理吗？您觉得让您最头痛的事有哪些？

16. 您可以谈谈学生管理吗？尤其是学生的安全管理、营养餐管理等。

17. 您是怎么抓教学管理的？您是怎么领导教师团队的？在校本课程（拓展课程）的开发上，您和您的同事做了哪些尝试？

18. 您觉得校园安全的保障方面做得到位吗？

学校文化建设

19. 您怎么看待学校文化建设？可以谈谈咱们学校的学校文化吗？

20. 您觉得乡村小规模学校的学校文化建设应当怎样进行？当前您学校的文化建设主要的制约因素有哪些？

外部资源支持

21.（1）您可以谈谈咱们学校与家长、村庄、中心学校以及教育局之间的关系吗？

（2）作为校长，您怎么看待乡村小规模学校与民间公益团体和其他个人的一些互动？

（3）您争取过外部资源的支持吗？关于乡村小规模学校与外部资源的互动，您觉得主要的影响因素有哪些？

（二）教师访谈提纲

学　校：　　　编　号：

性　别：　　　年　龄：

职　称：　　　教　龄：　　　学　历：

1. 您是怎么样成为乡村教师的？

2. 您能谈谈自己的爱好和性格特点吗？

3. 您的多年从教经历中，有没有后悔过？为什么？

4. 您是否想过要调到城里？为什么？

5. 您觉得您的教学能力有哪些优势？您认为一名优秀的乡村教师需要具备什么样的素质？

6. 您能谈谈您作为乡村教师的生命意义和价值吗？

7. 您觉得哪些因素或问题阻碍了您的进一步发展？

8. 您认为面对这些因素或问题，自己需要努力的地方有哪些？

9. 您觉得政府支持乡村教师和乡村小规模学校，具体需要做哪些工作？

后 记

张爱玲说，中年以后的男人，时常会觉得孤独，因为一睁开眼，周围都是要依靠他的人，而他却没有可以依靠的人。在本书写作期间，这句话时常在我脑海中泛起，觉得着实是我当下人生的真实写照。对于一名高校管理人员来说，在职读博是一项艰巨的挑战，个中滋味非未曾经历过的人所能体会。工作的繁重、家庭的琐事、生活的压力以及学位论文的焦虑，像无形的双爪，不停撕扯着我，使我不得安生，随时可能被击垮。无数次，当倦意袭来，必须得趴在桌子上休息一会儿，才能恢复精力继续写，因为我清楚地知道，自己只能利用晚上的这一点时间；无数次，心里暗忖，人生多么应该在对的年纪做对的事情！读博这件事于我而言，整整比他人晚了十年。不过，幸好这一切，我顶下来了……

回望在南京师范大学读书的四年，心底升起的当然不是只有艰辛，更多的是甜蜜与感恩。我要衷心感谢我的导师张新平教授。四年前，张老师不计本人的愚钝，招我于门下，师徒第一次对话，张老师就告诫我："做学问，就像挖矿藏，要聚焦，要禁得起寂寞，才能越挖越深，越挖越多。"张老师的话让我第一次懂得，原来学问要这样做；同时，也让我羞愧于自己这么多年"东一榔头，西一榔头"，在学术上毫无建树。本书的选题、撰写直到完稿，无不倾注着张老师的心血，每每遇到瓶颈时，张老师总能给予我强有力的鼓励和高屋建瓴的建议，在我焦头烂额时，张老师说："你要抓紧，你不能延期。"这句"你不能延期"既是对我的信任，也是对我的鞭策，让我丝毫不敢懈怠。最终，本书得以顺利完成，尽管距离张老师的要求还有相当的距离。从今往后，我也一定会以张老师为榜样，谨遵他的教诲，做一个耐得住寂寞的"挖矿人"。同时，

310

我要感谢师母杨丽萍女士，师母甜甜的声音和亲切的问候，让我感受到家人般的温暖。祝福两位老师工作顺利，身体健康，桃李满天下！

我要感谢南师大教科院吴康宁教授、冯建军教授、张乐天教授、程晋宽教授、徐文彬教授、李如密教授、齐学红教授、闫旭蕾教授等，在课堂上给予我的指导与点拨，老师们的睿智和学术涵养，令我印象深刻。感谢顾建军教授、胡金平教授、胡建华教授在开题及预答辩中给予的专业指导和宝贵建议。感谢教科院研究生科的李玲老师、黄丽老师细致、专业、周到的工作，两位老师平易近人，暖暖的鼓励，为我的学习和生活增添了动力，衷心祝福你们工作顺利，身体健康。我还要感谢四年的同窗，丁国勇、钱静珠、桑雷、俞亚萍、钟凯、郑英、林静，虽然事实上真正在一起读书的日子，只有短短的一学期，但我们留下许多美好的回忆：一起漫步随园，一起参加博士论坛，一起走过开题到答辩的每一步……当然，我也记得某个巷子里我们一起分享的徐州驴肉和仙林某个别墅里的"轰趴"。林静说："我好久没有这么肆无忌惮，发自内心地笑了。"其实我们每个人又何尝不是呢？感谢生命中出现的你们，唯愿同学们今后更顺利、更平安。我也要感谢师兄陈学军、姚继军、刘健，师姐陈红燕、喻小琴、冯晓敏、舒惠等，每次师门聚会，总能从各位同门身上获得诸多宝贵的思想和启发，也让我深深地感受到师门大家庭的温暖和感动，我为作为这个大家庭的一分子而感到光荣和幸运。

我要衷心祝福我访谈的所有乡村教师。浙江省C县的王老师对我说过这么一番话："钟老师，你的访谈让我打开了记忆的话匣子，几十年的回忆一下子喷涌而出。有些事情，我以为过去就过去了，谁知道，它们一直留在我心中，根本未曾抹去。这些事情，我连我儿子都从来没有说过。这些事情，一方面，我没有机会向人倾诉；另一方面，也没有人在乎过。"王老师的这番话，烙印在我的心中，隐隐作痛。这是多么需要人去珍爱、关心的群体啊！你们对我毫无保留，敞开心扉，充分信任，才使我获得最有价值的信息。我感动于你们的真诚、善良、朴实；敬佩于你们扎根乡村、心怀乡村孩子的精神。我尤其要感谢浙江省C县的方星校长、王会敏校长、方芝华校长、蒋有兵校长，江西省P县的林志娟校长、汪兵校长，贵州省L县的全光坤校长，陕西省的冯海燕校长等，乡村小规模学校正因为有了你们的聪明才智和创造精神，才酝酿着中国农村教育的希望和未来,向你们致敬!同时,我还要感谢马云公益基金会,让我结识了那么多高尚、伟大、优秀的一线乡村教师,使我对乡村小规模学校的理解更加充分。在马云公益基金会等公益组织的推动下,长期边缘化、默默无闻的乡村教师群体,成为媒体的焦点。

我要感谢梅呈龙、沈烨涛和夏哲睿三位研究生,跟我一起多次深入三县进行实地调研,协助我做好数据的采集工作,条件虽然艰苦,但三位学生从没有叫苦,使我的调研顺利进行;我还要感谢顾雅渊、赵杭伟等学生帮我完成录音材料的文字转录工作,如果没有他们,很难想象这项耗时、费力的工程,可以在短时间内处理完毕。我要感谢我的挚友黄书生博士。虽然硕士毕业以后,相聚的时间屈指可数,但我们之间总有说不完的话、聊不完的事,仿佛彼此从没有分开过。在论文进行最为艰难的日子,是书生每天一通电话,为我打劲,使我按既定的目标,努力前进。感谢你倾听我压力之下的各种宣泄,感谢你安慰我——在我奶奶生病住院,自己未能陪伴尽孝而突然之间的情绪崩溃时。人生觅得像你这样的知交,足矣!

我要感谢我的硕士生导师蔡亚平教授给予的关心和爱护。人生何其有幸,我能拜如此优秀、宽厚的学者为师。我要感谢单位同事朱越峰、吴格奇、俞霞君、管南异、林盛等,以及单位的领导殷企平教授、钟守满教授、欧荣教授、郑生勇教授等对我学业的关心和照顾。忘不了殷老师曾说过“善良,使我们在一起”,也忘不了他得知我盲审通过后,给我一个大大的拥抱,让我感受到了他由衷的喜悦和对普通老师真诚的关怀。唯愿我善良的同事一生幸福。

不惑之年,我终于完成学业,挑着担子的人生也走到了中途,该扔的扔,该捡的捡,对于亲情也有了更深的体会。我要感谢爸爸妈妈和岳父岳母对我的支持;感谢我的妻子朱一薇女士的细心照顾和毫无怨言的支持。读博期间,为了有更好的环境,我只能泡在学校的图书馆里,这就意味着很多个晚上,我必须住在学校里,但我从来没有听到她任何一句抱怨的话。如果有人问我,这辈子作过最正确的决定是什么?我会回答:娶朱一薇女士为妻。十年前,我们相识,托付终身;十年后,唯愿此文,表达我对妻子的感谢!我要感谢我们可爱的儿子——楷楷,我去南京读书那年,儿子才读中班,如今已经是小学二年级的大朋友了,感谢儿子的理解,我愿意花更多的时间陪伴他成长。

　　写下这些文字时，杭师大恕园的春意正浓，勃勃的生机，不由得让人意气风发。本书的完成意味着我的求学生涯告一段落，我将奔赴新的人生起点。岁月漫漫，且行且珍惜！

钟振国

2019 年 5 月 6 日于杭师大恕园